MENSCHEN anSCHAUEN

Gedruckt mit freundlicher Unterstützung der

MENSCHEN anSCHAUEN

Selbst- und Fremdinszenierungen
in Dresdner Menschenausstellungen

Herausgegeben von
Christina Ludwig, Andrea Rudolph,
Thomas Steller, Volker Strähle
für das Stadtmuseum Dresden

Sandstein Verlag

INHALT

6   Christina Ludwig
      Wer erinnert an die Menschenschauen in Dresden – und wie?

12   PERSPEKTIVEN – REFLEXIONEN – FORDERUNGEN

14   Hilke Thode-Arora
      Völkerschauen in Deutschland. Eine Einführung

24   Sybilla Nikolow
      Erkenne dich selbst im Körper der Anderen.
      »Menschenschauen« als Orte der Körperinszenierung

32   Dresden Postkolonial
      Der Zoo verdrängt seine koloniale Geschichte

36   Johanna Gehring und Thomas Steller
      Mit Sehgewohnheiten brechen

38   UNTERHALTUNG – DIENERSCHAFT – VORFÜHRUNG

40   Matthias Donath
      Exotische Berufsgruppen am Dresdner Hof

48   Christina Ludwig
      »Eine sehenswürdige Sache«. Die zwei »Americanischen Printzen«
      Ocktscha Rinscha und Tuski Stannaki in Dresden

50   Eva Seemann
      Kleinwüchsige als »Hofzwerge« und im frühen Schaustellungsgewerbe.
      Ein Vorläufer für spätere Menschenschauen?

58   Catharina Helena Stöber

60   Stefan Dornheim
      »Lebend, nicht aus Wachs!« Schaustellungen von Menschen im Dresden
      des 17. bis 19. Jahrhunderts

70   George Niakunêtok

72   VERGNÜGEN – GESCHÄFTE – BÜHNEN

74   Volker Strähle
      Eine »Völkerwiese« am Großen Garten.
      Der Dresdner Zoo als Ort kommerzieller Menschenschauen

82   Volker Strähle
      Übersicht: Menschenschauen im Dresdner Zoo

90   Pichocho

92   Andrea Rudolph
      Name gesucht, Geschichte gefunden.
      Eine Puppe als Zeugnis Dresdner Völkerschauen

94   Julia Bienholz-Radtke und Kathryn Holihan
      »Ostasien will ausrücken«.
      Völkerschauen auf der Internationalen Hygiene-Ausstellung 1911

102 Sabine Hanke
Sarrasanis Völker: Menschenschauen im Zirkus

110 Nayo Bruce

112 Sophie Döring
Das Kino als Erbe der Menschenschauen?
Zwei frühe Weimarer Filme und ihre Zensur

120 »Die Grundbotschaften werden bleiben«. Uwe Hänchen über die Frage,
wie sich die Karl-May-Spiele in Bischofswerda ändern sollen

122 BEGEGNUNGEN – AUSTAUSCH – MISSBRAUCH

124 Bodhari Warsame
Somali-Völkerschauen in Dresden: ein Überblick

134 »Für Hersi war es eine gute Erfahrung«. Samatar Hirsi über seinen Urgroßvater,
den Völkerschau-Unternehmer Hersi Egeh Gorseh

136 Te'o Tuvale

138 Andrea Rudolph
Hingeschaut. Das Afrikanische Restaurant in Dresden

140 Hartmut Rietschel
Indianer und »Indianer« im Raum Dresden

150 Hartmut Rietschel
Ein Indianer in sächsischer Erde: Gedenken an Chief Edward Two-Two

154 Katharina Steins und Andrea Rudolph
Die zwei Pastranas. Bühnenkünstlerinnen und Anschauungsobjekte

162 »Krao Farini«

164 KUNST – MUSEEN – WISSENSCHAFT

166 Silvia Dolz
Fremd und vertraut. Die Faszination von Menschen und Dingen
aus ferner Welt im Werk der Künstlervereinigung »Brücke«

174 Petra Martin
Der »Nubier Jacob«. Porträt eines uns Unbekannten

176 Christina Ludwig
»Völkerschauen« aus Wachs. Die Dresdner Werkstätten Zeiller/Pohl

184 Steffen Förster
»Indianerfreund mit orientalischer Schwärmerei«.
Der sächsische Bildhauer Erich Hösel

192 Petra Martin
Völkerschauobjekte im Museum für Völkerkunde Dresden. Eine Spurensuche

202 Clemens Radauer
Ein Gelong im Museum. Wie ein Priester einer »Kalmücken-Schau«
im Dresdner Zoo zum »Experten« wurde

210 Petra Martin
Ein mysteriöses Holzschuhpaar

212 Esther White Deer

214 Robin Leipold
»Indianer« in Radebeul. Indigene Besuche aus Nordamerika im Karl-May-Museum

222 »Unsere Kultur ist lebendig«. Kevin Manygoats über seine Bildungsarbeit
und die »Indianer«-Bilder in Deutschland

224 Autor:innen
226 Bildnachweis
228 Impressum

Christina Ludwig
für die Herausgeber:innen

Wer ERINNERT an die MENSCHEN- SCHAUEN in DRESDEN – und WIE?

KULTUR DES ERINNERNS IN DRESDEN

In der sächsischen Landeshauptstadt Dresden hat die Erinnerungskultur mit all ihren Facetten eine besondere Bedeutung. Besonders deswegen, weil nicht nur Politik, Wissenschaft und Forschung an die Vergangenheit erinnern, sondern auch eine lebendige Zivilgesellschaft. Nicht wenige der Erinnerungs- und Gedenkanlässe sind allerdings unbequem.

In den vergangenen Jahren und Jahrzehnten hat Dresden es geschafft, vielfältige Anlässe zum gemeinsamen Gedenken, Erinnern und Mahnen zu etablieren. Ein jüngeres Beispiel ist der Gedenktag für Marwa El-Sherbini (1977–2009), die aus rassistischem und islamfeindlichem Hass ermordet wurde.[1] Menschenfeindlichkeit und Rassismus haben viele verschiedene Wurzeln, aber nicht alle sind im öffentlichen Bewusstsein. Erinnerungsarbeit ist nie final oder abgeschlossen. Auch in Dresden gibt es Ereignisse und Bezüge zur Vergangenheit, die im kollektiven Gedächtnis weitestgehend fehlen, obwohl die authentischen Orte des Geschehens sowie ernstzunehmende Nachwirkungen in der Gegenwart vorhanden sind.

DER AUSGANGS- UND MITTELPUNKT

Ein solcher Ort mit schwierigem Erbe ist der Dresdner Zoo. Der heutige Besuch dort ist in der Regel geprägt von schönen Familienerlebnissen: Lachende Kinder, stolze Eltern und Großeltern tummeln sich vor den Gehegen und Käfigen mit Tieren. Dahinter blicken die präsentierten Tiere zurück. Nicht sichtbar ist, dass es eine Zeit gab, in der lebende Menschen von einem Aufführungsplatz auf das Zoopublikum zurückblickten. Es waren von den Dresdner:innen als »fremd« wahrgenommene Menschen, die der Zoo gegen ein Eintrittsgeld präsentierte. Dresden war ein bedeutender Ort dieser sogenannten Völkerschauen. Sie entwickelten sich in der zweiten Hälfte des 19. Jahrhunderts zum beliebten und hoch professionalisierten Unterhaltungsgeschäft mit teils widersprüchlichen Dynamiken, denn die Motivation der Teilnehmenden sowie die Rahmenbedingungen der Schauen waren jeweils sehr unterschiedlich (siehe den einführenden Beitrag von Hilke Thode-Arora). Dass ihre Konjunktur ab 1870 so rasch zunahm, steht im Zusammenhang mit der stark beschleunigten Großstadtentwicklung. Die dort lebenden Menschen interessierten sich für neue und andere Formen der Unterhaltung, um den Alltag hinter sich zu lassen. Besonders anschaulich wird dieses Entfliehen in eine »exotische Traumwelt« bei verschiedenen Künstler:innen, die die Völkerschauen als Inspirationsquelle nutzten (siehe Beiträge von Silvia Dolz und Steffen Förster).

Als das Stadtmuseum 2021 begann, sich dieser Leerstelle in der Geschichtsschreibung und Erinnerungskultur Dresdens zu widmen, waren die Einzelheiten zu den regionalen Menschenschauen in der Öffentlichkeit weitgehend unbekannt.[2] Das ist bemerkenswert, denn die Zurschaustellungen fanden seit dem 17. Jahrhundert bis weit in die erste Hälfte des 20. Jahrhunderts an unterschiedlichen Dresdner Orten statt. Neben dem Zoologischen Garten wurden Menschen- und Völkerschauen auch in Gaststätten und Hotels, Zirkussen (siehe Beitrag von Sabine Hanke), auf Jahrmärkten und Volksfesten wie der Dresdner Vogelwiese, dem städtischen Ausstellungsgelände mit Großveranstaltungen, etwa anlässlich der Internationalen Hygiene-Ausstellung 1911 (siehe Beitrag von Kathryn Holihan/

Julia Radtke), und in Panoptiken (siehe Beitrag von Christina Ludwig) gezeigt. Das Phänomen ist eng verwoben mit der menschlichen Lust, etwas Sensationelles, oft als »andersartig« Wahrgenommenes zu beobachten. Nicht nur ein »exotisches«, zumeist außereuropäisches Aussehen verleitete zum Schauen, sondern auch Anomalien des menschlichen Körpers (siehe Beiträge von Sybilla Nikolov und Andrea Rudolph/Katharina Steins). Das Publikum bewegte sich dabei allerdings in einem künstlich hergestellten Setting: Die Darbietungen, etwa auf der »Völkerwiese« des Dresdner Zoos, waren nach einem Drehbuch inszeniert worden, genau kalkulierte Spektakel sollten Authentizitätsmomente erzeugen.

Obwohl der Dresdner Zoo seit den 1870er-Jahren einer der wichtigsten Veranstaltungsorte im Deutschen Kaiserreich war, gibt es zu den dort veranstalteten Menschen- und Völkerschauen bislang nur wenige und begrenzte Forschungsbeiträge. Auch die postkoloniale Kontextualisierung des Ortes und der dort stattgefundenen Menschenschauen steht noch aus. Um den Umgang mit diesem Erbe sowie weitere Forschungsarbeiten anzuregen, wurden seit 2021 durch das Stadtmuseum umfangreiche Recherchen durchgeführt. Einen Ausgangspunkt für weitere Auseinandersetzungen kann die von Volker Strähle erarbeitete tabellarische Gesamtübersicht der im Dresdner Zoo präsentierten 76 Völker- und Menschenschauen für den Zeitraum von 1878 bis 1934 bilden. Mit etwa 65 nachgewiesenen Völkerschauen sind damit deutlich mehr solcher Schaustellungen dokumentiert als für Leipzig.[3] Detailliertere Studien zu einzelnen Schauen bieten einen Einblick in Rekrutierungspraktiken der Unternehmer sowie in die Handlungsmacht der indigenen Akteur:innen (siehe Beiträge von Bodhari Warsame und Clemens Radauer). Besonders interessant ist die Tatsache, dass ethnografische Objekte in Zusammenhang mit den Völkerschauen nach Dresden gelangten und sich heute in den Sammlungen des Museums für Völkerkunde Dresden (siehe Beitrag von Petra Martin) und im Stadtarchiv Dresden befinden.

Warum waren die Dresdner:innen aller Bevölkerungsschichten so fasziniert von den Menschenschauen, dass die Zahl der Besuche in die Hunderttausende ging? Es war unter anderem der niedrigschwellige Zugang, denn Menschen- und Völkerschauen funktionierten ohne Sprache. Die Besucher:innen mussten nur Menschen anschauen. Das Visuelle und zugleich Körperliche bestimmte das Phänomen. Wahrgenommen wurden primär körperliche Merkmale, Ausstattung und Eigenarten sowie kulturelle Unterschiede. Parallel nutzte die sich gerade ausformende Wissenschaftsdisziplin der Anthropologie Völkerschauen für ihre »vergleichende Rassenkunde«. Die Menschen- und Völkerschauen prägten ein koloniales Blickregime: Die sich als überlegen empfindenden weißen »Herrenmenschen« blickten dabei auf die von ihnen kolonisierten Subjekte herab.

Dass die Völkerschauen im Dresdner Zoo eine Vorgeschichte, Randereignisse und eine Nachgeschichte besitzen, wird in den unterschiedlichen Beiträgen der Autor:innen sichtbar. Kommerzielle Schauen mit dem Fokus auf »exotische Völker« stellten etwa nicht die ersten Begegnungsmomente mit »Fremden« dar. Bereits ab dem 17. Jahrhundert beschäftigte der Dresdner Hof »andersartig« aussehende Menschen (siehe Beiträge von Matthias Donath und Eva Seemann). Vom 17. bis zum 19. Jahrhundert entwickelten sich die Menschenschauen dann zu einem Teil der bürgerlichen Vergnügungskultur (siehe Beitrag von Stefan Dornheim).

1
Völkerschau-Teilnehmender vor einem Zaun und dem Hinweisschild »Achtung! alle Tiere beissen«, wahrscheinlich zur Schau »Das Sudanesendorf« im Dresdner Zoo. Unbekannte:r Fotograf:in, um 1909

BLICKWINKEL

Wie alle historischen gesellschaftlichen Ereignisse müssen auch die Menschenschauen vielfältig kontextualisiert werden. Dieser Sammelband bietet deshalb verschiedene historiografische und gegenwärtige Zugänge. Er zeigt in Bezug auf die Stadt Dresden und ihre Umgebung auf, welche konkreten historischen Phänome als Menschenschauen behandelt werden können und wie diese einzuordnen sind. Dieses Themenfeld wird aus unterschiedlichen theoretischen und normativen Blickwinkeln betrachtet: So kann es für eine Auseinandersetzung fruchtbar sein, die Menschenschauen sowohl im Kontext von Urbanisierung und Industrialisierung mit einer sich herausbildenden Dresdner Vergnügungskultur zu betrachten als auch primär im Zusammenhang mit einer kolonialen Weltordnung, die für die Teilnehmenden der Menschenschauen Entwürdigung, Misshandlung und mitunter gar den Tod bringen konnte. Um diese Vielfalt an Perspektiven abzubilden, gibt es im vorliegenden Band neben Beiträgen aus der kritischen Zivilgesellschaft (siehe Beitrag von Dresden Postkolonial) und von privaten Sammlern (siehe Beiträge von Hartmut Rietschel), ebenso solche aus dem Umfeld verschiedener wissenschaftlicher Institutionen wie Universitäten, Museen und Archiven.

    Die Herausgeber:innen haben sich nicht nur aufgrund der Komplexität und Vielschichtigkeit der Blickwinkel, sondern auch wegen der Forschungslücken dafür entschieden, den am Thema Interessierten verschiedene Beitragsformate anzubieten: Die bebilderten Essays verschiedener Autor:innen setzen sich mit den Themenkomplexen »Perspektiven – Reflexionen – Forderungen«, »Unterhaltung – Dienerschaft – Vorführung«, »Vergnügen – Geschäfte – Bühnen«, »Begegnungen – Austausch – Missbrauch« und »Kunst – Museen – Wissenschaft« auseinander. Dazwischen sind Objektgeschichten eingestreut. Da zu allen (un-belebten) Objekten auch Subjekte, also handelnde Menschen, gehören, gibt es im Sammelband zudem Interviews mit Menschen, die in unterschiedlicher Form vom Thema betroffen sind. Hinzu kommen biografische Skizzen von Menschenschau-Teilnehmenden aus verschiedenen Weltregionen. Die durch Illustrationen von Johanna Gehring gerahmten Einblicke zeichnen ambivalente Lebenswege nach. Diese changieren oft zwischen Missbrauch und Selbstermächtigung. Die ausgewählten »biografischen Skizzen« stellen einen exemplarischen Ansatz dar, wie das Thema der Menschenschauen aus neuen Blickwinkeln betrachtet und künstlerisch gefasst werden kann.

    Das Herausgeber:innen-Team setzte sich zudem mit den kontroversen Fragen zum sensiblen Umgang mit Sprache und Bildern auseinander. Kontrovers deshalb, weil das Thema »Menschenschauen« inzwischen vor allem im Kontext der Debatten um Kolonialismus und Rassismus verhandelt wird. Die Konstruktion des »Anderen« im Medium von Völkerschauen spiegelt sich in den überlieferten Bildern und Textquellen wider. Da es nicht die eine optimale Lösung im Umgang mit diesen Problematiken gibt, finden sich im Sammelband verschiedene Ansätze zum Umgang mit schwierigen Begriffen (zum Beispiel durch Durchstreichungen von diskriminierenden Begriffen) und zur Praxis der diskriminierungssensiblen Sprache (zum Beispiel durch die Verwendung von Selbstbezeichnungen wie Schwarz). In einigen Fällen steht ein unterschiedlicher Umgang mit problematischen Begriffen nebeneinander – etwa beim »Indianer«-Begriff für indigene Amerikaner:innen. Genauso lag die Verwendung einer geschlechtersensiblen Sprache in der Hand der einzelnen Autor:innen. Auch beim Einsatz von historischem Bildmaterial wählt der Band verschiedene Ansätze. Es wurden beispielsweise illustrierte Biografien integriert, die in reflektierter Weise und mittels Leerstellen mit überlieferten Bildquellen umgehen. An anderer Stelle wurde bewusst problematisches Bildmaterial nicht gezeigt.

Dieser Sammelband ist kein finales und abgeschlossenes Ergebnis, sondern ein Zwischenschritt. Er möchte erste Antworten darauf geben, wie Dresden mit dem Thema der Menschenschauen umgehen kann. Der Kolonialismus stellt für das Stadtmuseum den zentralen Bezugsrahmen dar, da die Völkerschauen im imperialen Deutschen Kaiserreich ihren Höhepunkt erreichten und die europäische Kolonialherrschaft intensiv in der heutigen Gesellschaft nachwirkt. Der Kolonialismus prägte das Wissen über »fremde« Menschen und Territorien – über medial zirkulierende Bilder, einseitige Texte, mündliche Berichte aller Art, museale Präsentationen und nicht zuletzt über Menschen- und Völkerschauen.[4] Diese sowohl mit Bildungs- als auch Unterhaltungsaspekten durchzogenen Medien waren Teil des Vergnügungsgewerbes der Großstadt, etwa im aufkommenden Kino (siehe Beitrag von Sophie Döring). Die Begegnungen mit indigenen Menschen haben zudem Spuren in Dresden und seiner Umgebung hinterlassen (siehe die Beiträge von Robin Leipold über indigene Besuche im Karl-May-Museum und von Hartmut Rietschel über das Grab Edward Two-Twos).

AUSBLICK

Dieser Band sammelt und versammelt nicht nur Themen, sondern ganz bewusst ebenso unterschiedliche Positionen und Zugänge. Diese mehrdimensionalen und vielstimmigen sowie teilweise widersprüchlichen und streitbaren Ansätze sollen somit in die Öffentlichkeit getragen werden. Als Stadtmuseum verstehen wir uns auch als ein Ort der Positionsaushandlung. Daher bringen wir nicht nur regionale Diskurse und Forschungen zusammen, sondern nehmen zudem Perspektiven und Ansätze anderer überregionaler Akteur:innen auf. Den vorliegenden Band sehen wir – wie eine derzeit in Planung befindliche Ausstellung – als Schritt in diesem Aushandlungsprozess, der in Dresden und anderswo mit zunehmender Intensität geführt wird.

Welchen Stellenwert Menschen- und Völkerschauen sowie der damit verknüpfte (Post-)Kolonialismus in der Geschichtsschreibung und Erinnerungskultur in Dresden haben sollen, ist eine offene Frage. Je nach politischem Standpunkt, Rassismuserfahrungen, historischem Interesse und kulturellem Hintergrund werden auch Dresdner:innen diese Frage ganz unterschiedlich beantworten.

---

[1] Opferberatung des RAA Sachsen e.V. (Hrsg.): Tödliche Realitäten. Der rassistische Mord an Marwa El-Sherbini. Regionale Arbeitsstellen für Bildung, Integration und Demokratie Sachsen, Hoyerswerda 2011; https://www.dresden.de/de/rathaus/politik/demokratie-respekt/marwa-el-sherbini.php (Zugriffsdatum: 30.11.2022). [2] Vgl. Hoffmann, Klaus: Circensische Völkerschauen und Abenteurerliteratur in Dresden, in: Dresdner Hefte 20 (1989), 68–76; Haikal, Mustafa/Gensch, Winfried: Der Gesang des Orang-Utans. Die Geschichte des Dresdner Zoos, Dresden 2009, 40–43; Hanke, Sabine: »Wir wollten sie echt und leibhaftig haben«. American Indians im Zirkus Sarrasani 1906 bis 1945, in: Dresdner Hefte 126 (2016), 51–58; Ludwig, Christina: Völker-an-schauen. Zur unsichtbaren Geschichte des zoologischen Gartens Dresden, in: Dresdner Hefte 146 (2021), 53–59. [3] Vgl. Baleshzar, Lydia: Völkerschauen im Zoologischen Garten Leipzig 1879–1931, in: Deimel, Claus/Lentz, Sebastian/Streck, Bernhard (Hrsg): Auf der Suche nach Vielfalt, Leipzig 2009, 427–448, hier 445–447; Leipzig Postkolonial: Zoo Leipzig, https://leipzig-postkolonial.de/themen/zoo-leipzig/ (Zugriffsdatum: 30.11.2022). [4] Terkessidis, Mark: Wessen Erinnerung zählt? Koloniale Vergangenheit und Rassismus heute, Hamburg 2019, 89.

Wer blickt hier auf wen? Das Dresdner Zoo-Publikum mustert auf diesem Bild von 1906 die Darsteller:innen eines »afrikanischen Dorfes« – und diese schauen zurück. Aus unterschiedlichen Perspektiven lässt sich auch das Phänomen der Menschenschauen betrachten. Im folgenden Abschnitt finden sich wissenschaftliche Beiträge, eine künstlerische Reflexion und Forderungen von Dresden Postkolonial.

PERSPEKTIVEN REFLEXIONEN FORDERUNGEN

Hilke Thode-Arora

VÖLKER-SCHAUEN in DEUTSCHLAND

Eine Einführung

1
Werbepostkarte von Sarrasani mit dem Motiv einer »Dahomey-Amazonen«-Völkerschau. Postkarte gelaufen 1921

Zurschaustellungen, welche Menschen in ihrer kulturellen und physischen Andersartigkeit inszenierten, sind in Europa mindestens seit dem 18. Jahrhundert nachweisbar. Seit Anfang des 19. Jahrhunderts entwickelten sie sich in Schaubuden, auf Jahrmärkten, später auch in Zirkussen und Wild-West-Shows, zunehmend zum Genre. Diese Völkerschauen waren im späten 19. und frühen 20. Jahrhundert vor allem in Europa und Nordamerika eine weit verbreitete Form des Unterhaltungsgeschäfts. Menschen meist außereuropäischer Herkunft wurden für die Dauer von mehreren Monaten oder gar Jahren rekrutiert, manchmal auch unter unwürdigen Bedingungen entführt, um vor zahlendem Publikum Dinge zu zeigen, die als »typisch« für ihre Herkunftskultur erachtet wurden.[1] Das unterschied Völkerschauen von anderen Menschenschauen, in denen primär die physische Andersartigkeit der Protagonist:innen, etwa Behinderungen, körperliche Besonderheiten oder Körpermodifikationen, als Attraktionen vermarktet wurden. Zwar handelte es sich bei Letzteren ebenfalls um eine Form der Zurschaustellung von Alterität, teilweise auch mit als kulturspezifisch inszenierten Darstellungen. Bei Völkerschauen hingegen gab es immer eine auf kulturelle Besonderheiten zielende Inszenierung und somit ein *ethnic othering*, ein Betonen der ethnisch-kulturellen Andersartigkeit. In diesem Beitrag soll ein kurzer Überblick gegeben werden über die Organisation von Völkerschauen, die Auswahlkriterien für die Rekrutierung der Teilnehmer:innen, die Art der Inszenierung, Publikumsreaktionen und das Interesse zeitgenössischer Wissenschaftler, aber auch über die Erfahrungen der Teilnehmer:innen und ihre Motive, sich für eine Schau zu verpflichten.

1851 fand in Großbritannien die erste Weltausstellung statt, welche wie auch alle späteren unter Beteiligung verschiedenster Nationen technische, industrielle, kunstgewerbliche und künstlerische Neuerungen, Methoden und Errungenschaften präsentierte. Bereits ab 1855 etablierten sich Völkerschauen auf Weltausstellungen; 1883 in Amsterdam wurden zum ersten Mal mit bewusster

15

kolonialpropagandistischer Agenda Bewohner:innen der Kolonien zur Schau gestellt, um ethnische Vielfalt, aber auch Gewerbefleiß, Ausbeutung natürlicher Ressourcen und nicht zuletzt den vermeintlich zivilisatorischen Fortschritt im Dienste der Kolonialherren zu präsentieren.[2]

In Deutschland erlebten die Völkerschauen ihre Hochzeit zwischen 1880 und 1914, also in der Periode des deutschen Kolonialreichs. Nach dem Ersten Weltkrieg waren sie in den 1920er- und frühen 1930er-Jahren weiterhin gängig. Allerdings erwuchs ihnen mit den in fernen Ländern spielenden, opulent ausgestatteten Stummfilmen der 1920er ein Konkurrent, der offenbar die Illusion exotischer Traumwelten zusehends besser vermittelte als selbst die bestausgestattete Schau.[3] Da persönliche und sexuelle Kontakte zwischen Besucher:innen und Völkerschau-Teilnehmer:innen nicht effektiv unterbunden werden konnten, setzte der Nationalsozialismus dieser Form des Unterhaltungsgeschäfts schließlich ein Ende.[4]

KOMMERZIELLE VÖLKERSCHAUEN DOMINIERTEN DIE DEUTSCHE SZENE

Im Gegensatz zu Großbritannien oder Frankreich, wo Völkerschauen von offiziellen Stellen sehr viel geplanter kolonialpropagandistisch eingesetzt wurden, war die deutschsprachige Szene von kommerziellen Völkerschau-Organisator:innen dominiert. Diese warben zwar mit der Förderung des kolonialen Gedankens. Eine Analyse der Vorführungen und als »Völkerschau-Dorf« inszenierten Attraktionen zeigt jedoch, dass hauptsächlich Spannung, Ethnografisch-Dokumentarisches und zuweilen der erotische Appeal der Teilnehmer:innen im Mittelpunkt der Darbietungen standen. So folgten ab den 1890er-Jahren die meisten Vorführungen einer festen Szenenfolge in einem dramaturgischen Ablauf mit friedlichem Anfang (etwa einer idyllischen Dorfszene), dramatischem Höhepunkt (zum Beispiel einem Überfall) und Happy End (Friedensschluss mit Hochzeit oder gemeinsamem Fest).

Einzig für die Kolonialausstellung der Berliner Gewerbeausstellung von 1896 wurden ausdrücklich Menschen aus den deutschen Kolonien angeworben. In der langen Reihe der kommerziellen Schauen in Deutschland zwischen 1875 und 1932 waren sie sonst mit einigen wenigen Schauen zum Thema Samoa, Kamerun, Togo oder Ostafrika eher die Ausnahme.

Allerdings wären Völkerschauen ohne die durch globalen Handel und Kolonialismus geschaffene Infrastruktur nicht möglich gewesen. Völkerschau-Teilnehmer:innen wurden meist aus den Kolonialgebieten anderer Staaten bzw. unter deren indigenen Minderheiten angeworben. Gute Schiffs- und Eisenbahnverbindungen machten die reibungslose Anreise nach Deutschland möglich. Sie garantierten ein weiteres Spezifikum der kommerziellen Schauen: Wie Zirkusse, die teilweise ebenfalls Völkerschauen zeigten, waren diese mobil und gingen auf ausgedehnte Tourneen durch ganz Europa – darunter auch immer wieder nach Dresden – oder sogar Amerika. Viele Schauen bereisten kleinere Orte, gerade in Sachsen. Im Gegensatz zu den stationären Kolonial- und Weltausstellungen erreichten die kommerziellen Völkerschauen so ein Millionenpublikum, wovon beeindruckende Besucherzahlen an den einzelnen Gastspielorten zeugen, die sich an einem einzigen Sonntag oft im vier- bis fünfstelligen Bereich bewegten. Obwohl »nur« eine Form des Unterhaltungsgeschäfts, sollte die Rolle von Völkerschauen bei der Verstärkung (seltener wohl auch Prägung) von Stereotypen über Menschen fremder Kulturen daher keinesfalls unterschätzt werden.

2
Bambusartisten vor Verkaufsständen und einem nachgebauten indischen Tempel. An einem der Stände hängt wohl eine ceylonesische Tanzmaske. Koloriertes Titelblatt der Programmbroschüre zu »Gebrüder Hagenbeck's Indische Carawane. Die Malabaren«, mit Grafik von Adolph Friedländer, Hamburg, 1900

Kommerzielle Betreiber wollten mit den logistisch aufwendigen Schauen Gewinne erwirtschaften. Die Kriterien für die Auswahl einer ethnischen Einheit und dann der Individuen für eine Schau waren daher von immenser Bedeutung; sie spiegeln wider, was als publikumswirksam und kassenträchtig eingeschätzt wurde.

ANWERBEKRITERIEN UND INSZENIERUNG ALS »REISE«

Eines der wichtigsten Auswahlkriterien bestand in einer möglichst spektakulären physischen Andersartigkeit. Dies konnte sich auf körperliche Merkmale wie Pigmentierung, Wuchs, Haarform beziehen. Aber auch auf kulturelle Charakteristika, die versprachen, das Publikumsinteresse zu wecken – etwa von Mitteleuropäer:innen als pittoresk empfundene Kleidungsstile und Hausformen oder die Darbietungen der von den Hagenbecks gern unter Vertrag genommenen professionellen indischen Schausteller:innen wie Bambusartisten und Fakire. Die Organisatoren versuchten, sich von Konkurrenten abzusetzen, aber auch erfolgreiche Schauen zu wiederholen. So fanden sich in der 57-jährigen Geschichte der Hagenbeck-Firmen immer wieder die vom Publikum als besonders attraktiv empfundenen Somali- und Indien-/Ceylon-Schauen. Auch bei der Auswahl der Individuen standen optische Kriterien im Vordergrund. Die Rekrutierten sollten möglichst dem physischen Idealtypus der Region entsprechen. Zudem wurden, wenn irgend möglich, nicht nur Männer, sondern auch Frauen und Kinder angeworben: Deren Charme machte erfahrungsgemäß die Schauen für das Publikum attraktiver; zugleich konnten in den »Dörfern« und Vorführungen Arbeitsteilung der Geschlechter und ein breiteres Rollenspektrum inszeniert werden.

In den 1880er-Jahren professionalisierte sich die Organisation von Völkerschauen immer mehr, was unter anderem an der Vielzahl und starken Konkurrenz der Schauen untereinander lag. Vor allem große kommerzielle Unternehmungen wie die Firmen Carl Hagenbeck, John bzw. John & Gustav Hagenbeck, Eduard Gehring, Willy und Heinrich Möller oder Carl Marquardt bemühten sich um die Schaffung eines ganzheitlichen Ensembles der dargestellten Region, in dem dann die Völkerschau-Teilnehmer:innen agierten. Daher ging auf Rekrutierungsreisen die Anwerbung von Menschen fast immer eng verzahnt mit dem Erwerb von Tieren und Ethnografika einher. Detailversessen wurden Ausstellungsensembles geschaffen, die so authentisch wie möglich in Flora, Fauna, Hausformen und Ethnografika der dargestellten Weltregion wirken sollten.

Die Besucher:innen konnten die »Völkerschau-Dörfer« frei durchwandern und mit allen fünf Sinnen in eine inszenierte exotische Welt eintauchen. Das Publikum konnte den Fremden bei ihrer täglichen Arbeit, etwa mit Tieren, beim

3
Frauen in südindischer Kleidung beim Verkauf von Ansichtskarten, vermutlich im Rahmen von »Gustav Hagenbeck's grösster indischer Völkerschau der Welt« auf dem Münchner Oktoberfest. Fotografie von Gabriele Münter, 1911

4
Werbepostkarte »Heulende und tanzende Derwische« für die Völkerschau »Die Beduinen« in Hagenbecks Tierpark mit nachgebauter arabischer Stadt mit Palmen hinter der kleinen Bühne, mit Dromedarreiter und einem künstlich angelegten Teich. Graphische Kunstanstalt Gustav Dreher, Stuttgart, 1912

Weben oder in der Koranschule und sogar beim Essen zusehen; Verkaufsstände offerierten vor aller Augen gefertigte Souvenirs und bislang unbekannte Delikatessen. Ein Rundgang führte von einer Attraktion zur nächsten, beispielsweise gigantischen Nachbauten bekannter Bauwerke oder Landschaftsformationen der dargestellten Region (etwa den ägyptischen Pyramiden oder indischen Tempeln), dem Haus eines leibhaftig anwesenden berühmten Kriegers, der in einer bekannten Schlacht gekämpft hatte, oder des indischen Zauberers, der zu regelmäßigen Zeiten Kunststücke zeigte. Der Erlös aus dem Verkauf, auch von Fotos und Postkarten, kam meist ganz oder anteilig den Teilnehmer:innen selbst zugute.

Ab den 1890er-Jahren wurden neben Programmbroschüren mit Lithografien, Fotos und Basisinformationen zu Land und Leuten Ansichtskartenserien in hohen Auflagen gedruckt.

Zu den wichtigsten Zielen der Veranstalter und den Bedürfnissen des Publikums dürften Unterhaltung, Bildung und die Popularisierung von Wissen gezählt werden. In einer Zeit ohne Fernreisen oder elektronische Medien konnte man sich fast nur durch Bücher, Zeitungen und Zeitschriften mit einer begrenzten Zahl von Stichen oder Fotos über ferne Weltgegenden und ihre Bewohner:innen informieren. Die Gelegenheit, diese Menschen leibhaftig vor sich zu sehen und mit ihnen in Kontakt zu treten, muss für viele Europäer:innen von einer Faszination gewesen sein, die heute schwer nachvollziehbar ist. Nicht zufällig schufen die Inszenierungen die Illusion einer Reise in die präsentierte Region für beispielsweise 50 Pfennig Eintritt, ohne die Strapazen und Kosten einer tatsächlichen Fernreise, welche um 1900 für die allerwenigsten Deutschen möglich war. Mithilfe des aufwendig inszenierten Ambientes wurde diese Imagination immer perfekter. Dazu trug auch die wachsende Größe der Völkerschau-Truppen im Laufe der Jahre bei: Hagenbecks »Ceylondorf« von 1908 umfasste über 400 Menschen; die Filipino-Truppe der Weltausstellung in St. Louis 1904 sogar 1 200 Personen.

5
Mitglieder von »Marquardt's Beduinen-Karawane« formieren sich für den »Hochzeitszug«, welcher oft den Abschluss einer Vorführung bildete. Es existiert eine offenbar nur Momente später aufgenommene Ansichtskarte, die den »Hochzeitszug« in Bewegung zeigt. Unbekannte:r Fotograf:in, um 1912

PUBLIKUMSREAKTIONEN, WISSENSCHAFTLICHE INTERESSEN UND ETHNOGRAFISCHE SAMMLUNGEN

Das Spektrum der Publikumsreaktionen scheint veröffentlichten und unveröffentlichten Quellen zufolge von Voyeurismus bis hin zu Empathie gereicht zu haben. Kulturelle Überlegenheit wurde allerdings als selbstverständlich angenommen. Nicht selten mischte sich darunter bei den Menschen des eng zwischen Arbeits- und Freizeit getakteten Industriezeitalters jedoch auch die exotistische Sehnsucht nach einer vermeintlich natürlicheren und glücklicheren Gegenwelt. Völkerschau-Areale umgebende Zäune dienten oft weniger als Maßnahme gegen Flucht, sondern vor allem abends als Schutz vor der hohen Zahl allzu übergriffiger und fordernder Besucher:innen.

Die Datenbasis der jungen Wissenschaften Physische Anthropologie und Ethnologie war noch klein, und nur wenige Akademiker:innen konnten in ferne Weltgegenden reisen. Die Möglichkeit zu einer »Forschung am Wohnort« begrüßten daher viele. Mitgliedern akademischer Gesellschaften an den Gastspielorten wurden gewöhnlich Extra-Vorführungen und die Möglichkeit zu anthropologischen Körpermessungen, manchmal auch dem Nehmen von Gipsabformungen der Gesichter oder verschiedener Körperteile der Völkerschau-Teilnehmer:innen gewährt. Manche Teilnehmer:innen widersetzten sich diesen unangenehmen Prozeduren, andere hingegen gaben sich große Mühe, bei den Vermessungen zu helfen. Im klassifikations- und sammelbewegten 19. Jahrhundert kam es auch vereinzelt dazu, dass menschliche Überreste von verstorbenen Völkerschau-Teilnehmer:innen im Namen der Wissenschaft an anatomische Institute gelangten – manchmal mit Wissen und Einverständnis der Organisatoren, manchmal entgegen ihren Absichten und ohne dass sie davon erfuhren. Dies geschah nach amtlichen Obduktionen oder illegalen Exhumierungen, aber stets ohne Wissen und Einverständnis der Hinterbliebenen.

Große Veranstalter ließen bei der Anwerbung der Schaugruppen zusätzlich ethnografische Gegenstände ankaufen, die nicht nur als Requisiten für die Schau dienten, sondern zur Belehrung und Unterhaltung des Publikums in einer eigenen Ausstellung präsentiert wurden. Als zusätzliche Einnahmequelle fertigten Völkerschau-Teilnehmer:innen zudem Objekte an. Später gingen diese Ethnografika häufig durch Geschenk oder Verkauf an Museen.[5] Die familiäre und geschäftliche Verzahnung zwischen Völkerschauen und Ethnografika-Handel war oft eng.

Deutlich zeigt sie sich etwa bei den Brüdern Marquardt: Der in Samoa ansässige Fritz Marquardt (1862–1912) sicherte für den aus Berlin von Carl Marquardt (1860–1916) betriebenen Ethnografika-Handel den Nachschub. Die verschwägerten Familien Hagenbeck und Umlauff sind ein weiteres Beispiel: Die Umlauff-Firmen spezialisierten sich neben ›Naturalien‹ auf den Verkauf von Ethnografika; zeitweilig veranstaltete »Umlauff's Weltmuseum« auch Völkerschauen. Völkerschau-Objekte machten nur einen geringen Teil des Umlauff-Bestands aus. Der Transfer von Objekten, Expertise und Dienstleistungen war jedoch stets eng: Ethnografika gingen von den Schauen zum Weiterverkauf an Umlauff; Völkerschauen wurden von Umlauff mit Objekten aus dem Fundus und mit großen Kulissenbauten ausgestattet; Umlauffs Mitarbeiter Johannes Flemming schrieb für Hagenbeck zum Publikumsverkauf bestimmte Begleitbroschüren. Nach 1918 fungierten Mitglieder der Hagenbeck- und Umlauff-Firmen als Inhaber eigener Produktionsfirmen sowie als Ausstatter oder stellten Lokalitäten (etwa im Tierpark) für das Filmgeschäft bereit. Auch hier war der Austausch in der Rekrutierung von außereuropäischen Menschen, der Beschaffung von lebenden Tieren und Ethnografika sowie von Expertise im Schaffen exotischer Welten eng.[6]

INDIGENE MOTIVE FÜR DIE TEILNAHME UND EUROPÄISCHE BLICKREGIMES

Große Veranstalter schlossen mit den Völkerschau-Teilnehmer:innen Verträge ab, in denen etwa Unterkunft, Verpflegung, medizinische Versorgung, Gagen und die Art der Arbeit geregelt waren. Die Arbeitszeiten betrugen bei den meisten Schauen acht bis zehn Stunden pro Tag mit derselben Anzahl von (vermutlich halbstündigen) Vorstellungen. Nicht allen freiwillig Unterzeichnenden war jedoch klar, was es bedeutete, bis zu zwei Jahre die Heimat zu verlassen und als Schausteller:in in einer völlig fremden Weltgegend zu touren. Heimweh bis hin zu Depressionen, Krankheiten und Todesfälle sind für eine Reihe von Teilnehmer:innen belegt. Besonders unter den Sami, Lakota-Sioux, Somali, Inder:innen und Ceylones:innen fanden sich hingegen Völkerschau-Profis, die diese Arbeit zu ihrer Profession machten und sich, oft bei verschiedenen Unternehmen, immer wieder für Völkerschauen verpflichteten. Vor allem ab den 1920er-Jahren gab es im deutschen Sprachraum zudem eine Reihe indigener oder diasporischer Völkerschau-Organisator:innen mit eigenen Unternehmen.

Nur wenige Quellen geben Auskunft über die Motive und Erfahrungen der Teilnehmer:innen. Ranghohe Personen aus den deutschen Kolonien nutzten mit einer Völkerschau-Reise oft eine der wenigen Möglichkeiten, nach Deutschland

6
Is-ka-lustra, ein Nuxalk-Mann und Teilnehmer der »Bella-Coola«-Schau von 1885/86, in eleganter europäischer Kleidung inklusive Taschenuhr und mit seiner deutschen Freundin auf dem Schoß. Die »Bella-Coola«-Schau tourte durch mehrere kleinere sächsische Städte. Carte de Visite von Carl Günther, Berlin, 1885

zu kommen, um dort eine politische Agenda zu verfolgen. Für viele andere stand offenbar die Bezahlung im Vordergrund. Zwar lag sie unter der eines deutschen Arbeiters, dennoch, und trotz aller negativen Begleiterscheinungen, konnte die Arbeit in einer Völkerschau dazu dienen, sehr viel schneller Geld, etwa für ein eigenes Stück Land, zu erwirtschaften, als seinen Lebensunterhalt daheim durch Fischen, Jagen, Feldarbeit (darunter auf den Plantagen der Kolonialherren) zu verdienen.

Die Völkerschau-Teilnehmer:innen bewegten sich in einem kolonialen System der strukturellen Ungleichheit. Das bedeutete aber nicht in jedem Fall, dass sie ihren Impresarios schutzlos ausgeliefert waren, sich gegen Übergriffe nicht zu wehren wussten oder in Isolation von ihren Landsleuten zu Hause lebten. Es gab ein weites Spektrum hinsichtlich indigener Beteiligung an der Rekrutierung und Art der Vorführungen sowie hinsichtlich des Machtgefälles zwischen Impresarios und Teilnehmer:innen. Besonders die Beispiele von Nayo Bruce (1859–1919), der Somali um Hersi Egeh Gorseh (um 1862 – Ende 1930er-Jahre) und der samoanischen Akteur:innen wie Te'o Tuvale (1855–1919) zeigen, wie informiert und strategisch geschickt manche das Medium Völkerschau für ihre Zwecke zu nutzen verstanden.[7]

Inwieweit die Völkerschau-Teilnehmer:innen Einfluss auf die Präsentation der eigenen Kultur hatten, lässt sich anhand der Quellen nur bedingt erschließen. Einige, etwa viele Lakota-Sioux oder indisch-ceylonesische Schausteller:innen, waren Profis des Unterhaltungsgeschäfts, andere wie Hersi Egeh Gorseh oder Te'o Tuvale nahmen die Rekrutierung und Durchführung (fast) komplett in die eigenen Hände.

Dennoch waren die »Völkerschau-Dörfer« Inszenierungen ethnisch-kultureller Differenz, oft entlang eines ethnografisch detailreichen Blickregimes, und *larger than life:* Sie vereinten idealtypisch all jene Elemente, welche die Organisator:innen für wesentlich hielten, auch wenn sich diese in der Ursprungsregion nie so eng zusammengefunden hätten oder längst der Vergangenheit angehörten. Völkerschauen waren damit – selbst bei größtmöglicher Beteiligung der Völkerschau-Teilnehmer:innen an der Rekrutierung und Inszenierung – immer eine europäische Konstruktion des Fremden, gemacht für den europäischen Blick und Konsum.

Unzweifelhaft gehörte der exotistisch-erotische Aspekt zum Faszinosum vieler Völkerschauen. Kontinuierlich seit den 1870er-Jahren sind Flirts und Liebesbeziehungen vor allem europäischer Frauen mit männlichen Völkerschau-Teilnehmern belegt – nicht zuletzt daran entzündeten sich in der Kolonialzeit, aber auch noch während des Nationalsozialismus, politische Debatten und zogen Gesetzentwürfe hinsichtlich des Verbots von Völkerschauen und der Legalität von Ehen mit Bewohner:innen der Kolonien nach sich.[8]

Europäische Blickregimes und koloniale Machtstrukturen stießen in den Völkerschauen auf indigene Perspektiven und Strategien. Die enge Verzahnung von kolonialer Politik, kolonialzeitlicher Wissenschaft und Unterhaltungsgeschäft im Spiegel der wilhelminischen Gesellschaft und Zwischenkriegszeit wird daher an den Völkerschauen mit ihren europäischen und außereuropäischen Akteur:innen besonders augenscheinlich.

1 Die Einführung ist eine Zusammenfassung mehrerer meiner Publikationen, u.a. THODE-ARORA, HILKE: Für fünfzig Pfennig um die Welt. Die Hagenbeckschen Völkerschauen, Frankfurt 1989; THODE-ARORA, HILKE: Völkerschauen und Kolonialausstellungen, in: GRÜNDER, HORST/HIERY, HERMANN (Hrsg.): Die Deutschen und ihre Kolonien. Ein Überblick, Berlin 2017, 276–294. **2** Zu Völkerschau und Weltausstellungen: THODE-ARORA, HILKE: Ferne Welten ganz nah. Völkerschauen auf Weltausstellungen und der Blick auf das Fremde, in: ZANDER-SEIDEL, JUTTA/PRÜGEL, ROLAND (Hrsg.): Wege in die Moderne. Weltausstellungen, Medien und Musik im 19. Jahrhundert, Nürnberg 2014, 20–27. **3** Zu Völkerschau und Film, u.a. auch der Ausstattung von Filmen mit Ethnografika aus Museumssammlungen: THODE-ARORA, HILKE: Herbeigeholte Ferne. Völkerschauen als Vorläufer exotisierender Abenteuerfilme, in: SCHÖNING, JÖRG (Hrsg.): Triviale Tropen. Exotische Reise- und Abenteuerfilme aus Deutschland zwischen 1919 und 1939, München 1997, 18–33. **4** Mit Ausnahme der »Deutschen Afrika-Schau«, die für eine Rückgewinnung der verlorenen Kolonien werben sollte: FORGEY, ELISA: »Die große Negertrommel der kolonialen Werbung«: Die deutsche Afrika-Schau 1935–1943, in: Werkstatt Geschichte 3, 9 (1994), 25–33; LEWERENZ, SUSANN: Die »Deutsche Afrika-Schau« 1935–1940. Rassismus, Kolonialrevisionismus und postkoloniale Auseinandersetzungen im nationalsozialistischen Deutschland, Frankfurt am Main 2006. **5** Dies galt auch für Dresden. Vgl. den Beitrag von Petra Martin in diesem Band. **6** THODE-ARORA, HILKE: Die Familie Umlauff und ihre Firmen – Ethnographica-Händler in Hamburg, in: Mitteilungen aus dem Museum für Völkerkunde Hamburg 22 (1992), 143–158; THODE-ARORA: Herbeigeholte Ferne (Anm. 3); THODE-ARORA, HILKE: From Samoa with Love? Samoa-Völkerschauen im Deutschen Kaiserreich, München 2014. **7** Vgl. die biografische Skizze zu Nayo Bruce und Te'o Tuvale sowie das Interview mit Samatar Hirsi in diesem Band. **8** SIPPEL, HARALD: Rassismus, Protektionismus oder Humanität? Die gesetzlichen Verbote der Anwerbung von »Eingeborenen« zu Schaustellungszwecken in den deutschen Kolonien, in: DEBUSMANN, ROBERT/RIESZ, JÁNOS (Hrsg.): Kolonialausstellungen – Begegnungen mit Afrika?, Frankfurt am Main 1995.

Sybilla Nikolow

ERKENNE dich SELBST im KÖRPER der ANDEREN

»Menschenschauen« als Orte der Körperinszenierung

Victor Klemperer (1881–1960) berichtet in seinen Memoiren vom Besuch einer Ausstellung für Kriegsfürsorge während des Ersten Weltkriegs in Leipzig, die bei ihm einen zwiespältigen Eindruck hinterlassen hatte.¹ Er konstatiert einen Zusammenprall wissenschaftlicher und öffentlicher Sichtweisen auf verwundete Körper: »Für den Arzt war fraglos alles kunstvoll und erbaulich, [...] für den Laien sehr vieles grausig«. Während die Vorführungen orthopädischer Verbände und Modelle von frischen und vernarbten Wunden auf ihn »säuberlich und tröstlich« wirkten, boten die Kieferverletzungen »oft gräßliche Anblicke«. Weder die Aufschrift an der Vitrine »Nur für Ärzte« noch die halb von Tüchern verdeckten »schlimmsten Köpfe« dienten der Beruhigung, denn »zur Hälfte lagen die furchtbaren Modelle eben auch dem besichtigenden Laien offen, und die Verhüllung ließ ihn nur noch Schauderhafteres ahnen«. Als Krönung der Taktlosigkeit empfand es Klemperer, dass nebenan, wo »Kriegsblinde in Person« an der Arbeit gezeigt wurden, auf einer Tafel zu lesen war: »Die Blinden bitten, sie nicht durch Ausdrücke des Mitleids zu belästigen.« Das ließ ihn, so schrieb er, an das Fütterungsverbot wilder Tiere denken, wie es an manchen Käfigen der zoologischen Gärten angeschlagen war.²

Für die Frage nach Zurschaustellungen von Menschen und den damit verbundenen Betrachtungsweisen ist der Tagebucheintrag in mehrfacher Hinsicht aufschlussreich. Zunächst erinnert er daran, dass die Frage, wer wem was und wie zeigen darf und was als normal, außergewöhnlich, positiv bzw. als negativ, unpassend und geschmacklos gilt, sich nicht nur historisch gewandelt hat, sondern auch vom situativen Kontext und subjektiven Wahrnehmungen abhängig ist. Klemperers Entrüstung über die Vorführung von Kriegsgeschädigten, die wie eingesperrte Tiere schutzlos den neugierigen Blicken durch Unbetroffene ausgesetzt waren, führt darüber hinaus beispielhaft vor, dass sich sowohl das wissenschaftlich-medizinische als auch das öffentliche Interesse an derartigen Veranstaltungen vor allem am Körper der betrachteten Anderen festmacht und im Zuge dessen zugleich zum Ort der Selbstvergewisserung der Betrachtenden werden kann.³ Wie Befunde aus den Disability Studies und der Körpergeschichte gezeigt haben, richtet sich der Blick vordringlich auf äußerlich sichtbare Körpermerkmale, die anhand von Leitidealen wie Schönheit, Reinheit, Gesundheit, Leistungsfähigkeit und Perfektion auf einem Spektrum zwischen Normalität und Abweichung verortet werden.⁴ Mit dem wissenschaftlichen Wandel zwischen Vormoderne und Neuzeit sind schließlich auch die Praktiken des öffentlichen Menschenbeschauens als Teil einer größeren Kultur- und Wissenschaftsgeschichte der Popularisierung und Visualisierung von Körperwissen zu verorten.⁵ Beispiele dafür finden sich in den Welt- und Kolonialausstellungen, Wachsfigurenkabinetten, Reiseberichten und Völkerschauen.⁶ Wenngleich das öffentliche Interesse an diesen Medien der Körperinszenierung dem Anderen galt, standen in den Präsentationen des Deutschen Hygiene-Museums vor allem wissenschaftliche Darstellungsweisen des Körpers im Mittelpunkt, die für unsere Selbstwahrnehmung seit der Wende zum 20. Jahrhundert nicht weniger relevant waren.

SICHTBARMACHUNGSSTRATEGIEN IM DEUTSCHEN HYGIENE-MUSEUM

Öffentliche Zurschaustellungen menschlicher Körper bedürfen jeweils eigener Historisierungen und Kontextualisierungen. Übergreifend verdeutlichen sie allerdings, dass das neuzeitliche Körperideal nicht mehr allein durch die Kunst bestimmt wurde. Nun sind es vor allem wissenschaftliche Sichtweisen auf den Menschen, die seit dem Zeitalter der Industrialisierung auf die lückenlose Optimierung des

1
»Gläserne Frau« im Raum 14 der sogenannten Hausausstellung des Deutschen Hygiene-Museums. Unbekannte:r Fotograf:in, 1964/1969

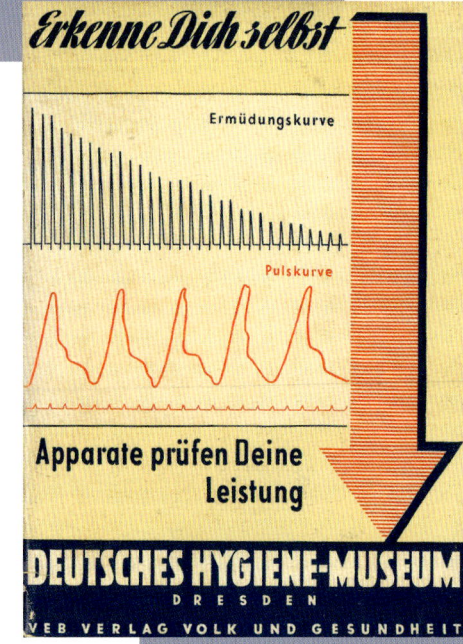

2
Deckblatt des Begleithefts zur Wanderausstellung »Erkenne Dich selbst!«, die seit der Teilnahme des Deutschen Hygiene-Museums an der Reichsausstellung »Gesundes Leben – Frohes Schaffen« 1938 in Berlin zum festen Bestandteil seines Programms wurde. VEB Verlag Volk und Gesundheit, 1955

Menschen gerichtet werden. An den Ausstellungsarrangements des Deutschen Hygiene-Museums Dresden lässt sich nachvollziehen, wie hier Praktiken der Durchleuchtung mit einer aktualisierten Fassung der alten klassischen Forderung »Erkenne Dich selbst!« zusammenkamen und wie diese im Zuge dessen zu seinem eigenen Markenzeichen wurden. Während der Körper in den Dauerausstellungen des Deutschen Hygiene-Museums und in Wanderausstellungen wie »Das Leben« oder »Die Frau« im gesamten Deutschen Reich anhand sogenannter durchscheinender Präparate und gläserner Modelle bis ins kleinste Detail in Szene gesetzt wurde, zu denen die Betrachtenden hinaufschauen konnten, leiteten diagnostische Apparate unter dem Slogan »Erkenne Dich selbst!« dazu an, Eigenheiten und Funktionen des Körpers im Selbstversuch zu bestimmen und in Messwerten und Kurven sichtbar zu machen (siehe Abb. 1 und 2).[7] Beide Strategien trugen auf ihre Weise dazu bei, ein modernes Selbstverständnis des Menschen hervorzubringen, das sich auf wissenschaftliche Visualisierungstechniken stützte. Während sich die Darstellungsweisen seitdem immer wieder gewandelt haben, prägten sie unsere Eigenwahrnehmung und luden zum Selbstvergleich ein.

Die Inszenierung des unerreichbaren Ideals im »Gläsernen Menschen« sowie die sich daran messende Selbstverortung in den Arrangements des Deutschen Hygiene-Museums im 20. Jahrhundert wurde von Darstellungen außergewöhnlicher und beschädigter Körper flankiert. Während ihre Existenz lange als Strafe Gottes oder Laune der Natur gedeutet wurde, erfolgte seit der Frühen Neuzeit ihre schrittweise Einhegung mit den Mitteln der Medikalisierung, Normalisierung und Visualisierung.[8] Ebenfalls eingespannt in die binäre Logik aus Normalität und Abweichung rückte nun auch ihre Leistungsfähigkeit ins Blickfeld. Die folgenden zwei Beispielpaare von öffentlichen Zurschaustellungen geben einen Eindruck davon, in welch unterschiedlichen Settings sie zur Aufführung kommen konnten und wie sich die Wahrnehmungen außergewöhnlicher und beschädigter Körper bezüglich ihrer Optimierung im Abstand von 100 Jahren verschoben haben. Während Anfang des 20. Jahrhunderts der medizinische und pädagogische Umgang mit Körpern, die als imperfekt galten, in die technische Verbesserung beschädigter Körper führte (siehe Abb. 3 und 4), verselbstständigte sich dieser Trend bis in die Gegenwart derart, dass es nun nicht mehr sinnvoll erscheint, noch zwischen natürlichem Urzustand und kultureller Transformation zu trennen (siehe Abb. 5).

VORFÜHRUNGEN VON AUSSERGEWÖHNLICHEN UND GESCHÄDIGTEN KÖRPERN WÄHREND DES ERSTEN WELTKRIEGS

Kurz nach Ausbruch des Krieges war der armlos geborene Geigenvirtuose Carl Hermann Unthan (1848–1929) ein willkommener Gast in den Lazaretten der Schwerverwundeten (Abb. 3). Hier führte er den Amputierten, die ihre Gliedmaßen meist aufgrund von Infektionen nach Schussverletzungen verloren hatten, vor, wie er im Alltag und als Berufsmusiker seine Füße dazu benutzte, um die Aufgaben der Hände zu übernehmen.

Anlässlich eines Lazarettbesuchs 1915 in Dresden ließ Karl August Lingner (1861–1916), der Begründer des Hygiene-Museums, Unthans Füße in Gips abnehmen und einen Film drehen, der ihn beim Schwimmen zeigte.[9] Ein Foto vom Fuß-Hand-Schlag zwischen Unthan und seinem uniformierten Gastgeber findet sich in Unthans autobiografischen Schriften. Zu sehen ist im unteren rechten Bildrand auch sein Geigenkasten mit angepasstem Sitzgerät. Im Rückblick berichtete er davon, dass zur Mitte des Krieges an seiner Stelle Prothesenträger vorgezogen wurden, die nun als geeignetere Vorzeigeinvaliden galten.[10] Die Ärzte hatten sie als lebendige Beweise dafür aufgebaut, dass körperliche Beeinträchtigungen mittels Willensmobilisierung, Operationsverfahren und dem Zugriff auf hochspezialisierte technische Hilfen überwunden werden können.[11]

In der von Klemperer beschriebenen Ausstellung wurden neben den Blinden an eigens modifizierten Schreibmaschinen auch Hand- und Armamputierte vorgeführt, die ihre zur Schau gestellte Arbeit mithilfe von Prothesen ausführten. Diese Form der Inszenierung findet sich ebenfalls in Propagandaschriften, die sich an die Kriegsversehrten und die Öffentlichkeit richteten. Hier zeigten Vorführungen aus Lazarettwerkstätten und Verwundetenschulen, dass es selbst nach Verlust der Gliedmaßen wieder möglich sein kann, ins Erwerbsleben zurückzukehren. Beispielhaft sind dafür die Aufnahmen des Stuttgarter Orthopäden und fachärztlichen Beirats für Prothesenversorgung Fritz Sippel (1876–1963) (siehe Abb. 4). Eines seiner Fotos zeigt einen Schuhmacher, der die linke Hand verloren hatte, und demonstriert, wie er mit Prothese und Ansatzstücken seinen körperlichen Verlust nicht nur in ästhetischer Hinsicht, sondern auch funktional scheinbar vollständig kompensieren konnte.

Die medizintechnischen Artefakte, die dem Handwerker dazu dienen sollten, wieder arbeitsfähig zu werden, rücken in den visuellen Arrangements an die Stelle eines Wundermittels, welchem in den klassisch medizinischen Bildfolgen aus Diagnose, Therapie und Heilung die Hauptrolle zukam. Während die Kunsthand ihm die Nahrungsaufnahme mit Messer und Gabel ermöglicht, dienen die Ansatzstücke dem Festhalten des Blattes beim Schreiben und der Erfüllung seiner beruflichen Anforderungen. Die Prothetik bietet die oberflächliche Kaschierung äußerlich sichtbarer Schädigungen und unterstützt das Management des Stigmas. Darüber hinaus liegt ihre Bestimmung darin, den Körper soweit wieder funktionstüchtig zu machen, dass eine Wiedereingliederung in die noch vorrangig von Handarbeit geprägte Arbeitswelt ermöglicht wird.[12]

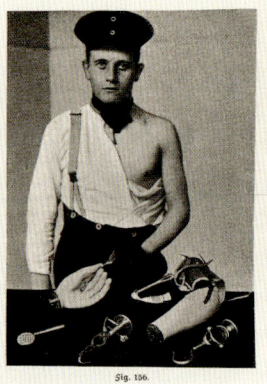 

*3
Der armlose Geiger Carl Hermann Unthan nach Vorführungen und Vortrag vor Kriegsversehrten im Ersten Weltkrieg. Illustration aus: Carl Hermann Unthan: Ohne Arme durchs Leben, Karlsruhe 1916, 78*

*4
Ein kriegsgeschädigter Schuhmacher präsentiert seine Mobilisierung mittels Prothesen in Alltag und Beruf. Illustration aus: Felix Krais (Hrsg.): Die Verwendungsmöglichkeiten der Kriegsbeschädigten in der Industrie, in Gewerbe, Handel und Handwerk, Landwirtschaft und Staatsbetrieben, Stuttgart 1916, Tafel 12*

Interessanterweise erwähnte Klemperer in seinen Erinnerungen die Vorführung von prothesentragenden Kriegsversehrten im Handwerk und an Maschinen nicht. Allerdings ist hier auch keine Verhaltensvorschrift an die Betrachtenden im Gegensatz zur Präsentation der Kriegsblinden überliefert.[13] Im Sinne der Veranstalter mag das technische Erscheinungsbild der Körperersatzteile dem Eindruck einer dauerhaften Beschädigung positiv entgegengewirkt haben. Im Ausstellungssetting kam die Prothetik als zeitgemäße Strategie der Normalisierung versehrter Körper zur Geltung. Die Orientierung am Leitideal der Leistungsfähigkeit, hier als Funktionalität des Körpers in Alltag und Beruf verstanden, haben die Kriegsgeschädigten mit Unthan gemeinsam. Prothesentragende Menschen konnten damit nicht nur als beschädigte, sondern auch als außergewöhnliche Körper wahrgenommen werden, die die eigene Beeinträchtigung nicht davon abgehalten hat, ungleich höhere Leistungen für die Gemeinschaft zu erbringen als der normale Durchschnitt, wenn sie nur den dafür notwendigen Mut und Willen aufbrächten.[14]

NORMALISIERUNG DURCH TECHNIK IN SELBSTDARSTELLUNGEN ZU BEGINN DES 21. JAHRHUNDERTS

Auch wenn sich 100 Jahre später prothetisierte Körper in anderen Kontexten und Formaten offen zur Schau stellen, lassen sich diese Ereignisse als Bestätigung der Optimierungsthese deuten, demonstrieren sie doch eine wachsende Verflechtung von Mensch und Technik.[15] Für zwei abschließend zu diskutierende Beispiele gilt, dass es sich um Selbstdarstellungen handelt, bei denen die Abgebildeten mit darüber entscheiden konnten, ob und wie sie sich in der Öffentlichkeit präsentieren. Die vom kanadischen Musiker, Komponisten und Fotografen Bryan Adams (*1959) 2013 in einer Ausstellung gezeigten Fotos von britischen Kriegsversehrten aus dem Afghanistan- bzw. Irak-Einsatz entstanden nach mehrjährigen Gesprächen in einem medizinischen Rehabilitationszentrum. Jedem fotografischen Porträt hat Adams einen Bericht der Dargestellten beigefügt. Mark Ormrod, der bei einem Einsatz drei Gliedmaßen verloren hatte, zeigt sich mit seinen Unterschenkelprothesen und nacktem Oberkörper mit rechtem Armstumpf.[16] In seinen Ausführungen hebt er hervor, wie stark es ihn während seiner Rehabilitation motiviert habe, aus dem Rollstuhl herauszukommen, um schließlich Schulter an Schulter mit seinen Kameraden in der gleichen Reihe zu stehen, als ihm die Kriegsmedaille verliehen wurde.[17] Dies erklärt, warum er sich in Adams' Projekt mit Prothesen für die Beine, aber nicht für den Arm zeigte, wie etwa im Brustbild auf seiner eigenen Website.[18]

Ähnlich selbstbewusst und ebenfalls nicht auf eine vollständige Kaschierung der Beschädigung zielend präsentiert sich Viktoria Modesta (*1988). Trotz vieler Krankenhausaufenthalte und Operationen seit ihrer Geburt wurde ihr mit knapp 20 Jahren der linke Unterschenkel amputiert. Die Britin mit lettischen Wurzeln setzte ihre Karriere als Musikerin und Model fort und gilt inzwischen als weltweit erster *Bionic Pop Artist*. Zu ihrem Markenzeichen gehört, das Äußere ihrer Prothese den jeweiligen öffentlichen Auftritten anzupassen. Am Tag vor der Abschlussveranstaltung der Paralympics in London 2012, in der sie als Schneekönigin mit einer mit Swarovski-Kristallen bestückten Beinprothese auftrat, betitelte die »Times« ein Porträt Modestas mit dem Selbstbekenntnis: »My leg is gone. I have nothing to hide.«[19] Das Begleitfoto zeigt sie mit weißem Oberteil und nackten Beinen, wobei das linke Knie angewinkelt und vorgestellt ist. Dabei trägt sie ein körperbetontes, an eine Korsage erinnerndes Beinmieder, an das eine Prothese mit blickdichtem hautfarbenem Überzug deutlich sichtbar montiert wurde. Das unversehrte rechte Bein erscheint durch Haltung und Aussehen weniger wichtig für ihr zur Schau gestelltes Selbstbild, womit das versehrte noch stärker in den Vordergrund rückt. Zusätzlich hat sie ihren linken Arm lässig auf die Schulter einer Modefigurine gelegt. Dieses Arrangement, das ihrem Berufsumfeld entnommen wurde, lässt sich auch als ironisches Selbstporträt werten, in dem sich das Model im Bewusstsein seiner Differenz zum Idealbild des Models über dessen Norm hinwegsetzt. Noch stärker das Auseinanderklaffen zwischen Ästhetik und Funktionalität betonend, zeigt sie sich auf einem Foto mit einer spitzen, bedrohlich wirkenden Prothese, die als Zeichen der Wehrhaftigkeit der Frau gedeutet werden kann (siehe Abb. 5). Der ihren Oberkörper vollständig verdeckende Mantel lenkt den Blick wiederum auf die nackten Beine und die extravagante Prothese. Im Vergleich mit Mark Ormrods sitzender Selbstdarstellung zeigt sich, dass bei ihm der Fokus gerade nicht auf der eher gewöhnlichen Beinprothetik liegt, sondern auf dem zur Schau gestellten versehrten Arm.

5
Model Viktoria Modesta. Aufnahme von Lukasz Suchorab, 2015

Die hier diskutierten Beispiele laden zur Reflexion über Unterschiede und Gemeinsamkeiten in der Darstellung öffentlich in Szene gesetzter Körper ein. Die jüngeren zeigen nicht nur, dass Selbstdarstellungen des modernen Menschen im 21. Jahrhundert die Sichtbarmachung von Normabweichungen einschließen können, sondern auch ihre unübersehbare Verbindung zu Identitätsfragen und Geschlechterrollen. Technik wird inzwischen vor allem als Werkzeug und Plattform zur individuellen Normalisierung und Optimierung genutzt. Die sich präsentierenden Individuen managen die Schnittstellen zwischen den natürlichen und künstlichen Anteilen ihres Körpers, soweit sie das in der eigenen Hand zu haben scheinen. Wie schon bei den älteren Beispielen lassen sie die Zuschauenden als gewöhnliche Normale erscheinen, von denen nicht Mitleid, sondern Akzeptanz für Andersheiten erwartet wird. In diesem Sinne setzte die Art und Weise der Vorführungen schon immer auch die Rahmenbedingungen für die Praxis des Menschenanschauens. Die Auswahl demonstriert, dass beide Perspektiven nicht voneinander isoliert zu analysieren sind und der neuzeitliche Blick vornehmlich auf äußerlich sicht- und messbare Merkmale gerichtet ist. Diese können wie im Ideal des »Gläsernen Menschen« als anzustrebende Norm oder im Falle von beschädigten und außergewöhnlichen Körpern als Abweichungen davon wahrgenommen werden. Seitdem Menschen- wie Völkerschauen mit dem ausgehenden 19. und frühen 20. Jahrhundert zu öffentlichen Orten von Körperinszenierungen geworden sind, laden sie stets auch zur Reflexion über die eigene Verortung ein.

1 Solche Ausstellungen wurden während des Ersten Weltkriegs an verschiedenen Orten gezeigt. Klemperer berichtete von der im Sommer 1917 im Leipziger Krystallpalast stattgefundenen »Heimatdank-Ausstellung für Kriegsbeschädigtenfürsorge«. An der ersten und letzten Veranstaltung dieser Art war das zunächst so genannte National-Hygiene-Museum in Dresden beteiligt. Es zeigte zum Jahreswechsel 1914/15 in Kooperation mit der Deutschen Vereinigung für Krüppelfürsorge eine »Ausstellung für Verwundeten- und Krankenpflege im Kriege« im Reichstag, die anschließend durch verschiedene deutsche Städte auf Wanderschaft ging, sowie drei Jahre später die Ausstellung »Die Kriegsbeschädigten-Fürsorge in Deutschland« in den Räumen des Neuen Kunstausstellungsgebäudes Dresden; NIKOLOW, SYBILLA: »Unsere Kriegsverletzten bei der Arbeit«. Strategien der Sichtbarmachung von Prothesen im Ersten Weltkrieg, in: ASMUTH, CHRISTOPH/NIKOLOW, SYBILLA (Hrsg.): Ersatzglieder und Superhelden. Beiträge zu Vergangenheit und Zukunft der Prothetik, Bielefeld 2023 (im Erscheinen). **2** KLEMPERER, VICTOR: Curriculum vitae. Erinnerungen 1881–1918. 2. Bd., hrsg. von Walter Nowojski, Berlin 1996, 609; KIENITZ, SABINE: Beschädigte Helden. Kriegsinvalidität und Körperbilder 1914–1923, Paderborn 2008, 197. **3** Für eine quellenkritische Einordnung des Berichts wären deshalb auch Klemperers Kriegserfahrungen (Westfront, Kriegsverwundung, Hungerwinter) sowie seine Situation zum Zeitpunkt der Abfassung der Erinnerungen im Herbst 1941 mit zu reflektieren, als er zum Überleben in verschiedenen Dresdner »Judenhäusern« gezwungen wurde. **4** Vgl. u. a. die Ausstellung »Der (im)perfekte Mensch. Vom Recht auf Unvollkommenheit«, die vom Deutschen Hygiene-Museum Dresden 2000 gemeinsam mit der »Aktion Mensch« erarbeitet wurde: Stiftung Deutsches Hygiene-Museum (Hrsg.): Der (im)perfekte Mensch. Vom Recht auf Unvollkommenheit, Ostfildern 2001; LUTZ, PETRA/MACHO, THOMAS/STAUPE, GISELA/ZIRDEN, HEIKE (Hrsg.): Der (im-)perfekte Mensch. Metamorphosen von Normalität und Abweichung, Köln 2003; sowie zum Forschungsfeld der Disability Studies WALDSCHMIDT, ANNE: Disability Studies zur Einführung, Hamburg 2020. **5** Vgl. zu einer diesbezüglichen körpergeschichtlichen Perspektive anhand ethnografischer Literatur WITTMAACK, MALTE: Plausible Körper – Plausible Differenz. Zum Wandel des verglichenen Körpers in der Plausibilisierung der Differenz zwischen deutschsprachigen Reisenden und der Bevölkerung des Osmanischen Reiches im 16.–18. Jahrhundert, in: FÖRSTER, BIRTE/HOCHKIRCHEN, BRITTA/SCHWANDT, SILKE (Hrsg.): Plausibilisierungsdynamiken und Evidenzpraktiken von der Antike bis zur Gegenwart, Bielefeld 2023 (im Erscheinen). **6** Siehe zur dauerhaften Institutionalisierung derartiger Darstellungsformate mit Spezialisierung auf außereuropäische »Völker« bzw. »Kulturen« zusammenfassend LAUKÖTTER, ANJA: Das Völkerkundemuseum, in: GEISTHÖVEL, ALEXA/KNOCH, HABBO (Hrsg.): Orte der Moderne. Erfahrungswelten des 19. und 20. Jahrhunderts, Frankfurt am Main 2005, 218–227. **7** Siehe zum Argument und für Fallstudien NIKOLOW, SYBILLA (Hrsg.): »Erkenne Dich selbst!«. Strategien der Sichtbarmachung des Körpers im 20. Jahrhundert, Köln 2015, sowie zum »Gläsernen Menschen« bereits ROTH, MARTIN: Menschenökonomie oder der Mensch als technisches und künstlerisches Meisterwerk, in: ROTH, MARTIN/BEIER, ROSEMARIE (Hrsg.): Der gläserne Mensch – eine Sensation. Zur Kulturgeschichte eines Ausstellungsobjekts, Stuttgart 1990, 39–67. **8** Zur Inszenierung und zum Umgang mit abweichenden Körpern im Mittelalter und der Renaissance siehe DASTON, LORRAINE/PARK, KATHERINE: Wunder und die Ordnung der Natur 1150–1750 [amerikanisches Original 1998], Berlin 2002; NOLTE, CORDULA (Hrsg.): Homo debilis. Behinderte, Kranke und Versehrte in der Gesellschaft des Mittelalters, Korb 2009; sowie zu ihrer Medikalisierung und Normalisierung im 18. und 19. Jahrhundert HAGNER, MICHAEL (Hrsg.): Der falsche Körper. Beiträge zu einer Geschichte der Monstrositäten, Göttingen 1995, und zur grundsätzlichen Differenz zwischen ärztlichem Blick und eigener Körpererfahrung DUDEN, BARBARA: Geschichte unter der Haut. Ein Eisenacher Arzt und seine Patientinnen um 1730, Stuttgart 1991. **9** SCHMITZ, COLLEEN M.: Ein Leben ohne Arme. Carl Hermann Unthan und seine Arbeit zur Motivation Kriegsinvalider in Deutschland, in: LARNER, MELISSA/PETO, JAMES/SCHMITZ, COLLEN M. (Hrsg.): Krieg und Medizin, Göttingen 2004, 61–69. Der Film ist auf DVD enthalten in: ROESSIGER, SUSANNE/SCHWARZ, UTA (Hrsg.): Kamera! Licht! Aktion! Filme über Körper und Gesundheit, Dresden 2011. **10** UNTHAN, CARL HERMANN: Das Pediskript. Aufzeichnungen aus dem Leben eines Armlosen, Stuttgart 1925, 269. **11** NIKOLOW: Unsere Kriegsverletzten (Anm. 1); NIKOLOW, SYBILLA: »Nicht Behelf und Schein, sondern Ersatz und Hülfe«. Neue Perspektiven für eine integrative Geschichte der Prothetik im Ersten Weltkrieg, in: BALCAR, JAROMIR/BALCAR, NINA (Hrsg.): Das Andere und das Selbst. Perspektiven diesseits und jenseits der Kulturgeschichte, Bremen 2018, 53–68. **12** Zum Stigma-Management siehe GOFFMAN, ERVING: Stigma. Über Techniken der Bewältigung beschädigter Identität, 3. Aufl. [amerikanisches Original 1963], Frankfurt am Main 1979, und zur Geburt des Konzepts der Rehabilitation in den Lazaretten des Ersten Weltkriegs NIKOLOW, SYBILLA: »Der bedeutendste und verantwortlichste Teil der Aufgabe fällt den Ärzten zu«. Invalidenfürsorge im Ersten Weltkrieg, in: MÜLLERSCHÖN, ANDRÉ/VOLLMUTH, RALF (Hrsg.): Medizinische Versorgung von Veteranen und Kriegsversehrten. Vorträge des 12. Wehrmedizinischen Symposiums der Gesellschaft für Geschichte der Wehrmedizin e.V. vom 25. November 2021, Berlin 2023 (im Erscheinen). **13** Heimatdank-Ausstellung für Kriegsbeschädigten-Fürsorge Leipzig 1917, 85–88; KUNSTMANN, EMIL: Heimatdank-Ausstellung für Kriegsbeschädigtenfürsorge in Leipzig, in: Der Kriegsbeschädigte 3 (1916), 1. **14** NIKOLOW: Unsere Kriegsverletzten (Anm. 1). **15** Siehe dazu vor allem KIENITZ, SABINE: Prothesen-Körper. Anmerkungen zu einer kulturwissenschaftlichen Technikforschung, Zeitschrift für Volkskunde, 106 (2010), 128–162. **16** Das Foto von Mark Ormrod wurde 2014 auf Zeit Online im Beitrag »Kriegsverletzungen« veröffentlicht: https://www.zeit.de/gesellschaft/2014-01/fs-krieg-verwundungen-soldaten-irak-afghanistan-2 (Zugriffsdatum: 28.10.2022). **17** ADAMS, BRYAN: Wounded. The Legacy of War. Photographs by Bryan, Göttingen 2013, 238–241. **18** https://www.markormrod.com (Zugriffsdatum: 28.10.2022); vgl. auch ORMROD, MARK: Man Down, Corgi 2010. **19** The Times, 8.9.2012, mit der Aufnahme des Fotografen Jon Enoch: https://www.thetimes.co.uk/article/viktoria-modesta-my-leg-is-gone-i-have-nothing-to-hide-376pkkczvkw (Zugriffsdatum: 28.10.2022); zum Auftritt in den Paralympics London 2012: https://www.youtube.com/watch?v=FSE8xPKncis (Zugriffsdatum: 28.10.2022).

Dresden Postkolonial

Der Zoo verdrängt seine koloniale Geschichte

Postkoloniale Initiativen und andere zivilgesellschaftliche Organisationen setzen sich seit vielen Jahren deutschlandweit kritisch mit der Geschichte von Zoos auseinander. 2021 hat Dresden Postkolonial mit weiteren Unterzeichnenden einen offenen Brief an den Zoologischen Garten Dresden veröffentlicht. Dieser Brief fordert vom Dresdner Zoo eine kritische Analyse seiner Historie. Dazu gehört zum einen die Aufarbeitung menschenverachtender Menschenschauen. Zum anderen findet sich gegenwärtig auf dem Gelände eine menschengroße Plastik, die eine Schwarze versklavte Person darstellen soll, die – wenn sie überhaupt am Standort belassen werden soll – mindestens eine kolonialismuskritische Kommentierung und Kontextualisierung verlangt.

Der Wortlaut des offenen Briefes wird hier vollständig dokumentiert:

DER ZOOLOGISCHE GARTEN DRESDEN ALS ORT KOLONIALER VERGANGENHEIT UND POSTKOLONIALER GEGENWART

EIN OFFENER BRIEF

Im Zoologischen Garten Dresden haben bis zum Anfang des 20. Jahrhunderts »Völkerschauen« stattgefunden.[1] Über diese gewaltvolle Historie lassen sich auf Ihrer Internetseite oder auf Ihrem Gelände kaum Hinweise finden. Diese kritikwürdigen Ereignisse werden, wenn überhaupt, meist apologetisch und romantisierend umschrieben.[2]

»Völkerschauen« als menschenverachtendes, europäisches Phänomen inszenierten und werteten Schwarze Menschen und People of Colour entlang rassistischer Stereotype als »Andere« ab. Diese Darstellung folgte dabei dem Muster, die ausgestellten Menschen (gemäß des Buchtitels Savages and Beasts)[3] als »Wilde« zu markieren und exotisieren.

Im Dresdner Zoo befindet sich weiterhin eine lebensgroße Plastik mit dem Titel »Entlaufener N*sklave mit Hund« (Erich Hösel, 1894), die sich heute gegenüber des Streichelgeheges befindet. Sie bietet Anlass zur Thematisierung dieser Darstellungsweise von Schwarzen Menschen und People of Colour in Zoos. Die Plastik »stellt […] einen vermeintlich Schwarzen Mann dar, der sich, seine Ketten zerreißend, gegen den Angriff eines Hundes wehrt.«[4]

Vergleichbar mit dem Bluthund ist der Coonhound, eine auf die Jagd spezialisierte Züchtung aus den USA des 17. Jahrhunderts. In den amerikanischen Südstaaten setzte man die Fährtenleser unter anderem auf flüchtige Versklavte an.[5] Auf dem Zoogelände wirkt die Skulptur zusammenhangslos und verloren; ob sie von der Mehrheit der Besucher:innen überhaupt wahrgenommen wird, scheint fraglich. Zumal jegliche Einordnung oder Information zur (eigenen) rassistischen und kolonialen Geschichte fehlt. Der Zoo verpasst so jede Möglichkeit, sich konstruktiv und kritisch mit der eigenen Historie auseinanderzusetzen. Die kritische Untersuchung der Plastik kann beispielhaft Aufschluss über koloniale Denkmuster und ihren Zusammenhang mit Darstellungsmechanismen geben, die bis in die Gegenwart fortwirken.

Im Kontext post- und dekolonialer Auseinandersetzung mit der Vergangenheit des Zoologischen Gartens Dresden erachten die Unterzeichnenden es als notwendig, die koloniale Geschichte des Zoos sowie die der Statue in eine ganzheitliche Betrachtung einzubetten und entsprechend zu kennzeichnen.

Deswegen fordern die Unterzeichnenden:
- Eine transparente und kritische Auseinandersetzung des Zoos mit der eigenen Geschichte sowie der Statue, unter Hinzuziehung und Bezahlung eines Gremiums aus Betroffenen, Expert:innen und zivilgesellschaftlichen Organisationen
- Die Erarbeitung von Handlungsstrategien bezüglich einer solchen Auseinandersetzung
- Die Öffentlichkeit bezüglich der Fortschritte und der Ergebnisse einer solchen Auseinandersetzung zu informieren

Unterzeichnende
- Die Initiative Dresden Postkolonial & das Bündnis DDekolonisieren
- Curly Culture
- Berlin Postkolonial e.V.
- Roman Kalex, Politologe, coloRadio
- NAMF – Netzwerk Asyl, Migration, Flucht
- RIKA Radebeul
- Grüne Jugend Dresden
- Leipzig Postkolonial
- Amo – Braunschweig Postkolonial e.V.
- Jusos Dresden
- WHAT – Referat Wissen, Handeln und Aktiv teilnehmen
- tierbefreiung dresden
- Internationalistisches Zentrum Dresden
- Women Defend Rojava Ortskomitee Dresden

Grafische Auseinandersetzung von Dresden Postkolonial mit der Hösel-Plastik »Entlaufener Sklave« im Dresdner Zoo, 2022

Der Zoologische Garten Dresden hat sich in keiner Weise zu dem offenen Brief geäußert – weder Dresden Postkolonial noch Mitunterzeichnende haben eine Rückmeldung erhalten. Der Zoo hat dennoch reagiert und eine Tafel mit einem kurzen Informationstext neben der Plastik aufgestellt. Auf sprachlicher Ebene bedient sich der Text kolonial-rassistischer Wörter und steht damit in sprachlicher Kontinuität mit dem Titel der Statue. Der Inhalt des Textes beschäftigt sich vor allem mit dem sächsischen »Künstler« Erich Hösel (1869–1953), der vom Zoo zu einem »Kulturerbe« ernannten Statue sowie der Entstehung der Plastik. Als Vorbild diente demnach vor allem ein Fantasyroman eines anderen Sachsens: Karl May (1842–1912). Beiden Sachsen ist gemein, dass sie »Andere« darstellen bzw. über »Andere« schreiben konnten, wie sie wollten, und damit die Mehrheitsgesellschaft in Deutschland prägten und noch prägen. Und ihnen wurde und wird zugehört. Sie werden als Kulturerbe dargestellt und ihnen wird sogar eine kolonialismuskritische Einstellung zugeschrieben. Ihre Fremdzuschreibungen – Fiktionen und Erfindungen – werden vielfach als Wahrheit und Realität verstanden. Die tatsächlichen Erfahrungen und Geschichten der dargestellten Menschen und Gesellschaften bleiben unerzählt. Dazu gehören nicht nur Genozid und Landnahme an Native Americans, die Gewaltgeschichte der Versklavung Schwarzer Menschen und Widerstandserzählungen, sondern auch heutige Lebensrealitäten wie Rassismus.

Die der Statue zugeordnete Plakette lässt unerwähnt, dass die Statue zu Hochzeiten des deutschen Kolonialismus entstand. Es wird nicht erwähnt, dass Karl May imperiale Fantasien und koloniales Gedankengut in seinen Romanen reproduziert. Somit ist der Text nicht nur eine versuchte Legitimierung einer rassistischen Statue, sondern auch eine Verweigerung einer tatsächlichen historisch-reflektiven Beschäftigung des Zoos mit seiner kolonialen Verwobenheit.

Eine rassistische Statue an einem historischen kolonial-rassistischen Ort als widerständig zu inszenieren, ist keine Erinnerungskultur – es ist das Unsichtbarmachen von gewaltvoller Kolonialisierung, Sklaverei und Genozid.

1 Vgl. Website des Zoos Dresden: Unser Zoo, https://www.zoo-dresden.de/unser-zoo/ueber-uns/#pg-24-6 (Zugriffsdatum: 26.11.2022). **2** Vgl. ebd. Auf der Website des Zoologischen Gartens Dresden werden die »Hagenbeckschen Völkerschauen« unter dem Abschnitt »Eröffnung und Pionierjahre« als Randnotiz erwähnt. Menschenschauen wurden demnach aus ökonomischen Erwägungen in Dresden veranstaltet, »um dem damaligen Publikumsgeschmack stärker Rechnung zu tragen.« Weiterhin sein »der pädagogische Nutzen und der wissenschaftliche Ertrag dieser Vorführungen bis heute stark umstritten« und »aus heutiger Sicht [...] als vollkommen inakzeptabel und menschenfeindlich einzuordnen«. Der Artikel kommt ohne das Wort »Rassismus« aus und äußert sich nicht weiter zu den Schicksalen der nach Europa verbrachten und ausgestellten Personen (laut dem Artikel machten etwa »30 Gruppen im Zoologischen Garten Station«). **3** ROTHFELS, NIGEL: Savages and Beasts. The Birth of the modern Zoo, Baltimore 2002. **4** Dresden Postkolonial: Das Tier in dir. Über ferne Welten im Dresdner Zoo, http://dresden-postkolonial.de/zoo (Zugriffsdatum: 26.11.2022); siehe auch: Kunstchronik. Wochenschrift für Kunst und Kunstgewerbe 31 (1896/97), https://digi.ub.uni-heidelberg.de/diglit/kunstchronik1897/0247/image (Zugriffsdatum: 26.11.2022). **5** Federation Cynologique Internationale: Chien de St Hubert (Bluthund, Bloodhund), 5.6.2002 (deutsch), 3, http://www.fci.be/nomenclature/Standards/084g06-de.pdf (Zugriffsdatum: 26.11.2022).

Mit SEH-GEWOHNHEITEN BRECHEN

In dem Sammelband dominieren wissenschaftliche Beiträge aus einer europäischen Perspektive. Ergänzend erzählen insgesamt sieben über den Band verteilte Kurzbiografien die Lebensgeschichten von Teilnehmenden von Menschenschauen. Die häufig anonymisierten oder mit Kunstnamen versehenen Darsteller:innen sollen dadurch wieder mit ihrer individuellen Geschichte sichtbar werden. Die Erzählungen stellen die Personen nicht in erster Linie als Opfer dar, sondern als handelnde und selbstbewusste Akteur:innen.

Die Illustrationen der biografischen Skizzen stammen von Johanna Gehring. In einem Gespräch mit Thomas Steller reflektierte sie ihre Arbeit, hier werden Auszüge wiedergegeben. Ihre Illustration auf dieser Doppelseite zeigt den Prozess der künstlerischen Auseinandersetzung mit den Biografien.

»Illustration ist für mich immer forschende Auseinandersetzung. Ich stelle mir Fragen nach Sehgewohnheiten: Wer sieht, wer wird gesehen? Ich frage nach stigmatisierenden, stereotypisierenden, gewaltvollen Darstellungsformen und wie sie zu brechen sein könnten. Wichtigste Grundlage ist dabei Respekt vor den Menschen, vor ihren Geschichten und Kämpfen.«

»Die Quellen und Abbildungen, mit denen ich gearbeitet habe, stammen überwiegend aus kolonialrassistischem Kontext und geben die Perspektive der Kolonisatoren wieder. Sie sind teilweise gewaltvoll, sie produzieren eindimensionale und klischeehafte Darstellungen. Die Abbildungen und Beschreibungen der Personen dienten der Abgrenzung und Aufwertung ihrer europäischen Betrachter:innen. Der Südamerikaner Pichocho z.B. wird auf seine vermeintliche minderwertige Andersartigkeit reduziert, ebenso das Kind bzw. später die junge Frau ›Krao Farini‹, deren tatsächlicher Name nicht einmal bekannt ist. Diese Blickregime und Sehgewohnheiten wollte ich auf keinen Fall reproduzieren, weil sie nach wie vor koloniale und gewaltvolle Blickpraktiken stärken und fortschreiben. Die Erkenntnis, dass dieser Wunsch in den bestehenden Gesellschaftsstrukturen noch immer utopisch ist, kann vielleicht ein hilfreicher erster Schritt sein.«

»Ich habe versucht, auch meine eigene *weiße* Perspektive zu reflektieren und den Fakt, dass meine eigene Wahrnehmung der Welt von den Spuren der Kolonisierung und anderen Machtstrukturen geprägt ist. Ich musste mit zum Teil sehr unterschiedlichen und subtilen Gewaltstrukturen umgehen, in denen ich selbst verhaftet bin; aber ohne in eine Betroffenheitsperspektive zu rutschen. Insofern war klar, ich werde auch scheitern, aber der Prozess der Auseinandersetzung ist wichtig. Meine Hoffnung ist, diese Selbstreflexion auch bei den Betrachter:innen der Bilder anregen zu können. Aus dem Grund habe ich einen Collage-artigen Stil gewählt, mit Unterbrechungen und teilweise auch irritierenden Elementen, die Impulse zum Nachdenken geben sollen.«

»Der Vorteil von einem zeichnerischen oder künstlerischen Annähern an eine Thematik ist, dass dabei durch Auslassung ein Fokus gesetzt werden kann und sich so eine Geschichte erzählen lässt. Ich wollte auf die problematischen Quellen und die Leerstellen in der Geschichte hinweisen und den Personen mit ihren uneindeutigen, lückenhaften Biografien Raum geben. Und es ist mir wichtig, dass Betrachter:innen diese Uneindeutigkeit und Unabgeschlossenheit auch aushalten.«

»Die Uneindeutigkeiten wollte ich auch visuell in den Vordergrund stellen. Indem ich teilweise nicht die Person selbst, sondern nur ein Bild, aus dem sie herausgeschnitten ist, also eine Lücke zeige. Oder indem ich mehrere Bilder sich überlagern lasse und skizzenhaft zeichne, um zu verdeutlichen, dass es zwar verschiedene Überlieferungen zu den Personen gibt, sie alle aber aus kolonialistischer Perspektive stammen und auch nicht deckungsgleich sind. Die skizzenhafte Darstellungsweise drückt den Prozess des Suchens und die Unmöglichkeit einer exakten oder zutreffenden Darstellung aus.«

Johanna Gehring und Thomas Steller

Schon bei höfischen Festen traten als »exotisch« betrachtete Menschen auf – wie hier 1678 bei einem Ballett im Dresdner Schloss. Häufig handelte es sich um verkleidete Adlige, doch auch Bedienstete aus verschiedenen Weltregionen wurden vorgeführt. Wurden hier rassistische Klischees transportiert? Der Repräsentation am kurfürstlichen Hof dienten ebenso kleinwüchsige Menschen. Wie entstand aus dem höfischen Spektakel eine bürgerliche Unterhaltungskultur?

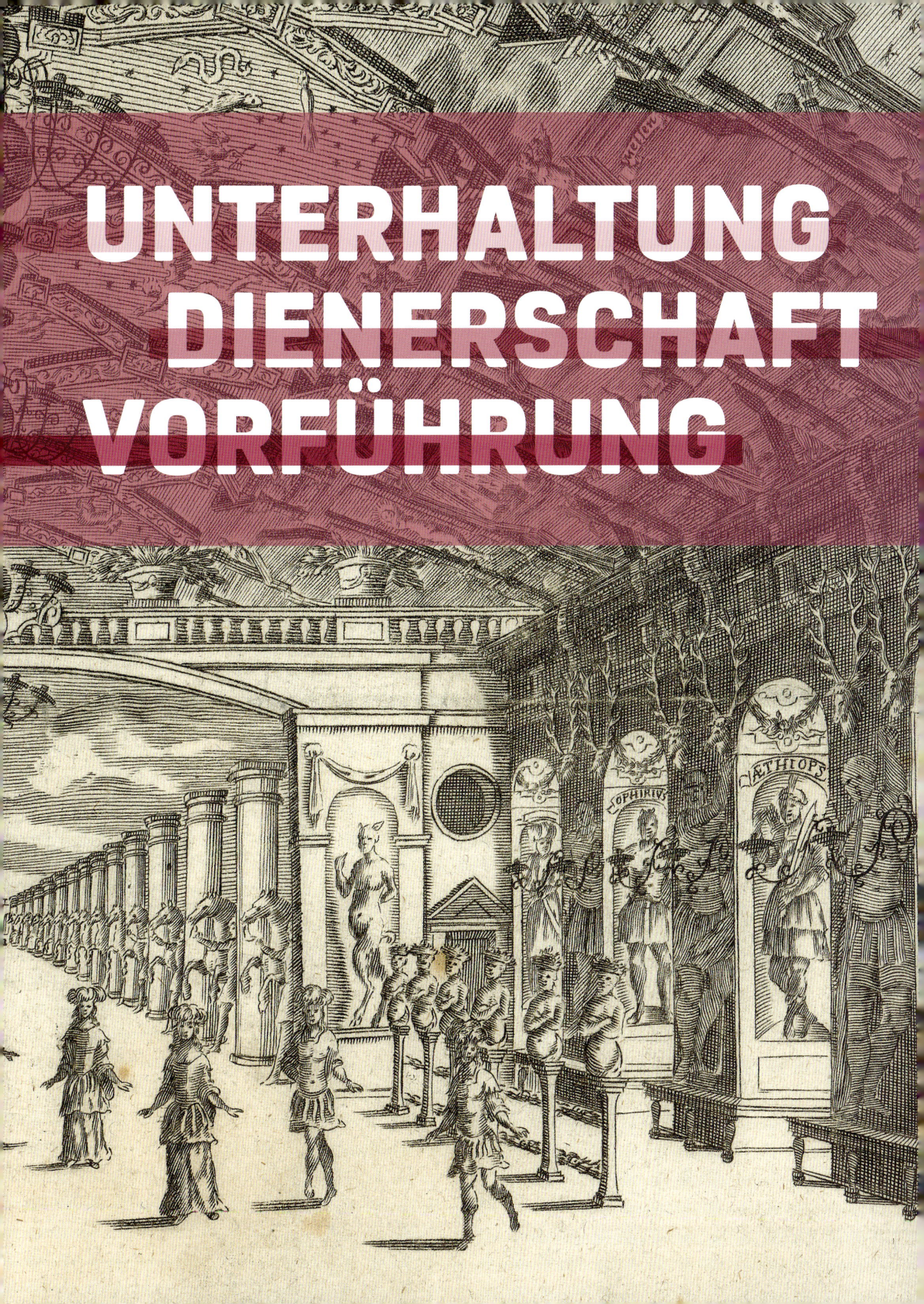

UNTERHALTUNG
DIENERSCHAFT
VORFÜHRUNG

Matthias Donath

Exotische BERUFS-GRUPPEN am DRESDNER HOF

1
Figurenstudie zu vier Bediensteten (Läufer, Leibschütz, Türsteher) des Grafen Heinrich von Brühl. Unbekannter Künstler, Öl auf Leinwand, Dresden, um 1747

2
Figurenstudie zu drei Bediensteten (»Kammermohr«, Leibhusar und Heiduk) des Grafen Heinrich von Brühl. Unbekannter Künstler, Öl auf Leinwand, Dresden, um 1747

Der Hof eines Fürsten war ein komplexes Gefüge mit einfachen Bediensteten, aber auch Pagen, Kammerjunkern und Kammerherren adligen Standes. Der Dresdner Hof des 17. und 18. Jahrhunderts umfasste mehrere Hundert Personen unterschiedlicher Ränge und Berufe, die zum Teil aus entfernten Weltteilen stammten.[1] Dieser Beitrag stellt einzelne »exotische« Gruppen am Dresdner Hof vor und versucht abschließend, die Frage zu beantworten, inwiefern von einer »Zurschaustellung« der betroffenen Menschen gesprochen werden kann.

Das Hofpersonal war seiner Herkunft nach »international«. Denn der Dresdner Hof schmückte sich – wie andere Höfe des europäischen Kulturraums auch – mit exotischer »Staffage«.[2] Gruppen mit andersartigem Aussehen oder andersartiger Kleidung vertraten »fremde« Kulturen und bildeten am Hof eine außergewöhnliche Kulisse. Ihre Anstellung erklärt sich aus dem Prestige, das mit der Andersartigkeit verbunden war: »Exotische« Menschen anderer Kulturen waren in Mitteleuropa selten und deshalb sehr gefragt. Da oft nur Herrscher sie »beschaffen« und besolden konnten, stellten sie ein Mittel dar, um sich von der Umgebung abzuheben. Nicht zuletzt deswegen ließen sich August der Starke (1670–1733), seine Gemahlin Christiane Eberhardine (1671–1727) oder ihr Sohn August III. (1696–1763) mit »Mohren« im Hintergrund malen.[3]

Wenn folgend von »exotischen Berufsgruppen« die Rede ist, dann handelt es sich um eine moderne Bezeichnung. Die Hofangehörigen als »Fremde« zu bezeichnen, passt nicht immer. Zum einen waren die »Kammermohren« und »Kammertürken«, so der damalige Ausdruck, in die höfische Gesellschaft integriert und keine Fremden. Und zum anderen konnten sich hinter der exotischen Kostümierung auch Einheimische verbergen. Das Ungewöhnliche waren körperliche Merkmale wie Hautfarbe und Körpergröße oder die echte oder vermeintliche Zugehörigkeit zu einer fremden Kultur wie bei den Türken, Tataren, Kosaken und Indianern.

Die zahlenmäßig größten »fremden« Gruppen am Dresdner Hof waren die Heiducken, die eine ungarische Uniform trugen, und die Läufer, für die eine Abstammung aus Italien gewünscht war. Die beiden wohl auffälligsten Gruppen waren allerdings die »Kammermohren« und »Kammertürken«. Schon früh hatte sich an den Höfen Mitteleuropas die Mode durchgesetzt, dass Herrscher oder Herrscherin einen eigenen Diener mit dunkler Hautfarbe in ihrer Umgebung hatten.[4] In Dresden lässt sich ein »Mohr« erstmals im Januar 1602 nachweisen, als Kurfürst Christian II. von Sachsen (1583–1611) als Geschenk des Kaisers Rudolf II. (1552–1612) drei reich geschmückte Pferde und fünf Kriegsgefangene erhielt: Türken, Tataren und ein »Mohr«.[5] Wie diese Personen hießen und was aus ihnen wurde, ist nicht bekannt.

»KAMMERMOHREN« UND ANDERE SCHWARZE AM DRESDNER HOF

Ab der zweiten Hälfte des 17. Jahrhunderts lässt sich eine kontinuierliche Abfolge von »Kammermohren« am Dresdner Hof ermitteln. Es waren bis zu vier, meist jedoch nur ein oder zwei Schwarze, die unter dieser Bezeichnung zum engsten Hofstaat gehörten. »Kammermohr« und »Kammermohrin« (oder »Kammermöhrin«) hatten die Aufgabe, den Herrscher bzw. seine Ehefrau zu bedienen und zu begleiten. Dabei stand der »Kammermohr« in einer besonderen, meist lebenslangen Vertrauensstellung zum Kurfürsten bzw. zur Kurfürstin. Die schwarzen Bediensteten hatten unter anderem die Aufgabe, ihrer Herrschaft »orientalische« Getränke wie Kaffee oder Kakao zu servieren. Sie wurden gut bezahlt. Die »Kammermohren« rangierten in einer mittleren Besoldungsstufe – deutlich unter den adligen Hofangehörigen, aber auch deutlich über den einfachen Lakaien. Sie bezogen zwischen 120 und 200 Taler im Jahr. Eine Ausnahme bildete Joseph Benno Manino († nach 1756), der sogar ein Jahresgehalt von 432 Talern erhielt. Die Beköstigung erfolgte am Hof, wobei die »Kammermohren« – als Teil der Inszenierung – auch selbst Kaffee tranken.

Die »Kammermohren« trugen eine exotisch wirkende Fantasiekleidung, die vom Hof gestellt wurde und bestimmten Regeln folgte. Sie war von Vorbildern aus dem Osmanischen Reich abgeleitet, also nicht »afrikanisch«. Zwingend war der Turban vorgeschrieben. Oft war dieser mit Federn besteckt. Auf Gemälden sind die »Kammermohren« häufig mit einem Halsring aus Metall abgebildet. Der Halsring war eine Anspielung auf die Herkunft aus der Sklaverei, er wies den »Mohren« als »Besitz« aus. Die kostbare Ausführung legt allerdings nahe, dass es sich hier nicht um eine tatsächliche Kennzeichnung eines Sklaven handelte, sondern um ein ikonografisches Motiv. Ein dritter Bestandteil der exotischen Inszenierung waren Ohrringe oder Ohrgehänge. Die »Kammermohrinnen« trugen die neueste Mode, wie kostspielige Kleidungskäufe 1716 für die »Moresse Friederica« zeigen.

3
Antoine Pesne: Bildnis Friedrich August I. (August II., »der Starke« von Polen), Kurfürst von Sachsen. Kupferstich, mit Wasserfarben koloriert, Deckweiß und Gold auf Pergament, Ende 17./ 1. Drittel 18. Jahrhundert

Kurz nach Ende des Siebenjährigen Krieges (1756–1763) verzichtete der Dresdner Hof auf »Kammermohren«. Die beiden letzten dienten der Kurfürstinwitwe Maria Antonia, geborene Prinzessin von Bayern (1724–1780), nämlich Samuel Ramsy Christ, der im September 1768 von Dresden nach Berlin flüchtete, und Nicolaus Louis Giepielle, der im Februar 1769 starb.

Ein zweites großes Einsatzfeld für Schwarze an den Höfen Mitteleuropas war der Dienst als Trompeter und Pauker – sowohl im Heer als auch am Hof.[6] Die Musiker gaben mit ihren weit hörbaren Instrumenten Signale für höfische Zeremonien und Auftritte militärischer Formationen. Schwarze wurden aufgrund ihrer leichten Erkennbarkeit gern als Pauker militärischer Formationen ausgewählt. Wie Auswertungen der Hofbücher ergaben, lassen sich in Sachsen nur sechs Pauker und ein Trompeter mit dunkler Hautfarbe nachweisen.[7]

Die schwarzen Hofangehörigen stammten, soweit nachweisbar, aus verschiedenen Teilen Afrikas, aus der Karibik (wohin ihre Vorfahren durch den Sklavenhandel gelangt waren) oder aus Indien. Nicht immer ist bekannt, wie sie nach Dresden kamen. Einige wurden durch Händler nach Sachsen gebracht, andere angeworben. Soweit sie noch nicht getauft waren, erfolgte eine Unterweisung im christlichen Glauben und danach die »Mohrentaufe« als festliches Ereignis, das am Hof gefeiert wurde.[8] Kurfürst und Kurfürstin standen oftmals selbst Pate. Bis zur Konversion Augusts des Starken zum Katholizismus übernahmen die Getauften die evangelisch-lutherische Konfession des Herrscherhauses. August der Starke und sein Sohn strebten allerdings einen möglichst einheitlich römisch-katholischen Hofstaat an und ließen daher nur römisch-katholische Taufen zu bzw. stellten bereits getaufte schwarze Katholiken ein.

Die Schwarzen am Dresdner Hof waren seit ihrer Taufe gleichberechtigte Glieder der christlichen Gemeinde. Das bedeutete, dass die Hautfarbe keine Bedeutung für Heirat oder Familiengründung hatte. Soweit die allgemein geltenden Regeln ständischer Abgrenzung eingehalten wurden und die Zustimmung des Dienstherrn vorlag, durften sie heiraten. Belegt sind Ehen zwischen schwarzen Männern und schwarzen Frauen, aber auch Ehen von Schwarzen mit weißen Ehepartnern.[9]

Eine dritte Gruppe schwarzer Bediensteter nach den »Kammermohren« und den Musikern waren die Angehörigen der »Mohrenformation«, einer militärisch organisierten Truppe, die 1719 aufgestellt wurde, einheitlich uniformiert war und zu höfischen Festlichkeiten auftrat. Diese Schwarzen hatten einen minderen Status als die bereits genannten Hofangehörigen. Die ersten Angehörigen dieser Truppe waren in Lissabon auf dem Sklavenmarkt gekauft oder gegen Zusage einer Besoldung angeworben worden. Diese »Mohren« lebten kaserniert zusammen und wurden wie Soldaten behandelt. Ihre Bezahlung war deutlich niedriger als die der »Kammermohren«. Obwohl der Sklavenstatus in Mitteleuropa nicht galt, unterschied man zwischen »Sclaven Mohren« und »Frey Mohren«,[10] was sich allerdings nur auf die Bezahlung auswirkte. Wie bei Soldaten üblich, war keine Heirat erlaubt. Die »Mohrenformation« war in Dresden, Warschau und verschiedenen Städten Sachsens und Polens stationiert. Als August der Starke 1733 starb, wurde sie aufgelöst.

TÜRKEN AM DRESDNER HOF

Über Türken am Dresdner Hof ist bisher nur wenig Konkretes bekannt. Im Laufe des 17. Jahrhunderts wurden zahlreiche Menschen aus dem Osmanischen Reich als Kriegsbeute nach Mitteleuropa verschleppt. Die Lebensläufe der »Beutetürken« sind verschieden. Gemeinsam ist meist, dass sie von einem Soldaten oder Offizier in Besitz genommen wurden. Diese verbrachten sie in die eigene Heimat, verkauften oder verschenkten sie – oder sorgten selbst für ein Unterkommen und eine christliche Erziehung. Die Verschleppten mussten eine fremde Sprache lernen und sich in eine fremde Kultur einleben. Sie waren von der Aufnahmefamilie abhängig, die sie versorgte. Meist mussten sie den christlichen Glauben annehmen. Auch für Sachsen lassen sich zahlreiche dieser »Beutetürken« nachweisen.[11] Allerdings kamen nur wenige von ihnen an den Dresdner Hof.

Die bekannteste Person aus dieser Gruppe ist Maria Aurora Spiegel (um 1670 – um 1724), eine der Mätressen Augusts des Starken.[12] Nach dem, was wir heute wissen, hieß die Mätresse ursprünglich Fatima Kariman. Sie wurde 1685 bei der Eroberung der Festung Neuhäusel (heute Nové Zámky, Slowakei) von dem schwedischen Offizier Alexander von Erskein († 1687) erbeutet und nach Schweden gebracht. Von ihrer Taufpatin Maria Aurora von Königsmarck (1662–1728), die die junge, aber bereits einmal verheiratete Türkin zu sich nahm, erhielt sie den christlichen Namen Maria Aurora. Als Maria Aurora von Königsmarck nach Sachsen kam und die erste Mätresse Augusts des Starken wurde, brachte sie auch ihre türkische Begleiterin mit. Zwischen 1698 und 1706 hatte diese eine Beziehung mit August dem Starken, aus der zwei Kinder hervorgingen, Friedrich August (1702–1764) und Maria Aurora (1706– um 1746), die später als Graf und Gräfin von Rutowski in den Adelsstand erhoben wurden. August der Starke verheiratete seine Mätresse mit dem Kammerdiener und späteren Akzisrat Johann Georg Spiegel, mit dem sie bis zu dessen Verhaftung und Tod 1715 zusammenlebte.

4 (li.)
Samuel Gränicher: Ein kurfürstlicher Kammertürke am Hof in Dresden in typischem Kostüm. Blatt 1 aus der Folge von Kostümen in Sachsen bei Heinrich Rittner 1803–1808. Aquatinta, koloriert, um 1805

5 (re.)
Christian Ehrenfried Kayser: Kammertürke, Türsteher, aus: Sächsisch-polnische Hoftrachten und Militäruniformen beim Einzug 1719 in Dresden. Pinsel in Wasser- und Deckfarben, Silber, Gold, 1719

Wann die Berufsgruppe der »Kammertürken« am Dresdner Hof entstanden ist, lässt sich nicht mit Sicherheit sagen. Im Unterschied zu den »Kammermohren« wurden die »Kammertürken« nicht in den Hofbüchern erfasst, was nahelegt, dass sie nicht aus der Kasse des Oberhofmarschallamts besoldet wurden. Für das 17. Jahrhundert ist bislang nur ein Nachweis bekannt: Im Inventar der Türkischen Kammer ist belegt, dass 1684 ein ungarischer Sattel an den »Cammer Türcken Solimannen« ausgegeben wurde.[13] Dieser Soliman könnte durchaus ein »Beutetürke« gewesen sein, wobei der muslimische Name andeutet, dass er nicht oder noch nicht die christliche Taufe empfangen hatte. Im 18. Jahrhundert hatten die »Kammertürken« eine konkrete Aufgabe: Sie waren Türhüter, Türsteher bzw. Huissiers, bewachten also die Türen der Gemächer des Herrschers und kontrollierten den Zugang. Die Namen der »Kammertürken«, die seit 1730 in den Hofbüchern verzeichnet sind, lassen überraschenderweise erkennen, dass keiner von ihnen einen türkischen oder muslimischen Hintergrund hatte. Namen und Geburtsorte schließen auch aus, dass es sich um getaufte Muslime gehandelt hat. Offenbar war bei den »Kammertürken« eine bestimmte ethnische Zugehörigkeit oder Herkunft nicht gefordert. Entscheidend war nur die »türkische« Erscheinung, die ausschließlich durch die Kleidung vermittelt wurde. Die »Kammertürken« trugen eine orientalische Kleidung mit Rock und Kaftan. Unverzichtbarer Bestandteil ihrer Kostümierung war der Turban.

Anders als die »Kammermohren« wurden die »Kammertürken« nicht nach dem Siebenjährigen Krieg abgeschafft, sondern erst 1816. Die beiden letzten »Kammertürken« in Dresden waren Christoph Kratzmann († 1816) und Peter Hedasch († 1815), die beide Einheimische aus Sachsen waren.

6
Johann Joachim Kaendler, Peter Reinicke: Tatar aus der Krim. Porzellan, Meißen, um 1748

TATAREN, KOSAKEN UND KALMÜCKEN

August der Starke herrschte als König von Polen auch über muslimische Untertanen. Die sogenannten Lipka-Tataren waren bereits im 14. Jahrhundert im Großfürstentum Litauen angesiedelt worden.[14] Die tatarischen Familien stellten die berittenen Ulanen und genossen Glaubens- und Verwaltungsfreiheit. In Dresden lassen sich mehrere Tataren nachweisen, darunter zwei Tatarenkinder, die den römisch-katholischen Glauben annahmen. Nur ein Tatar wurde jedoch mit der Berufsbezeichnung »Tartar« am Hof aufgenommen. Dieser Mann ist nur mit seinen Nachnamen Stulkiewiz (Stulkiewicz) bekannt und gehörte zwischen ca. 1725 und 1728 zum Hof.[15]

Darüber hinaus gab es am Dresdner Hof drei »Cosaquen«. Mit dem Begriff »Kosaken« wurden freie Reiterverbände bezeichnet, die im Grenzraum zwischen Polen-Litauen, dem Zarenreich und dem Osmanischen Reich agierten und autonome Staatsgebilde gründeten. Kosaken bildeten keine eigene Ethnie, sondern waren durch ihre soziale Herkunft und ihren Beruf geprägt. Die drei Kosaken in Dresden namens Friedrich Miciz, Ignatius Lucas Olszewski und Ignatius Skarzinski trugen polnische Nachnamen. Der Vorname Ignatius (Ignacy) lässt die Vermutung zu, dass es sich um zum katholischen Glauben übergetretene Orthodoxe gehandelt hat, die wohl von Jesuiten getauft worden sind.

Das Hofbuch von 1717 weist schließlich noch zwei »Calmucken« aus. Johann Stephani Rawiza wurde 1718 eingestellt, während zu Hulta, der von der katholischen Geistlichkeit besoldet wurde, keine weiteren Informationen vorliegen. Es handelt sich offenbar um Kalmücken, also um Angehörige eines westmongolischen Volkes, das in der Wolgaregion lebte und den buddhistischen Glauben praktizierte. Wie sie nach Dresden kamen, bleibt offen. Möglicherweise waren sie »Geschenke« des russischen Zaren Peter des Großen (1672–1725). Zarin Anna Iwanowna (1693–1740) schenkte August dem Starken einen Tschuwaschen namens Wasili Schemiloff, der nicht am Hof beschäftigt wurde, sondern als Soldat dem Leibgrenadier-Garderegiment angehörte.[16]

ZURSCHAUSTELLUNG VON HOFANGEHÖRIGEN?

Wie dieser Überblick zeigt, vereinte der Dresdner Hof in der ersten Hälfte des 18. Jahrhunderts eine erstaunlich große Anzahl von Menschen verschiedener Ethnien und Kulturen. Mit Ausnahme der »Mohrenformation« zählten die Hofangehörigen zur unmittelbaren Umgebung des Herrschers. Das heißt, dass sie während des Tagesablaufs anwesend waren und mit ihrer Kostümierung und – im Falle der »Mohren«, Zwerge und Riesen – auch mit ihren auffälligen körperlichen Merkmalen die Umgebung des Königs und Kurfürsten »schmücken« sollten. Die exotischen Berufsgruppen waren sichtbar, die Betreffenden sollten gesehen werden, denn ihr Auftreten und Handeln waren Teil eines zeremoniellen Gefüges. Ob man hier von einer »Zurschaustellung« sprechen kann, ist fraglich, denn der ganze Hofstaat war auf Sichtbarkeit angelegt. Hofangehörige und ihre Handlungen verdeutlichten Rangunterschiede, Machtausübung, Distinktion. Gesehen zu werden, war Teil des Berufsbilds der Hofangehörigen. Keinesfalls darf man sich vorstellen, dass die exotischen Berufsgruppen wie in einer Völkerschau des 19. und 20. Jahrhunderts präsentiert worden sind. Der Herrscher agierte mit ihnen, redete mit ihnen und zeigte sich mit ihnen. Natürlich befanden sich die »Exoten« in einer sozialen Abhängigkeit. Sie waren auf die Gunst ihres Fürsten angewiesen, der sie bezahlte. Damit unterschieden sie sich aber nicht von den anderen Hofangehörigen, denen es genauso erging. Bemerkenswert ist jedenfalls, dass am Hof fremde Kulturen sichtbar waren und dass diejenigen, die diese Kulturen repräsentierten, eine geachtete Stellung besaßen und eine gute Bezahlung erhielten.

1 Der Aufsatz gründet sich auf eine Auswertung der Hofbücher, also der Besoldungslisten des Hofes, die ab der Mitte des 17. Jahrhunderts anfangs lückenhaft, dann vollständiger vorliegen. Vgl. die Akten im Sächsischen Staatsarchiv, Hauptstaatsarchiv Dresden (im Folgenden HStA Dresden), 10006 Oberhofmarschallamt, K02. **2** Der Autor erstellte im Auftrag der Staatliche Schlösser, Burgen und Gärten Sachsen gGmbH eine Studie zu Schwarzen und zu »Fremden« am sächsischen Hof. Eine Veröffentlichung ist geplant. **3** Donath, Matthias: Schwarze in Sachsen im 17. und 18. Jahrhundert, in: Donath, Matthias/Thieme, André (Hrsg.): Augusts Afrika. Afrika in Sachsen, Sachsen in Afrika im 18. Jahrhundert, Königsbrück 2022, 42–79, hier 61–65. **4** Zu schwarzen Menschen im frühneuzeitlichen Mitteleuropa, darunter auch zu den »Kammermohren«: Martin, Peter: Schwarze Teufel, edle Mohren. Afrikaner in Geschichte und Bewusstsein der Deutschen, Hamburg 2001; Lind, Vera: Africans in early modern German Society, in: Bulletin of the German Historical Institute, Washington 28 (2001), 74–82; Häberlein, Mark: »Mohren«, ständische Gesellschaft und atlantische Welt. Minderheiten und Kulturkontakte in der Frühen Neuzeit, in: Lehmann, Hartmut/Schnurmann, Claudia (Hrsg.): Atlantic Understandings: Essays on European and American History in Honor of Hermann Wellenreuther, Hamburg 2006, 77–102; Kuhlmann-Smirnov, Anne: Schwarze Europäer im Alten Reich. Handel, Migration, Hof, Göttingen 2013. **5** Vgl. Schuckelt, Holger: Ein kaiserliches Geschenk an Kurfürst Christian II. von Sachsen im Jahr 1602, in: Dresdener Kunstblätter 46 (2002), Heft 2, 67–74; Schuckelt, Holger: Orientalische Geschenke Kaiser Rudolfs II. an Kurfürst Christian II. von Sachsen, in: Bukovinská, Beket/Konečný, Lubomír (Hrsg.): Dresden – Prag um 1600, Prag 2018, 147–164. **6** Vgl. Kuhlmann-Smirnov: Schwarze Europäer (Anm. 3), 130ff. **7** Vgl. Donath: Schwarze (Anm. 3), 56. **8** Ebd., 48. **9** Ebd., 59 f. mit Nachweisen zu Ehen und Familien. **10** Begriffe laut Königlich Polnischem und Kurfürstlich Sächsischem Hof- und Staatskalender 1728. **11** Zu »Beutetürken« in Sachsen: Metzke, Hermann: Türken in Mitteldeutschland im 16.–18. Jahrhundert, in: Familie und Geschichte. Hefte für Familiengeschichtsforschung im sächsisch-thüringischen Raum 5 (1996), Heft 2, 256–266; Wilde, Manfred: Türken in Sachsen und Sachsen im Türkenkampf im 16. und 17. Jahrhundert, in: Beier, Hans-Jürgen/Weber, Thomas (Hrsg.): Altes und Neues – Vom Museum in den Landtag. Festschrift für Volker Schimpff zum sechzigsten Geburtstag, Langenweißbach 2014, 263–274. **12** Eine Biografie Anna Maria Spiegels aufgrund neuer Quellenfunde ist in Vorbereitung. Neue Erkenntnisse Holger Schuckelts sind ohne Quellennachweise publiziert in: Schuckelt, Holger: Historischer Hintergrund, in: Günther, Ralf: Die türkische Mätresse, Berlin 2014, 539–555. **13** Inventar der Türkenkammer von 1683, 34, Nr. 49. Vgl. Schuckelt, Holger: »Folget das Türckische Serail«. Das Wachsfigurenkabinett Augusts des Starken, Kammertürken und Türkenkammer am Dresdner Hof, in: Hölscher, Petra/Schnitzer, Claudia (Hrsg.): Eine gute Figur machen. Kostüm und Fest am Dresdner Hof, Dresden 2000, 68–83, hier 82. **14** Theile, Stephan: Türken, Mohren und Tataren. Muslimische (Lebens-)Welten in Brandenburg-Preußen im 18. Jahrhundert, Berlin 2013, 230–243. **15** HStA Dresden, 10006 Oberhofmarschallamt, K02, Nr. 6, 7r. **16** Alle Angaben zu ihm nach HStA Dresden, 10006 Oberhofmarschallamt, A Nr. 22, 2–3.

»Eine SEHENSWÜRDIGE SACHE«

Christina Ludwig

Die zwei »Americanischen Printzen« Ocktscha Rinscha und Tuski Stannaki in Dresden

Seit 300 Jahren zieht dieser Kupferstich die Betrachtenden in den Bann. Er zeigt zwei sehr detailliert ausgeführte Native Americans mit Tatauierungen am gesamten Körper. Weitere Erläuterungen fehlen. Beim Halten gegen das Licht wird ein Wasserzeichen sichtbar. Diese Meistermarke verweist auf den niederländischen Papiermacher und Händler Abraham Janssen (1635–1710), der bis etwa 1710 in Angoulême/Frankreich wirkte. Das Blatt gelangte um 1720 in einen sächsischen Gelehrtenhaushalt und wurde Teil einer frühneuzeitlichen Wunderkammer. Heute gehört es zu einem Museum – dem Naturalienkabinett Waldenburg.

Warum wurde der Kupferstich zum Sammlungsobjekt? Menschen mit traditionellen Körpermodifikationen waren ein neues Bild für Europäer:innen. Wie fasziniert die Betrachtenden von den wohl sehr genau abgebildeten figürlichen und ornamentalen Darstellungen auf der Haut waren, zeigen umfangreiche Berichte über ihre Zurschaustellung aus ganz Europa sowie Kupferstiche der beiden Männer. Der hier abgebildete Stich entstand für eine 1722 erschienene naturkundliche Zeitschrift.

Die in diesen europäischen Quellen überlieferten indigenen Selbstbezeichnungen verweisen auf südöstliche Provinzen in Nordamerika (heute: Oklahoma, Alabama und Florida). Die beiden Männer waren wahrscheinlich gefangen genommene Würdenträger der Mvskoke (auch als Creek/Muskogee bezeichnet). Diese Region war seit dem 16. Jahrhundert umkämpft, da die dort beheimateten indigenen Völker Widerstand gegen die kolonialen Eindringlinge leisteten.

Als ein unbekannter europäischer Künstler den Kupferstich anfertigte, befanden sich die Männer unter der Kontrolle von John Pight (*1670), einem ehemaligen Hauptmann der Miliz von South Carolina. Pight war berüchtigt für seinen Handel mit Sklaven und seine Beteiligung an gewaltsamen Unruhen zwischen der Provinz Carolina und indigenen Stämmen am Yamasee-Krieg. Nach deren Ende 1719 kam er auf die Idee eines neuen Geschäftsmodells: Er reiste nach Europa, wo er die gefangenen Männer gegen Eintrittsgeld präsentierte. Ocktscha Rinscha und Tuski Stannaki mussten sich vor städtischem Publikum entblößen und anfassen lassen.

1722 übernachteten sie in Dresden, unter anderem im Roten Hirsch (Äußere Pirnaische Gasse 29), wo die beiden zu besichtigen waren. Es dauerte nicht lange, bis August der Starke (1670–1733) auf sie aufmerksam wurde. Er verfügte deren Ankauf für seinen Hof. Als Zeichen der Aneignung wurden Ocktscha Rinscha and Tuski Stannaki am 6. Oktober 1725 in der Dresdner Kreuzkirche als Friedrich Christian und August Christian getauft. Im Anschluss wurden die beiden ins Hoflager nach Warschau verbracht. 1734 floh Tuski während der Leipziger Messe und blieb verschollen, über Ocktschas weiteres Schicksal ist bislang nichts bekannt.

Tuski Stannaki in Vorder- und Rückansicht. Unbekannter Künstler, Kupferstich aus der Sammlung der Leipziger Apothekerfamilie Linck, um 1720

Eva Seemann

KLEINWÜCHSIGE als »HOFZWERGE« und IM FRÜHEN SCHAU-stellungs-GEWERBE

Ein Vorläufer für spätere Menschenschauen?

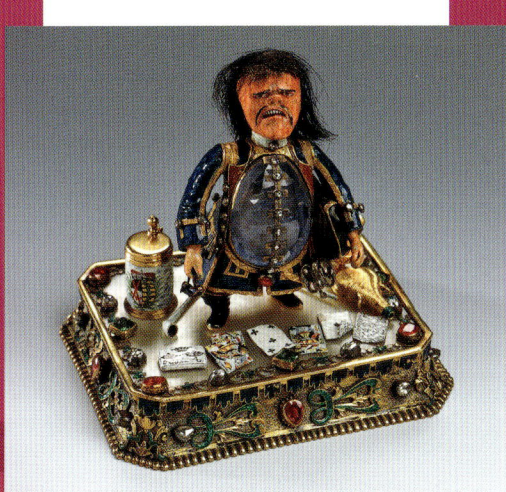

1
Der »indianische Zwerg« Christian August, genannt Hante, am Hof Augusts des Starken. Juwelierplastik aus Gold, Email, Saphir und anderen Edelsteinen sowie Echthaar, Dresden, vor 1725

Am 15. Februar 1711 fanden am Dresdner Hof gleich zwei aufsehenerregende Ereignisse statt. An diesem Tag wurde in der Katholischen Hofkapelle in Dresden ein junger Mann auf den Namen »Christian August« getauft, der nicht nur kleinwüchsig und damit nach zeitgenössischem Verständnis ein »Zwerg« war,[1] sondern zudem laut Hofbuch aus »Indien« stammte.[2] Der großen Bedeutung dieses Ereignisses entsprach der hohe Rang der Taufpaten: Kurfürst Friedrich August I. (1670–1733) war persönlich mit seiner Ehefrau Christiane Eberhardine (1671–1727) anwesend, gemeinsam mit dem russischen Kronprinzen Alexei (1690–1718) und seiner Wolfenbütteler Gemahlin Charlotte Christine (1694–1715) sowie der Fürstin Edmunda Maria Theresia von Liechtenstein (1652–1737).[3] Auch die anschließenden Festlichkeiten hatten dem Publikum einiges zu bieten: Der Überlieferung nach soll Kurfürst-König August an diesem Tag mit der bloßen Hand ein Hufeisen in zwei Teile zerbrochen und damit eindrücklich seine legendäre Stärke unter Beweis gestellt haben. Zur Dokumentation dieses Kraftakts wurde das geborstene Hufeisen gleich am nächsten Tag in die kurfürstliche Kunstkammer gegeben, wo es zusammen mit einer entsprechenden Urkunde verwahrt wurde.[4]

Dass August »der Starke« seine fürstliche Macht und Größe hier ausgerechnet bei den Tauffeierlichkeiten für einen »Hofzwerg« zur Schau stellte, dass hier also das »Große« und »Kleine« in einem doppelten Akt der Inszenierung gegenübergestellt wurden, war kein Zufall. In ganz Europa waren Kleinwüchsige zu dieser Zeit ein bevorzugtes Symbol fürstlicher Macht. »Hofzwerge« und »Hofzwerginnen« gab es seit dem Spätmittelalter und bis weit ins 18. Jahrhundert an fast allen größeren und kleineren Höfen.

Kleinwüchsige Menschen galten als seltene »Wunder der Natur«, die an magische Wesen und mythische Zwergvölker erinnerten und ebenso wie andere »Körpersensationen« der Zurschaustellung von fürstlichem Rang und Status dienten. Sich mit einem oder mehreren Kleinwüchsigen zu umgeben, zeugte nicht nur von der eigenen Exklusivität, sondern ließ den Fürsten oder die Fürstin auch ganz konkret in vorteilhafter Größe erscheinen. Dabei dienten Kleinwüchsige an den Höfen häufig als »Kammerzwerge« und »Kammerzwerginnen« in den fürstlichen Gemächern, fungierten als Diener:innen, Musiker:innen und Unterhalter:innen (siehe Abb. 1), oder wurden als Spielgefährt:innen für die Fürstenkinder geschätzt.[5] Die Wettiner in Sachsen bildeten hier keine Ausnahme: Schon 1386 ist bei Markgraf Wilhelm I. von Meißen (1343–1407) ein »Hofzwerg« mit Namen Johannes (»Johannes gnanus«) belegt.[6] Insgesamt lebten am Dresdner Hof bis zur Mitte des 18. Jahrhunderts mindestens 25 »Hofzwerg:innen«.[7]

TRADITIONEN DER ZURSCHAUSTELLUNG KLEINWÜCHSIGER MENSCHEN

Fragt man nach der Verbindung derartiger Praktiken mit dem Schaustellungsgewerbe, fällt es nicht schwer, die Anfänge späterer Menschenschauen in Europa auch im Phänomen der »Hofzwerge« und im Umgang frühneuzeitlicher Monarchen mit den so verstandenen »Körpersensationen« zu sehen. Tatsächlich ließe sich schnell eine Traditionslinie von den Höfen der Frühen Neuzeit zum späteren Schaustellergewerbe sowie zu den Zirkusdarstellungen des 19. Jahrhunderts und den Vergnügungsparks des 20. Jahrhunderts ziehen. Bei all diesen Formen der Zurschaustellung spielten kleinwüchsige Menschen stets eine besondere Rolle – am prominentesten vielleicht in den Auftritten sogenannter »Liliputanergruppen« wie der »Kolibri-Truppe«, die zwischen 1892 und 1902 dreimal im Dresdner Zoo zu Gast war,[8] oder in der sogenannten »Liliputstadt« im pfälzischen Hassloch, in der bis in die 1990er-Jahre hinein Kleinwüchsige unter anderem beim Essen in ihren Wohnwagen bestaunt werden konnten.[9]

2
Der »Riese« Anton Frank (Franck) mit »Hofzwerg« Thomele. Unbekannter Künstler, Öl auf Leinwand, Ende 16. Jahrhundert

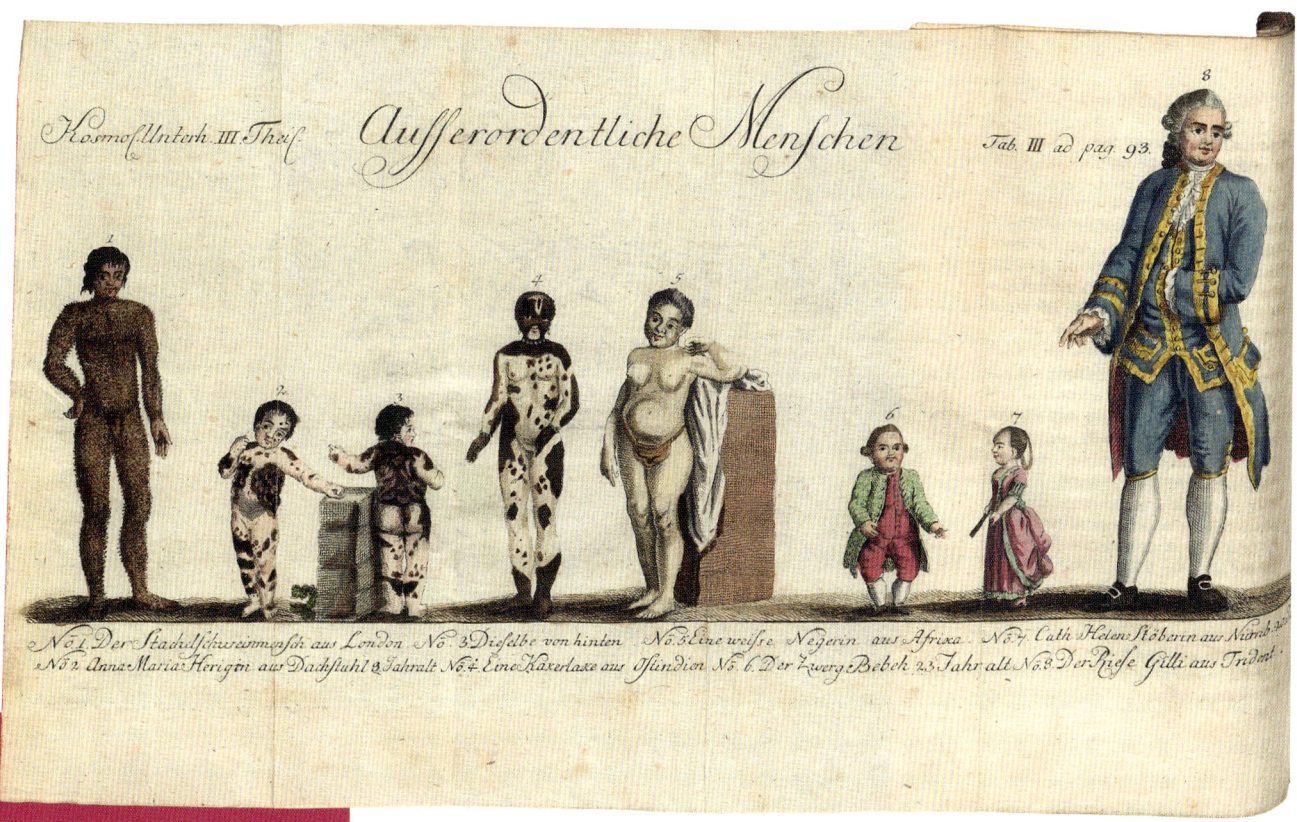

3
Tafel »Ausserordentliche Menschen« aus: Christian Ernst Wünsch: Kosmologische Unterhaltungen für die Jugend, Bd. 3: Von dem Menschen, Leipzig 1780. Bildlegende unter der Abbildung: »No. 6) der Zwerg Bebeh 23 Jahr alt, No. 7) Cath. Helena Stöberin aus Nürnb. 20 Jahr alt, No. 8) der Riese Gilli aus Trident«

Elemente dieser Praktiken lassen sich bereits an den frühneuzeitlichen Höfen beobachten: Auch hier waren das Zeigen und Gezeigtwerden von entscheidender Bedeutung, galt es doch besonders bei höfischen Festen, »Hofzwerge« als höfische »Körperwunder« zu inszenieren und das jeweilige Publikum zum Staunen anzuregen. Bei der Hochzeit Herzog Wilhelms V. von Bayern (1548–1626) mit Renata von Lothringen (1544–1602) im Jahr 1568 beispielsweise sorgte der »Hofzwerg« Erzherzog Ferdinands II. von Österreich-Tirol (1529–1595), genannt Thomele, für einen spektakulären Überraschungseffekt: Zur Verwunderung der Anwesenden kletterte er in vollem Harnisch aus einer Schaupastete hervor, die man auf die Brauttafel gesetzt hatte, spazierte wie ein Ritter auf der Tafel umher und begrüßte die Hochzeitsgäste.[10] In der Münchner Kunstkammer sowie in der Kunst- und Wunderkammer Erzherzog Ferdinands II. auf Schloss Ambras erinnerten Ende des 16. Jahrhunderts gleich mehrere Porträts an den Kleinwüchsigen, darunter auch das bis heute erhaltene Doppelporträt, das den »Hofzwerg« Thomele in Lebensgröße mit dem »Riesen« Anton Frank (1544/1561–1596), einem Schausteller, zeigt (siehe Abb. 2).[11] Die Darstellung der beiden »Körperwunder« folgte der typischen Gegenüberstellung von »Groß« und »Klein«, die bis in die Neuzeit hinein auch die öffentlichen Schaustellungen prägte. Der eine Körper wurde hier zum optischen Maßstab des jeweils anderen, um im Kontrast der Extreme die Bandbreite menschlicher Erscheinungsformen vor Augen zu führen.[12]

Wie sehr sich diese Art der In-Szene-Setzung auch in anderen Kontexten fortsetzte, zeigt eine handkolorierte Kupferstichtafel vom Ende des 18. Jahrhunderts, die den »Kosmologischen Unterhaltungen für die Jugend« von Christian Ernst Wünsch (1744–1828) entnommen ist (siehe Abb. 3). Im zweiten Band des pädagogischen Nachschlagewerks, das zwischen 1778 und 1780 in drei Bänden in Leipzig erschien, widmete sich Wünsch dem menschlichen Körper (»Von dem

Menschen«) und ging hierin ausführlich auch auf eine Reihe »Ausserordentlicher Menschen« ein: Menschen mit einer ungewöhnlichen Körperbehaarung, nichtweiße Menschen sowie außerordentlich kleine und große Menschen.[13] Zur Veranschaulichung seiner Ausführungen griff Wünsch dabei nicht zufällig auf öffentlich bekannte Personen zurück. So handelte es sich bei den dargestellten »Zwergen« um zwei der berühmtesten Kleinwüchsigen des 18. Jahrhunderts: um Nicolas Ferry (1741–1764), den »Hofzwerg« des polnischen Titularkönigs und Herzogs von Lothringen Stanislaus Leszczynski (1677–1766) mit dem sprechenden Spitznamen »Bébé«, und um die Schaustellerin Catharina Helena Stöber aus Nürnberg (*1759), die auf Messen und Jahrmärkten in fast allen deutschen Städten zu sehen gewesen war – mindestens dreimal trat sie zwischen 1772 und 1804 auch in Dresden auf.[14] Neben ihnen auf der Tafel war mit dem »Riesen« Bernhard Gilli aus Trident (1726–1791) ein weiterer berühmter Schausteller dargestellt.[15] Spätestens zu dieser Zeit gab es zwischen Hof und Schaustellungsgewerbe auch ganz konkrete Verbindungen: So machten Schausteller:innen bei ihrer Ankunft in einer Stadt häufig am Hof ihre Aufwartung, bevor oder nachdem sie sich einer größeren Öffentlichkeit präsentierten. Der Bruder der sächsischen Kurfürstin Christiane Eberhardine, Erbprinz Georg Wilhelm von Brandenburg-Bayreuth (1678–1726), soll seinen »Hofzwerg« Georg Wilhelm Laubenberg (um 1693–1714) der Überlieferung nach sogar direkt aus einer Schaustellertruppe rekrutiert haben; er entstammte einer in Bayreuth ansässigen »Zigeunerfamilie«.[16]

AUGUST VON SACHSEN LIESS SEINEN VERSTORBENEN »HOFZWERG« PRÄPARIEREN

Die wohl drastischsten Parallelen zeigen sich schließlich auch mit Blick auf den häufig proklamierten Lehr- und Bildungscharakter von Menschenschauen und das damit verbundene wissenschaftliche Interesse an körperlichen »Abweichungen«. Zwar wurde Kleinwüchsigkeit vor dem Ende des 18. Jahrhunderts kaum als medizinisches »Problem« wahrgenommen, doch gab es bereits in der Frühen Neuzeit immer wieder Versuche, das Auftreten von Kleinwuchs mit natürlichen Ursachen (etwa einer zu engen Gebärmutter) zu erklären und die Körper kleinwüchsiger Menschen einer medizinischen Begutachtung zu unterziehen.[17] Der anatomisch interessierte Kurfürst August von Sachsen (1526–1586) ließ bereits Ende des 16. Jahrhunderts den Körper seines verstorbenen »Hofzwergs« Hans van Ende zur Untersuchung an den in Leipzig tätigen italienischen Anatomen Simone Simoni (1532–1602) schicken. Das Skelett des Kleinwüchsigen wurde anschließend den kurfürstlichen Sammlungen eingefügt. Es war das älteste anatomische Objekt der Dresdner Kunstkammer und der 1616 gegründeten Dresdner Anatomiekammer.[18] Allerdings stellt es im Kontext der fürstlichen Sammlungen klar eine Ausnahme dar. Erst aus dem 18. Jahrhundert kennen wir andere Beispiele von kleinwüchsigen Menschen, in der Regel Schausteller:innen, deren sterbliche Überreste in wissenschaftliche Sammlungen gelangten; einige von ihnen hatten ihren Körper bereits zu Lebzeiten der Wissenschaft versprochen, um sich damit ein sicheres Auskommen zu ermöglichen.[19]

4
Schauzettel der Catharina Helena Stöber. Kupferstich von Johannes Esaias Nilson, Nürnberg, 1775

STATUSUNTERSCHIEDE ZWISCHEN KLEINWÜCHSIGEN SCHAUSTELLER:INNEN UND »HOFZWERGEN«

Dennoch sollte man die Gemeinsamkeiten zwischen Hof und Schaustellerbühne auch nicht überbetonen. So eignet sich die Geschichte der »Hofzwerge« schon deshalb nur bedingt als Vorgeschichte späterer Menschenschauen, weil beide Phänomene in der Frühen Neuzeit stets parallel existierten. Schon im Spätmittelalter traten kleinwüchsige Schausteller in Gasthäusern und auf Jahrmärkten auf, und erst im 18. Jahrhundert löste das Schaustellerdasein ein Leben am Hof eindeutig ab.[20] Dabei gab es zwischen Hof und öffentlicher Bühne eine eindeutige Hierarchie: Während die Höfe meist Kleinwüchsige mit proportionierten Gliedmaßen bevorzugten, die als kindlich und schön galten, hatten es Menschen mit disproportionierten Formen von Kleinwuchs oder körperlichen Einschränkungen deutlich schwerer, Aufnahme am Hof zu finden. Als daher Catharina Helena Stöber 1779 in Leipzig auftrat, so wird berichtet, »wollte [diese] der Leipziger Pöbel nicht einmal für eine ächte Zwerginn erkennen, weil sie sich […] durch ihre niedliche, sehr proportionirliche Figur auszeichnete, die man an den sonst hier für Geld gezeigten, fast immer mehr oder minder verwachsenen und ungestalten Zwergen zu finden nicht gewohnt war« (siehe Abb. 4).[21] Darüber hinaus aber waren Kleinwüchsige, die als »Hofzwerg:innen« dienten, im Hofstaat von Fürst:innen meist deutlich besser versorgt: Wie andere höfische Amtsträger:innen erhielten sie häufig eine

5
Der »indianische Zwerg« Christian August, genannt Hante, am Hof Augusts des Starken. Elfenbeinstatuette mit Holzsockel, wohl Dresden, 1. Viertel 18. Jahrhundert

eigene Besoldung, verfügten über eigenes Dienstpersonal, wurden umfangreich in den höfisch-adligen Disziplinen ausgebildet und hatten meist sogar Anspruch auf eine Altersversorgung am Hof. Unter diesen Bedingungen sind nicht wenige »Hofzwerg:innen« zu langjährigen Begleitern und teils engen Vertrauten ihrer Fürst:innen geworden. Manche gelangten als politische Berater in einflussreiche Positionen; einige wenige wurden sogar in den Adelsstand erhoben. Aus der Perspektive von Kleinwüchsigen und ihren Familien bot der Hof daher durchaus Chancen des sozialen Aufstiegs. Der »Hofzwerg« Christian August, genannt Hante (um 1689–1717), der womöglich als Unfreier an den Hof gekommen war, soll unter August dem Starken in großer Gunst gestanden haben und aufgrund seiner Klugheit zu einer besonderen Beliebtheit am Hof gekommen sein (siehe Abb. 5).[22] Auch in diesen Fällen lohnt sich also ein genauer Blick auf die Handlungsräume der beteiligten Personen, die sich – sowohl am Hof als auch auf öffentlichen Bühnen – im Einzelfall sehr unterschiedlich gestalten konnten.

1 Art. »Zwerg, Nanus, Pumilio«, in: Jablonski, Johann Theodor: Allgemeines Lexicon Der Künste und Wissenschafften, Leipzig 1721, 915. **2** Sächsisches Staatsarchiv, Hauptstaatsarchiv Dresden (im Folgenden HStA Dresden), 10006 Oberhofmarschallamt, K 04, Bl. 237v; K 05, Bl. 25v, 27r. Der als »Cammerjunge« verzeichnete Kleinwüchsige bezog eine jährliche Besoldung in Höhe von 192 Talern. **3** Vgl. den Taufeintrag in den Dresdner Hoftagebüchern, HStA Dresden, 10006 Oberhofmarschallamt, O 04, Nr. 91 (15. 2. 1711) sowie im Taufbuch der katholischen Hofkapelle, https://data.matricula-online.eu/de/deutschland/dresden/dresden-hofkirche/01/?pg=7 (Zugriffsdatum: 18. 11. 2022). Die katholische Hofkapelle war 1707/08 im Gebäude des Opernhauses am Taschenberg eingerichtet worden. Vgl. zu diesem »Hofzwerg« auch Vehse, der ihn abweichend als »Holländer« bezeichnet: Vehse, Carl Eduard: Geschichte der deutschen Höfe seit der Reformation, Bd. 33, Abt. 5, Sachsen, Teil 6, Hamburg 1854, 140. **4** Staatliche Kunstsammlungen Dresden, Rüstkammer, P 0280 und Archiv Varia Nr. 1. Laut einer 1988 durchgeführten Untersuchung des Hufeisens hatte man bei dieser Performance wohl etwas nachgeholfen: So hatte man grobkörnigen und brüchigen Stahl verwendet sowie eine Kerbe an der Innenseite des Hufeisens angebracht. Vgl. Dokument »Urkunde über das von August II. zerbrochene Hufeisen«, https://skd-online-collection.skd.museum/Details/Index/281204 (Zugriffsdatum: 27. 10. 2022). **5** Zu Stellung und Funktion von »Hofzwerg:innen« im Alten Reich demnächst ausführlich Seemann, Eva: Hofzwerge. Kleinwüchsige Menschen an deutschsprachigen Fürstenhöfen der Frühen Neuzeit, Göttingen 2023 (in Vorbereitung). **6** Ermisch, Hubert: Eine Hofhaltungsrechnung Markgraf Wilhelms I., in: Neues Archiv für Sächsische Geschichte 18 (1897), 1–30, hier 24. **7** Siehe etwa bereits die ältere Zusammenstellung bei Kleinpaul, Johannes: Riesen, Zwerge und Narren am sächsischen Hofe, in: Die neue Heimat. Jahrbuch für volkstümliche Kunst und Wissenschaft in den sächsischen Landen 5 (Nov. 1919), 133–136. **8** Bei ihren Auftritten fuhren die Kleinwüchsigen in kleinen Kutschen und Prachtwagen vor oder ritten auf kleinen Pferden – eine deutliche Referenz an frühere Hofspektakel. Siehe auch die Auflistung zu Menschenschauen im Dresdner Zoo in diesem Band. **9** Krause, Till: Besuch in der Kleinstadt, in: Süddeutsche Zeitung, Magazin 26 (2013), 8–15. Zu ähnlichen Phänomenen in den USA Howells, Richard/Chemers, Michael: Midget Cities: Utopia, Utopianism and the Vor-schein of the ›Freak‹ Show, in: Disability Studies Quarterly 25 (2005), Nr. 3, o. S. **10** Die Münchner Fürstenhochzeit von 1568. Massimo Troiano: Dialoge italienisch-deutsch, hrsg. v. Leuchtmann, Horst, München/Salzburg 1980 [Faks. d. Ausg. 1569], 179. **11** Siehe zu diesem und weiteren Porträts des Kleinwüchsigen Kuster, Thomas: »Kleiner Mann – ganz groß«. Über Zwerge an den Fürstenhöfen der Neuzeit, in: Haag, Sabine/Swoboda, Gudrun (Hrsg.): Feste Feiern. 125 Jahre Jubiläumsausstellung. Eine Ausstellung des Kunsthistorischen Museums Wien, 8. März bis 11. September 2016, Wien 2016, 177 f. **12** Hierzu ausführlich Schmidt, Patrick: »Körpersensationen«. Performanzen von Behinderung und ihre Medialisierung im 18. Jahrhundert, in: Bösch, Frank (Hrsg.): Medialisierte Ereignisse. Performanz, Inszenierung und Medien seit dem 18. Jahrhundert, Frankfurt am Main 2010, 30–74. **13** Wünsch, Christian Ernst: Kosmologische Unterhaltungen für die Jugend. Dritter Band: Von dem Menschen, Leipzig 1780, 91–101. **14** Granat, Jean/Peyre, Evelyne: Le »nain« Nicolas Ferry, dit Bébé (Cour de Stanislas Leszczynski, Lunéville, Lorraine, 18e siècle). Étude historique, anthropologique et paléopathologique, in: Biométrie Humaine et Anthropologie 25 (2007), Nr. 1–2, 247–277. Catharina Helena Stöber hielt sich im Februar 1772, im Oktober 1780 und im Februar 1804, eventuell auch 1778, jeweils für eine bis zwei Wochen in Dresden auf. Dazwischen war sie mehrfach auch in anderen Städten zu sehen. Siehe die entsprechenden Auftrittsgenehmigungen und Schauzettel: RA Dresden, CXVII 45, Bl. 117r–119v; RA Dresden, CXVII 66, unfol. (Bl. 7–9); Stadtarchiv Dresden, RA Dresden CXVII 142c, Vol. I. (1778–1799), Bl. 20; HStA Dresden, 11254 Gouvernement Dresden, Loc. 14620/04, Bl. 74 sowie die biografische Skizze in diesem Band. Für Auftritte in anderen Städten siehe Mehl, Heinrich: ›Frauenzimmer, ohne Arme geboren…‹. Zur Ausstellung behinderter Menschen auf Jahrmärkten des 16.–19. Jahrhunderts, in: Kieler Blätter zur Volkskunde 34 (2002), 38–69, hier 54; Fendl, Elisabeth: Volksbelustigungen in Regensburg im 18. Jahrhundert. Das »Curiöse« in der Chronik des Christian Gottlieb Dimpfel, Vilseck 1988, 36 und Abb. 4; Stahl, Patricia/Hoede, Roland/Koch, Rainer (Hrsg.): Ausstellung zur Geschichte der Frankfurter Messe, Frankfurt am Main 1991, 328. **15** Zu Bernhard Gilli (auch Gigli, Gilly) ausführlich Rabanser, Hansjörg: »Plaz, Plaz ich bin ein Riese«. Real existierende Riesen und Zwerge im Tiroler und Trentiner Raum vom 15. bis zum 20. Jahrhundert, in: Rizzolli, Helmut (Hrsg.): Riesen und Zwerge, Bozen 2016, 207–279, hier 248–256. **16** Rabenstein, Christoph/ Ronald Werner: Georg Wilhelm Laubenberg. Das Brandenburger Kammerzwerglein, in: Wild, Alexander (Hrsg.): St. Georgen. Bilder und Geschichten, Bayreuth 1994, 83–85. **17** Enderle, Alfred: Medizingeschichtliche Aspekte des Kleinwuchses, in: Enderle, Alfred/Meyerhöfer, Dietrich/Unverfehrt, Gerd (Hrsg.): Kleine Menschen – große Kunst. Kleinwuchs aus künstlerischer und medizinischer Sicht, Hamm 1992, 33–43. **18** Marx, Barbara: Die Kunstkammer vor der Kunstkammer, in: Marx, Barbara/Plassmeyer, Peter (Hrsg.): Sehen und Staunen. Die Dresdner Kunstkammer von 1640, Berlin/München 2014, 11–58, hier 34. Zur Geschichte der Dresdner Anatomiekammer Watanabe-O'Kelly, Helen: »Den schönsten Garten schau ich hier«. Die Dresdner Anatomiekammer (1616–1680), in: Wolfenbütteler Barock-Nachrichten 32 (2005), Nr. 1, 25–38. **19** Vgl. mit Beispielen Enderle: Medizingeschichtliche Aspekte (Anm. 17), 38. **20** Beispiele aus dem 17. Jahrhundert erwähnt Nitzschka, Peter Paul: Deliciae historicae oder historische Ergötzlichkeiten, Dresden 1698, 99–102. Zu kleinwüchsigen Schausteller:innen im 18. Jahrhundert Rosseaux, Ulrich: Freiräume. Unterhaltung, Vergnügen und Erholung in Dresden 1694–1830, Köln 2007, 185–188. **21** Leben des bekannten Zwerges Joseph Boruwlaski, eines polnischen Edelmanns. Aus dem Englischen übers. von Christian August Wichmann, Leipzig 1790, 17 f. (Vorwort des Herausgebers). **22** Vehse: Geschichte (Anm. 3), 140.

CATHARINA HELENA STÖBER

Catharina Helena Stöber wurde 1759 in Nürnberg geboren. Schon früh fiel sie durch ihre ungewöhnlich kleine Körpergröße auf: Von ihrem Vater Johannes Stüber begleitet und als Sensation vermarktet, reiste sie erstmals im Alter von 13 Jahren nach Dresden.

Am kurfürstlichen Hof in Dresden wurde die kleine »Catherla«, wie sie ihr Vater nannte, »als eine vorzüglich kleine Zwergin« präsentiert. In den folgenden mehr als 30 Jahren war sie mit einer Körpergröße von 2 Schuh und 4 Zoll (etwa 70 cm) als Schaustellerin in fast allen größeren deutschen Städten zu sehen.

Selbstzeugnisse von Catharina Helena Stöber sind nicht überliefert, insgesamt lässt sich ihr Leben nur in Umrissen rekonstruieren. 1778 beschrieb sie der bekannte Physiognom Johann Caspar Lavater (1741–1801) in seinen »Physiognomischen Fragmenten« als »Mädchen von gutem Verstande, oder vielmehr von großer Gedächtnißweite und Beredtheit«. Der Schlüssel zu ihrer erfolgreichen (Selbst-)Vermarktung war ihre als kindlich beschriebene »niedliche, sehr proportionirliche Figur«. Trat sie zunächst noch in einem »Nürnberger Bauer Kleidgen« auf, ist sie auf den heute erhaltenen Schauzetteln in einem vornehmen Kleid mit Reifrock zu sehen: Sie steht auf einem Tisch oder hinter einem Vorhang, den ein unbekannter Mann beiseiteschiebt.

Wie sehr sie selbst auf ihre Zurschaustellung Einfluss nehmen konnte, ist nicht bekannt. Stets begleitete sie ein männlicher Familienangehöriger. Als Catharina Helena Stöber im Dezember 1780 für einen zweiten Aufenthalt nach Dresden kam, hatte sie immerhin einen eigenen Diener dabei. Bei ihrem letzten Besuch in der Elbestadt 1804 trat sie zusammen mit einem »mechanischen Automaten« auf. Danach verliert sich ihre Spur.

Eva Seemann

Stefan Dornheim

»LEBEND, NICHT aus WACHS!«

Schaustellungen von Menschen im Dresden des 17. bis 19. Jahrhunderts

»Lebend, nicht aus Wachs!«, prangte in breiten Lettern auf einem großformatigen Papier, halb Flugblatt, halb Plakat, welches seit Beginn des Jahres 1873 in Dresden kursierte und worauf es weiter hieß: »Die zweiköpfige Nachtigall, das achte Wunder der Welt, wird auf der Durchreise dem hiesigen geehrten Publikum sich zu zeigen die Ehre haben.«[1] Darunter die Abbildung eines dunkelhäutigen siamesischen Zwillingspaars und die handschriftliche Notiz »1873. Januar, Februar Brauns Hotel ausgestellt, befindlich im Hofe Pirnaische Straße.« Über Namen, Schicksal und Herkunft der dargestellten jungen Frauen schweigt das Blatt. Es präsentiert eine entpersonalisierte Kunstfigur, ein dem Namen nach augenscheinlich singendes körperliches Kuriosum, die »zweiköpfige Nachtigall« (siehe Abb. 1). Mehr wird das Publikum wohl erst nach entrichtetem Eintrittsgeld während einer der Vorstellungen im Saal oder einem Nebenzimmer des Hotel Braun und aus einer späteren Besprechung der Vorstellung in der lokalen Presse erfahren haben. Genauer informierte einige Jahre darauf der Bildhauer Maximilian Christian Robert Weiß (*1850) die Besucher:innen seines Dresdner Panoptikums.[2] Weiß hatte den Aufenthalt der Zwillingsschwestern genutzt und in die Herstellung einer Kopie derselben investiert – nun allerdings aus Wachs –, um sie auch nach ihrer Abreise im eigenen Geschäft weiter ausstellen und vermarkten zu können. Unter der Nummer 57 des Begleitheftes zur Ausstellung heißt es:

»Die zweiköpfige Nachtigall Millie Christine. Getreu nach der Natur. Vor kurzer Zeit besuchten diese beiden unglücklichen Geschöpfe auf ihrer Rundreise auch Deutschland. Sie sind in Nord-Carolina geboren. Die Eltern, Neger [sic! S. D.]. Bald nach Ihrer Geburt wurden Sie gestohlen, doch gelang es dem Vater nach einiger Zeit, dem frechen Spekulanten die Kinder wieder abzujagen. Sie sind jetzt 31 Jahre alt. Obgleich der Total-Eindruck gewiss überwiegend Mitleid erregend ist, sind ihre Bewegungen nicht ganz ohne Grazie und ist es bemerkenswerth, wie sorgsam sie jede Bewegung vermeiden, welche naturgemäß unschön bei ihnen sein muß. Während Ihre Geistestätigkeiten vollständig unabhängig von einander sind, werden sie doch nur von einem Gefühlssinn beseelt und geleitet.«[3]

Das Flugblatt des Jahres 1873 erhielt sich in den Beständen des Stadtarchivs, in die es mit den Sammlungen des Vereins für Geschichte und Topografie Dresdens und seiner Umgebung, dessen Stempel das Blatt trägt, einging. Dem Verein, der sich überwiegend aus gelehrten Herren des städtischen Bürgertums rekrutierte, erschien das kurze Gastspiel, welches an Jahrmarktattraktionen älterer Zeiten erinnerte, denkwürdig genug, um für das Gedächtnis der Stadt dokumentiert zu werden. Und tatsächlich stehen sie damit am Ende einer langen Tradition städtischer Chronistik, welche sich seit der Frühen Neuzeit verstärkt für das Kuriose und Merkwürdige interessierte, wie noch zu zeigen sein wird.

ERHALTENE QUELLEN

Wir wissen wenig über die Schicksale der ausgestellten oder sich ausstellenden Menschen, den tatsächlichen Ablauf der Vorstellungen, die Realitäten und Gefühle vor und hinter den Schaubudenvorhängen. In den im Stadtarchiv Dresden überlieferten Quellen fassen wir lediglich die erhaltenen Reste einer einst relativ dichten medialen Begleitung und Vermittlung der kommerziellen Schaustellungen: die Anschlagzettel mit ausführlichen, nicht selten überschwänglichen Beschreibungen und teils auch einfachen Illustrationen des zu erwartenden Programms, Begleithefte mit Erklärungen zu zeitgleich ausgestellten Bildern, Panoramen und Objekten, schließlich Presseannoncen und anschließende Rezensionen. Dazu traten Vermerke in der umfassend angelegten landes- und stadtgeschichtlichen

1
Programmzettel zur Vorstellung der aus South Carolina stammenden siamesischen Zwillinge Millie und Christine in Brauns Hotel. Dresden, 1873

Chronistik der Frühen Neuzeit und in überregional erscheinenden gelehrten Zeitschriften. Unter diesen bildete sich seit der Zeit um 1700 eine eigene Gattung zur Sammlung und Besprechung von Kuriosa und sogenannter Denk- oder Merkwürdigkeiten heraus, welche sich bis in das späte 18. Jahrhundert hinein besonderer Beliebtheit erfreute. Verwiesen sei dabei etwa auf das »Sächsische Curiositäten-Cabinett« oder die »Dreßdnischen Merckwürdigkeiten«. Seit den breit angelegten Weltchroniken der Renaissancezeit[4] beanspruchte das Kuriose – verstanden als das denkwürdige Seltene und Wissenswerte –, aufmerksam beobachtet, aufgezeichnet und für die Nachwelt überliefert zu werden.[5] Als wichtiger Teil vormoderner Wissenskultur und nicht selten interpretiert als göttliche Fingerzeige (Prodigium), standen die Kuriosa anfangs noch in der Nähe und Nachfolge mittelalterlicher Vorstellungen von Wundern und älterer mythischer Wissensbestände von »Riesen«, »Zwergen« oder »Wilden Männern«; eine Verbindung, die sich in der populären Ankündigungsrhetorik der Schaustellungen bis weit in das 19. Jahrhundert hinein anspielungsreich erhalten hat.

Neben den publizistischen Quellen birgt auch die Aktenüberlieferung der städtischen Verwaltung Informationen zum vormodernen und neuzeitlichen Schaustellungsgewerbe. Seit Einführung des sogenannten Stättegelds für mobile Schaustellungen lassen sich ab 1629 in den jährlichen Ratskammerrechnungen knappe Einträge verfolgen, bis sich ab etwa 1814 die Eintragungspraxis änderte. Daneben hatte sich seit 1764 eine ab 1778 erhaltene Aktenführung zur Konzessionierung von Schaustellungen gebildet, worin entsprechende Ersuche, Erlaubnisse und knappe Programmschilderungen ersichtlich und nicht selten auch Plakate oder Flugblätter enthalten sind.[6] Die für die Zeit zwischen circa 1790 und 1850 relativ dichte, wenngleich nicht vollständige Kollektion solcher Plakate und Flugblätter im Bereich der Drucksammlung[7] scheint im Zusammenhang mit dieser amtlichen Konzessionspraxis entstanden zu sein. Daneben sei auf eine teils parallele Überlieferung bei den die Schaustellerei seit 1764 ebenfalls stärker regulierenden Landesbehörden im Sächsischen Staatsarchiv Dresden verwiesen.[8]

ZWISCHEN JAHRMARKT UND SALON – ORTE, ZEITEN, PREISE

Anhand der Überlieferungen des Stadtarchivs Dresden soll im Folgenden ein exemplarischer Blick auf die Kultur der (Zur-)Schaustellungen von Menschen zwischen dem 17. und 19. Jahrhundert geworfen werden. Wissenschaftliche Vorarbeiten auf diesem Gebiet leisteten unter anderem Anne Dreesbach über die Zurschaustellung »exotischer« Menschen in Deutschland zwischen 1870 und 1940, welche auch auf die Vorgeschichte des von ihr behandelten Zeitraums eingeht,[9] sowie Ulrich Rosseaux, der in seiner Studie zu Unterhaltung, Vergnügen und Erholung in Dresden zwischen 1694 und 1830 unter anderem auf Grundlage oben genannter Archivquellen auf die Zurschaustellung von Körpersensationen und »fremden« Menschen eingeht.[10] Quantitativ stellten die Körpersensationen, die Präsentation von »Riesen«, »Zwergen«, Kraftakrobaten und Menschen mit körperlichen Fehlbildungen ebenso wie von »fremden« Menschen im Vergleich zu anderen Themen eher eine Seltenheit im kommerziellen Unterhaltungs- und Schaustellungsgeschäft des 17. bis beginnenden 19. Jahrhunderts dar (siehe Abb. 2). Die zeitgenössische Aufmerksamkeit für diese seltenen Angebote muss hingegen beachtlich gewesen sein.

Auftrittszeiten und Auftrittsorte der präsentierten Menschen ähnelten denen anderer Schaustellungen. Bis in die Jahrzehnte um 1800 waren sie zeitlich eng mit den Jahrmarktzeiten verbunden, danach konzentrierten sie sich besonders in den Monaten November, Dezember sowie auf die Wochen vor der Fastnachtszeit. »Starke Männer« mit größerem artistischem Rahmenprogramm gastierten oft in hölzernen Buden auf öffentlichen Plätzen (siehe Abb. 3), meist dem Neumarkt, seltener auf dem Altmarkt sowie vor dem Wilsdruffer oder Pirnaischen Tor. Die Zurschaustellung von Größen- und Körperanomalien sowie »fremden« Menschen fand normalerweise in innerstädtischen Dresdner Gasthäusern wie etwa dem Lindebergischen Gasthof am Neumarkt oder im Goldenen Stern in der Seegasse ihren Raum. Die Preise lagen zwischen zwei und vier, seltener sechs Groschen im Rahmen der auch für andere Unterhaltungsangebote üblichen Entgelte. Ranghohe Personen entschieden, was sie zu geben für angemessen hielten, Kinder zahlten üblicherweise die Hälfte.[11] Seit dem frühen 19. Jahrhundert entwickelten sich allmählich die physiognomischen und ethnologischen Schaustellungen von Menschen zusammen mit den Menagerien, Panoramen, anatomischen Sammlungen und Wachsfigurenkabinetten als eigenständige Formate aus den üblichen Jahrmarktvergnügungen, etwa der Taschenspielerei, der Artistik, der Zirkus-, Theater- und Varietékunst, heraus. Zunehmend wurden sie als Teil eines populärwissenschaftlichen Diskurses begriffen und annonciert. Dies zeigt sich auch in der Ablösung der Präsentationen von tradierten Auftrittsorten und -zeiträumen im Zusammenhang mit den großen Volksfesten, Messen und Jahrmärkten. Üblich wurden nun längere Zeiträume im ersten Jahresquartal und schließlich die gesamte Wintersaison.

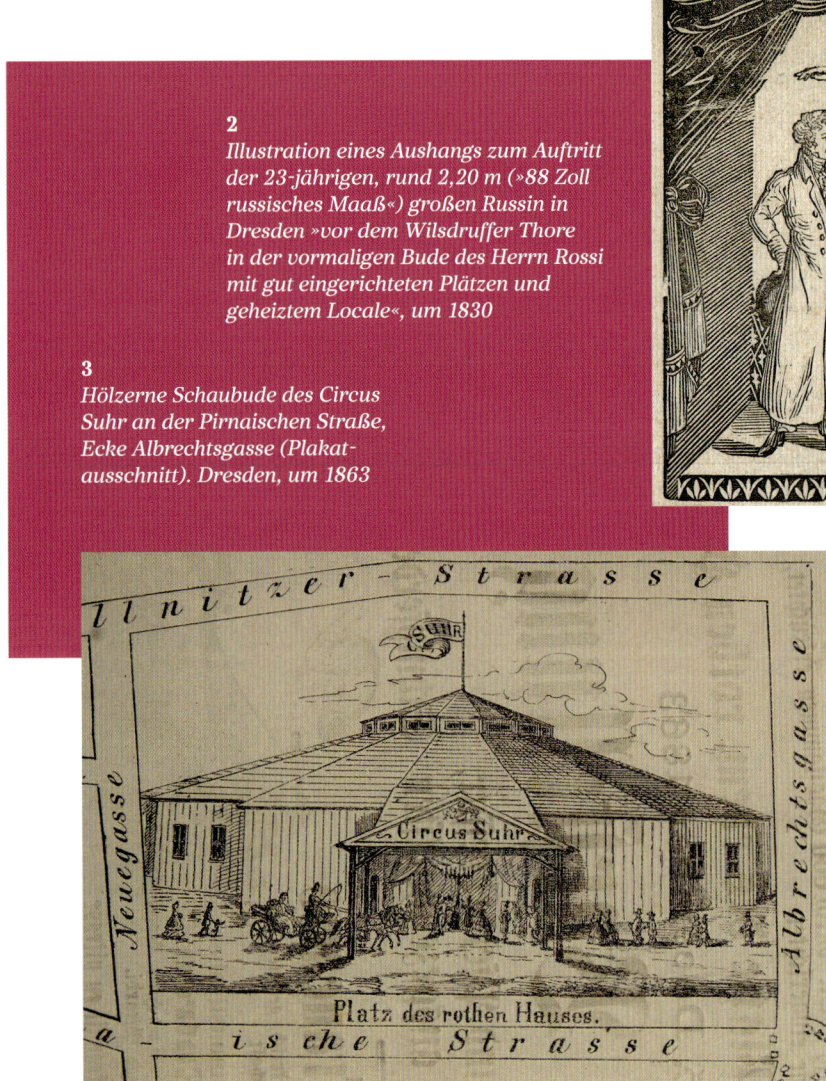

2
Illustration eines Aushangs zum Auftritt der 23-jährigen, rund 2,20 m (»88 Zoll russisches Maaß«) großen Russin in Dresden »vor dem Wilsdruffer Thore in der vormaligen Bude des Herrn Rossi mit gut eingerichteten Plätzen und geheiztem Locale«, um 1830

3
Hölzerne Schaubude des Circus Suhr an der Pirnaischen Straße, Ecke Albrechtsgasse (Plakatausschnitt). Dresden, um 1863

ZWISCHEN UNTERHALTUNG UND BELEHRUNG: PRÄSENTATIONEN »FREMDER« UND »EXOTISCHER« MENSCHEN

Die Zurschaustellung »fremder« und »exotischer« Menschen[12] entwickelte sich seit dem Ende des 18. Jahrhunderts und verstärkt seit dem frühen 19. Jahrhundert zu einem wahrnehmbaren Trend des kommerziellen Schaustellerwesens.[13] Vorläufer gastierten bereits Jahrhunderte zuvor: 1581 fanden sich zwei auf Geigen musizierende »Indianer« mit einer ebenfalls Geige spielenden indigenen »Zwergenfrau« auf einem Umzug zu Ritterspielen anlässlich des Besuchs des Erzherzogs Karls II. von Österreich (1540–1590) in Dresden ein.[14] 1722 wurden zwei »Americanische Printzen« in Dresden gezeigt, welche zuvor bereits auf zahlreichen Jahrmärkten Europas vorgestellt wurden.[15] Der Sensationswert der am gesamten Körper mit merkwürdigen »Hieroglyphen« tätowierten jungen Männer war damals entsprechend hoch, sodass sie durch einen Ankauf recht schnell aus der Schaubude an den Hof Augusts des Starken wechselten. Ihr Besitzer, ein englischer Kapitän, so erläutert die zeitgenössische Berichterstattung, habe die beiden

Häuptlingssöhne vorgeblich nach Kriegshandlungen mit ihrem Stamm verwundet aus dem Wasser gezogen und als Gefangene mit sich nach Europa gebracht.[16] Die Berichte bemühten sich um die genaue Schilderung ihrer Herkunft und ihres bisherigen Schicksals, des genauen Aussehens und Verhaltens. Dabei zeigte man sich vom Umstand überrascht, dass diese vermeintlich »Wilden« von selbst sehr zivilisiert und taktvoll auftraten, was an den seit dem 16. Jahrhundert in Europa geführten Diskurs vom »Edlen Wilden« erinnert. Vier Jahre darauf machten sie anlässlich ihrer öffentlichen Taufe in der Kreuzkirche erneut Schlagzeilen.[17]

1738 wurde in Leipzig zur Messe ein »Grönländer Zwerg« aus dem Volk der Inuit, mit seiner »seltsamen Tracht« und »sonderbaren Lebensweise« ausgestellt.[18] Danach erfahren wir erst wieder 1784 vom Auftritt dreier »Lappländer«[19] in Dresden. 14 Jahre später wird ein nicht näher beschriebener »fremder Mann« im Gasthof Goldener Stern in der Dresdner Seegasse zur Zeit des Johannismarkts vorgeführt, was aufgrund des enormen Zulaufs zu Beschwerden der benachbarten Jahrmarktbudenbesitzer führte.[20] Drei Jahre darauf, im November 1801, waren erneut »seltsame Mannspersonen« zu sehen. 1808 wurde in Dresden ein »Seewilder« präsentiert, der vier Jahre darauf noch einmal in der Stadt gastierte. Dabei soll es sich um einen schiffbrüchigen, für 27 Jahre bei den »Wilden« an der Hudson Bay gestrandeten Franzosen handeln, der mit der Zeit deren Fertigkeiten und Lebensweise angenommen habe und diese seit der geglückten Rückkehr samt seiner Robinsonade in Europa vorführte.[21] Im November und Dezember 1812 konnten die Dresdner:innen nach- und nebeneinander eine »Lappländerin« und einen »Hottentotten«[22] bestaunen. Im Januar 1815 wurden erneut vier Afrikaner gezeigt, welche zuvor bereits in Berlin vorgestellt worden waren.[23]

Bei diesen Vorläufern späterer Völkerschauen verband sich der Reiz des Unbekannten mit dem Anspruch auf gelehrte Unterhaltung. Damit entsprach diese Art öffentlicher Schaustellungen dem Geschmack des bürgerlichen Publikums der Jahrzehnte um 1800 in besonderer Weise.[24] Die Schau der »Esquimaux-Indianer« des »nordamerikanischen Schiffs-Capitans« Samuel Hadlock, die im Februar 1825 in der »Restauration des Herrn Kreuz« am Altmarkt in Dresden gezeigt wurde, bietet dazu ein anschauliches Beispiel.[25] Ein Mann und eine Frau der Inuit, welche typische Fertigkeiten ihres Stammes sehen ließen, wurden als Beitrag zur Völkerkunde präsentiert und durch ein »Museo«, also eine mitgeführte ethnografische Sammlung samt arktischen und antarktischen Landschaftspanoramen ergänzt.[26] Die Verbindung Hadlocks zu den Netzwerken der Herrnhuter Mission, welche seit dem 18. Jahrhundert eine frühe und zentrale Rolle bei der Versorgung entstehender europäischer Sammlungen mit überseeischen Objekten und ethnografischem Wissen einnahmen und damit zum Teil ihre Missionsprojekte finanzierten, findet sich inzwischen in der Dauerausstellung des Herrnhuter Völkerkundemuseums thematisiert.[27]

ZWISCHEN ANZIEHUNG UND DISTANZ

Eine in den Quellen meist tabuisierte Gemeinsamkeit früher Schaustellungen mit späteren Völkerschauen »fremder« Menschen bildet der Aspekt der erotischen Anziehungskraft der Schauen. Ein seltenes Beispiel bildet ein Bericht des Journals für Luxus, Mode und Gegenstände der Kunst über einen im Winter 1812/13 in Dresden auftretenden Afrikaner. Er habe, wie es in dem Bericht heißt, mit den »zierlichen pas seiner Nationaltänze«, der »Grazie in seinen Bewegungen« und durch das »lebhafte Colorit seiner ins Schwarzgelbe spielenden Haut« vor allem weibliche Zuschauerinnen begeistert, die sich seinetwegen sehr zahlreich zu den

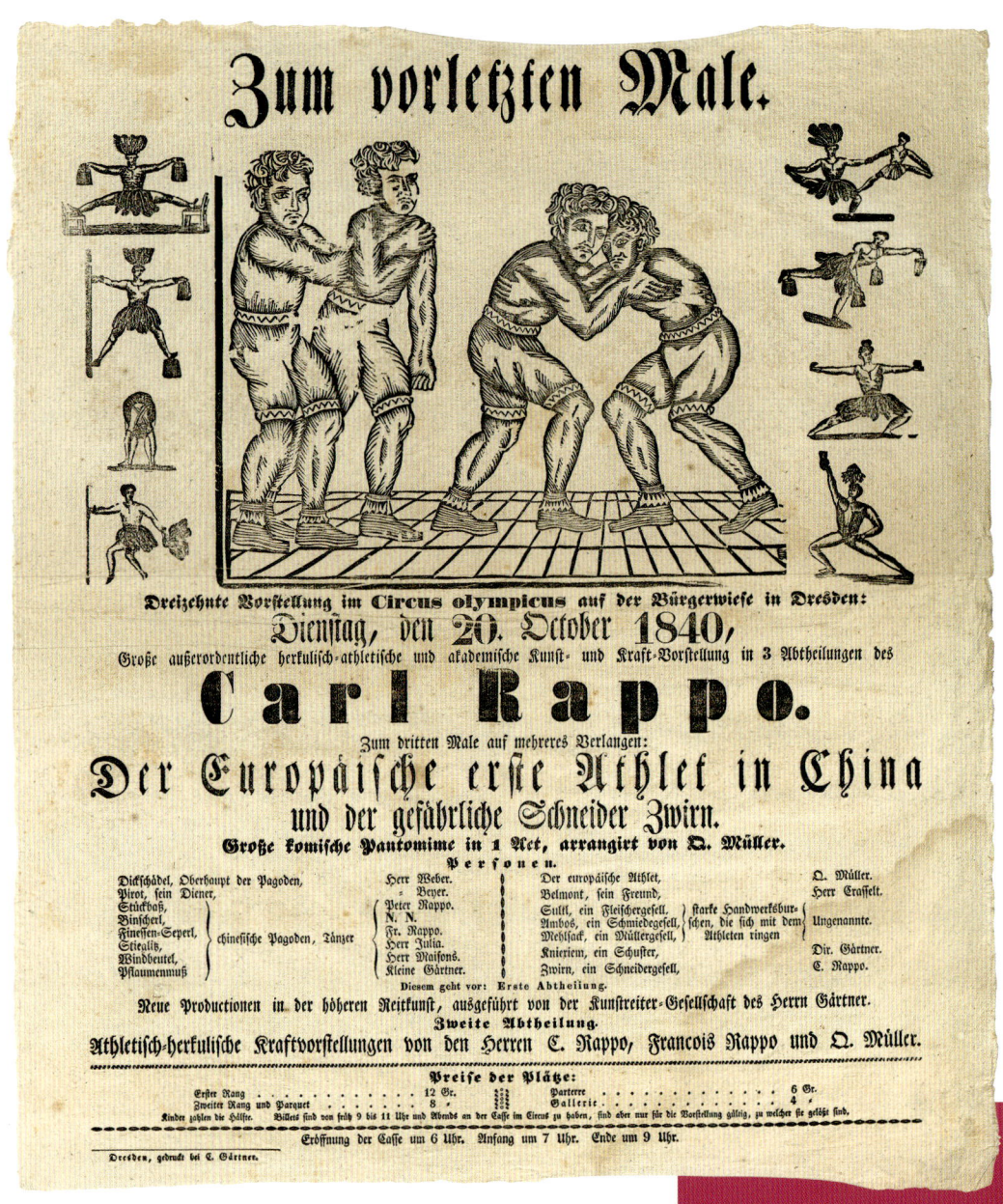

4
Plakat zum Herkulischen Theaterprogramm der Gruppe von Carl Rappo in Dresden am 20. Oktober 1840. Druck: C. Gärtner, Dresden, 1840

Vorstellungen ins Hotel de Saxe begeben hätten.[28] Die sich als »zivilisiert« verstehenden Betrachtenden partizipierten unter Verweis auf das völkerkundliche Interesse an einer Form offen gezeigter Körperlichkeit und den damit verbundenen erotischen Aspekten. Diese waren dem »unzivilisierten Wilden« per Definition erlaubt und wurden gewissermaßen auch erwartet, während man sie sich selbst aber als vermeintliches Unterscheidungsmerkmal öffentlich versagte.[29]

Die Anziehungskraft und das fantastische Potenzial des »Fremden« und »Exotischen« hatten freilich vielerlei Gründe. Vom mobilen Schaustellerwesen, mit dem sich diese Eigenschaften seit jeher eng verbanden, wurden sie spätestens seit dem frühen 19. Jahrhundert erkannt und in der Selbstdarstellung geschäftsbewusst eingesetzt. Historische Abbildungen der Dresdner Vogelwiese jener Zeit zeigen viele Schaustellungsbuden in fantastischen orientalischen Formen. Die Ethnizität und Nationalität gastierender Schaustellungstruppen und einzelner Künstler:innen wurde vielfach betont, um Neugier zu wecken und bereits vorhandene populäre Vorstellungen einer fernen Welt beim Publikum zu bedienen.

5
Plakat zu Ludwig Desorme's Theater-Circus mit der artistischen Vorstellung der »Araber aus der Wüste Sahara« vom 27. Oktober 1840 in Dresden. Druck: C. Gärtner, Dresden, 1840

Gleiches gilt für die Auswahl der Themen und Settings bei den gezeigten Theater-Zirkus-Schauen (siehe Abb. 4 und 5), welche meist aufwendige Pferdedressuren mit Artistik, Athletik, Kampfspiel, Pantomime und Komik in einem theatralischen Handlungsstrang verbanden.[30]

Die angeführten Beispiele spiegeln eine ganze Reihe der in den historischen Quellen zu Schaustellungen von Menschen wiederholt aufscheinenden Aspekte: die verbreitete Neugier gegenüber dem »Fremden«, »Exotischen« und von der bekannten Norm Abweichenden bei gleichzeitigem Drang nach Erklärung und Einordnung in das jeweils zeitgenössische Weltbild. Sie verdeutlichen die Nutzbarkeit des aus dieser Neugier generierbaren kommerziellen Potenzials, welche je nach dem Grad möglicher Selbstbestimmung der ausgestellten Personen zwischen Ausnutzung und Überlebenskonzept changieren konnte.

Die Empathie des Publikums bewegte sich dabei im Spannungsfeld zwischen Neugier, Mitleid und mitunter auch Ablehnung, weshalb Emotionen möglichst durch externe Vermittler:innen medial vorbereitet und gesteuert wurden. Bei

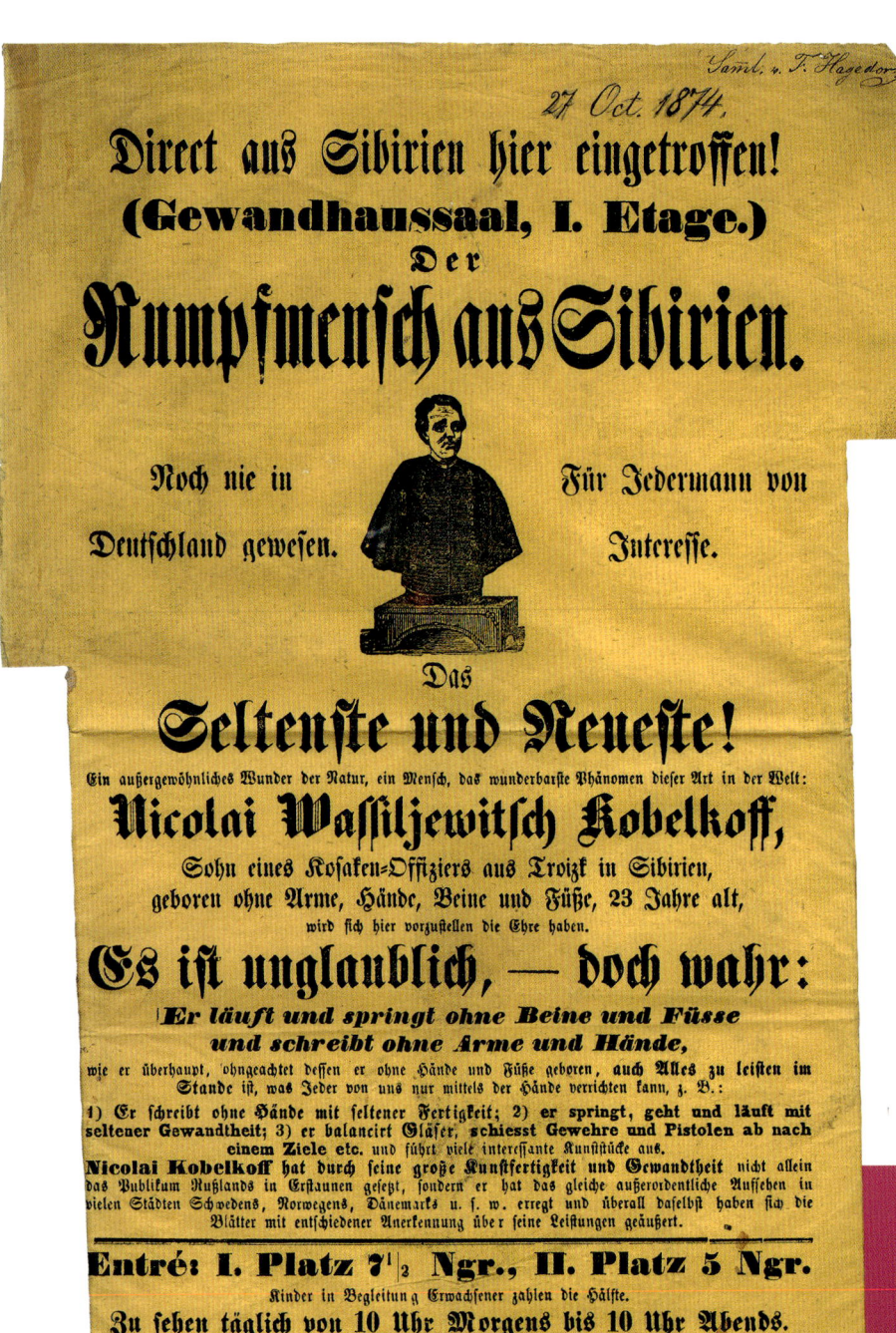

6
Flugblatt zum Auftritt des »Rumpfmenschen« Nicolai Wassiljewitsch Kobelkoff aus Sibirien in Dresden im Oktober 1874 mit seitlich angeklebten Zeitungsberichten. Druck: A. Mendel, Dresden, 1874

aller Begeisterung galt es, negative und unangenehme Gefühle bei den Rezipient:innen zu vermeiden. So wurde bei der Vorstellung des »Sibirischen Rumpfmenschen« Nikolai Wassiljewitsch Kobelkoff (1851–1933), welcher im Oktober 1874 in Dresden gastierte[31] und dabei ohne Hände und Füße eine Reihe erstaunlicher Tätigkeiten und Kunstfertigkeiten vorführte (siehe Abb. 6), nachdrücklich versichert: Ein »Gefühl des Bedauerns über sein Unglück lässt er durch seine Geschicklichkeit und vor Allem durch seine heitere Laune gar nicht recht aufkommen. Es braucht deshalb Niemand, besonders auch Damen nicht zu befürchten, von einem Besuch bei Wassiljewitsch einen üblen Eindruck davonzutragen.«[32]

Auch lebend ausgestellte Menschen erklärten sich in der Regel kaum selbst, sie wurden erklärt. Dies ergab sich einerseits aus dem Genre der Schaustellungen, welches mit Elementen einer dramatisierenden Bühnenkunst arbeitet, sowie aus dem notwendigen Rahmendiskurs, welcher der Kulturpraxis des Ausstellens zu eigen ist. Andererseits ist dieses Setting aber auch als Abbild und Rückversicherung bestehender Machtverhältnisse lesbar, zumal wenn sich eine als bürgerlich und zivilisiert begreifende Mehrheitsgesellschaft lebendigen Personen gegenübergestellt sieht, die für sie das sogenannte »Andere«, »Abnorme« und »Fremde« verkörpern.

1 Blatt enthalten in: Stadtarchiv Dresden (im Folgenden: StAD), 17.4.1, Kapsel A 122/II. **2** Zu den Panoptiken siehe auch den Beitrag von Christina Ludwig in diesem Band. **3** Führer durch das Panoptikum von Max Weiß, Dresden 1883, 9, StAD, 17.4.1, Kapsel 122/II. **4** So etwa verstärkt ab 1649 im: Theatrum Europaeum, oder aussführliche und warhhafftige Beschreibung aller und jeder denkwürdiger Geschichten […], 21 Bände, Frankfurt am Main 1633–1738. **5** Vgl. KROKER, ERNST: Schaustellungen auf den Leipziger Messen im sechzehnten, siebzehnten und achtzehnten Jahrhundert, in: Mitteilungen der Deutschen Gesellschaft zur Erforschung Vaterländischer Sprache und Alterthümer in Leipzig, Bd. 8, Leipzig 1883–1890, 97–137, hier 97f. **6** Vgl. NEUBERT, MORITZ: Verzeichnis der Schaustellungen in Dresden von 1629 bis 1815, herausgezogen aus den Kämmereirechnungen über das »Stättegeld« (um 1850), in: StAD, 16.2.7, Nr. 6 Topographisches und Culturhistorisches, Bl. 123–131 sowie StAD, 2.1.3 RA C.XVII 142c, Concessionen zu Schaustellungen, Bd. 1–4 (1778–1811) sowie ebd., 2.1.3. RA C.XVII, 141u sowie 141v Almosenzugänge durch Schauspiele […] und andere öffentliche Künste Bd. 3–8 (1829–1869). **7** StAD, 17.4.1, Kapseln A 122/I und A 122/II. **8** Siehe dazu pars pro toto: Sächsisches Staatsarchiv, Hauptstaatsarchiv Dresden, 10079 Landesregierung, Nr. Loc. 30927/05 Kuriositäten und Konzessionen zu öffentlichen Schaustellungen sowie die Hazard-Spielchen (Kanzleiakten), Bd. 1 (1764–1769). Bis ins frühe 19. Jahrhundert folgen dem unter ähnlichem Titel zahlreiche Bände. **9** DREESBACH, ANNE: Gezähmte Wilde. Die Zurschaustellung »exotischer« Menschen in Deutschland 1870–1940, Frankfurt am Main 2005. **10** ROSSEAUX, ULRICH: Freiräume. Unterhaltung, Vergnügen und Erholung in Dresden 1694–1830, Köln 2007, insbes. 185–191; vgl. zudem RUDIN, BÄRBEL: Zwischen den Messen in die Residenz. Das Theater- und Schaustellergewerbe in Dresden und Leipzig nach den Standgeldrechnungen (1679–1728), in: Gesellschaft für Theatergeschichte (Hrsg.): Wanderbühne – Theaterkunst als fahrendes Gewerbe, Berlin 1988, 74–104. **11** Vgl. ROSSEAUX: Freiräume (Anm. 10), 189. **12** Vgl. BITTERLI, URS: Die »Wilden« und die »Zivilisierten«. Grundzüge einer Geistes- und Kulturgeschichte der europäisch-überseeischen Begegnung, 2., erweiterte Aufl., München 1991, 180–187; OETTERMANN, STEPHAN: Fremde. Der. Die. Das. »Völkerschauen« und ihre Vorläufer, in: KOSOK, LISA/JAMIN, MATHILDE (Hrsg.): Viel Vergnügen. Öffentliche Lustbarkeiten im Ruhrgebiet der Jahrhundertwende, Essen 1992, 80–105, insbes. 81. **13** Vgl. ROSSEAUX: Freiräume (Anm. 10), 189f. **14** Vgl. dazu die Bildfolge des Malers Friedrich Bercht in der SLUB Dresden, Msrc.Dresd.J17 (KA 500). **15** Vgl. den Beitrag von Christina Ludwig zu den »Americanischen Printzen« in diesem Band. **16** Vgl. Kern Dreßdnischer Merckwürdigkeiten 1700–1728, Dresden 1732, 92 sowie KRÜNITZ, JOHANN GEORG (Hrsg.): Oekonomische Encyclopädie, Bd. 71, Berlin 1796, 726–735. **17** Vgl. Merckwürdigkeiten (Anm. 16), 106 sowie den Beitrag von Christina Ludwig in diesem Band. **18** Vgl. KROKER: Schaustellungen (Anm. 5), 108. **19** StAD, RA C XVII 66 [unfol.], [fol. 92–93]. **20** StAD, RA C XVII 142c, Vol. I, fol. 69, 73–73v. **21** Vgl. ebd., Vol. II, fol. 33–36, Vol. IV, fol. 6–7, 9; StAD, RA C XVII 141b, fol. 213 sowie RA C XVII 67, Vol. II [unfol.], Konzession vom 5. Juli 1812; Anschlagzettel dazu in: StAD, 17.4.1, Kapsel A 122/I. **22** Dieser kolonialzeitliche, von den Niederländern und Buren erstmals verwendete, später rassistisch und abwertend konnotierte Sammelbegriff bezeichnet die im heutigen Namibia und Südafrika lebende Völkerfamilie der Khoikhoi und im weiteren Sinn auch der San. **23** Vgl. StAD (Anm. 21) sowie Konzession vom 23. November 1812 für Domenico Belli und Konzessionen vom 23. November sowie 8. und 23. Dezember für David Jordan; StAD, RA CXVII 141b, fol. 228–229v. **24** Vgl. ROSSEAUX: Freiräume (Anm. 10), 190. **25** Vgl. den Beitrag von Thomas Steller in diesem Band. **26** Vgl. Dresdner Anzeiger 1825, Sp. 350, 555f., 576, hier 350; DREESBACH: Gezähmte Wilde (Anm. 9), 29f. **27** Vgl. ISRAEL, HEINZ: Inuit, Menschen im hohen Norden, in: NIPPA, ANNEGRET (Hrsg.): Ethnographie und Herrnhuter Mission. Völkerkundemuseum Herrnhut: Katalog zur ständigen Ausstellung im Völkerkundemuseum Herrnhut, Außenstelle des Staatlichen Museums für Völkerkunde Dresden, Dresden 2003, 98–113 sowie Aufbruch, Netz, Erinnerung – 300 Jahre Herrnhut. Sonderausstellung 2022; GOLDMANN, STEFAN: Wilde in Europa. Aspekte und Orte ihrer Zuschaustellung, in: THEYE, THOMAS (Hrsg.): Wir und die Wilden. Einblicke in eine kannibalische Beziehung, Reinbek bei Hamburg 1985, 243–269, hier insbes. 254–256. **28** Vgl. Winterunterhaltungen in Dresden (Aus Briefen geschrieben im März 1813), in: Journal für Luxus, Mode und Gegenstände der Kunst 28 (1813), 249f. sowie ROSSEAUX: Freiräume (Anm. 10), 191. **29** Vgl. ebd. **30** Vgl. dazu und zu den nachfolgenden Beispielen die Sammlung der »Anschlagzettel« überwiegend aus der Zeit zwischen 1820 und 1850 in: StAD, 17.4.1, Kapsel A 122/I. **31** Flugblatt mit angehefteten Presseberichten dazu erhalten in: StAD, 17.4.1, Kapsel A 122/II. **32** Dresdner Anzeiger, 29.10.1874.

GEORGE NIAKUNÊTOK

Für George Niakunêtok (1798–1825) begann 1821 seine Odyssee als »Eskimo«-Darsteller, die ihn auch nach Europa führte. Vier Jahre später wurde er dem sächsischen König und der Dresdner Bevölkerung vorgeführt. Er starb gerade einmal 27-jährig und kehrte nie mehr in seine Heimat zurück.

George Niakunêtok war ein zum Christentum konvertierter Inuk aus der Region Labrador (heute Kanada). Als geübter Jäger und aufgrund seines »exotischen« Äußeren warb ihn im Sommer 1820 Kapitän Samuel Hadlock (1792–1829) in Gray Harbour an. Daraufhin ging Hadlock mit ihm auf eine vier Jahre dauernde Tour durch Nordamerika und Europa. Es war eine ungleiche Partnerschaft: George Niakunêtok war abhängig von seinem Impresario und ertrug entwürdigende Bedingungen, zugleich genoss er aber auch die ihm zukommende Aufmerksamkeit. Seine Motive, das Darstellerleben trotz Heimweh und angebotener Ausstiegshilfe weiterzuverfolgen, bleiben unklar.

Mit auf Reisen, bis zu ihrem frühen Tod, war die Inuk Mary Coonahnik. Die beiden mussten als angeblich verheiratetes »Esquimaux-Indianer«-Paar vor einer gemalten Kulisse Handarbeiten verrichten und das Bild von naturverbundenen, aber gottesfürchtigen arktischen »Ureinwohnern« vermitteln. Besonders Georges Vorführungen seiner Gewandtheit in der Handhabung des Kajaks und des Jagdspeers erweckten die Begeisterung der Schaulustigen. Im März 1825 führte er vor den Augen des sächsischen Königs Friedrich August I. (1750–1827) Kunststücke mit dem Kajak auf dem Moritzburger Schlossteich vor und sang christliche Lieder – wofür der König ihn mit einer Uhr beschenkte.

Wenige Monate später starb George unter ungeklärten Umständen. Sein offenbar konservierter Leichnam wurde von seinem Impresario noch mindestens ein halbes Jahr der Öffentlichkeit vorgeführt.
Thomas Steller

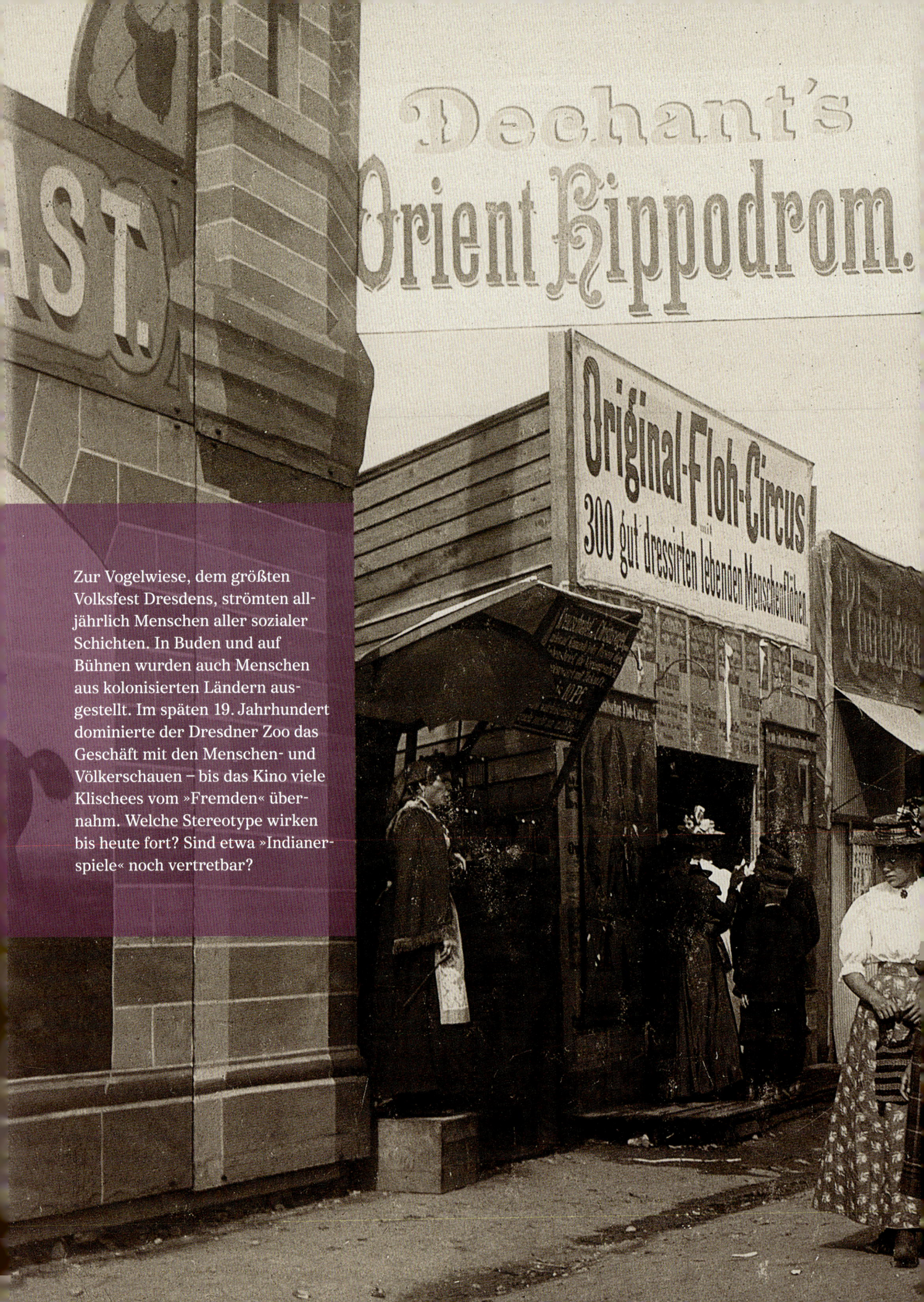

Zur Vogelwiese, dem größten Volksfest Dresdens, strömten alljährlich Menschen aller sozialer Schichten. In Buden und auf Bühnen wurden auch Menschen aus kolonisierten Ländern ausgestellt. Im späten 19. Jahrhundert dominierte der Dresdner Zoo das Geschäft mit den Menschen- und Völkerschauen – bis das Kino viele Klischees vom »Fremden« übernahm. Welche Stereotype wirken bis heute fort? Sind etwa »Indianerspiele« noch vertretbar?

VERGNÜGEN GESCHÄFTE BÜHNEN

Volker Strähle

Eine »VÖLKER-WIESE« am GROSSEN GARTEN

Der Dresdner Zoo
als Ort kommerzieller
Menschenschauen

1
Postkarte »Gruss von der Völkerwiese. Zoologischer Garten Dresden«. Wilhelm Hoffmann – Kunstanstalt auf Aktien, Dresden 1901

Nach seiner Gründung 1861 entwickelte sich Dresdens Zoologischer Garten schnell zum zentralen Vergnügungsort der Stadt.[1] In dem Zoogelände am Rande des Großen Gartens trafen das ganze Jahr über alle sozialen Schichten aus Stadt und Umgebung aufeinander. An den Wochenenden flanierten die Besucher:innen zu Tausenden durch die Anlagen. Die andauernden Baumaßnahmen und der Kauf attraktiver Tiere verschlangen hohe Geldsummen, weshalb der Aktienverein des Zoos immer neue Kredite aufnehmen musste.[2] Um die finanziellen Verluste auszugleichen, setzte der Verwaltungsrat auf publikumswirksame Veranstaltungen. Die »naturkundliche Bildung«, das Anliegen der Gründerväter, geriet zusehends in den Hintergrund. Spektakuläre Tierdressuren begeisterten das Publikum mehr als die Aufreihung unterschiedlicher Nagetierarten. Abendliche Feuerwerke wurden gezündet, seit 1875 traten regelmäßig Militärkapellen im Zoo auf.[3]

17 Jahre nach seiner Gründung präsentierte der Zoo 1878 erstmals Menschen, die als Angehörige einer »exotischen« Völkerschaft vermarktet wurden: Eine Familie aus Grönland hatte der aufstrebende Völkerschau-Unternehmer Carl Hagenbeck (1844–1913) angeheuert. Von einem Jahr auf das andere wurde der Zoo zum wichtigsten Dresdner Veranstaltungsort von Menschenschauen. Für die Zeit zwischen 1878 und 1934 konnten 76 Menschenschauen dokumentiert werden, darunter 65 »Völkerschauen«.[4] Die Publikumszahlen lassen sich zwar nicht ermitteln, sicher ist aber, dass die Menschenschauen im Zoo viele Hunderttausende Besuche zählten.[5]

Dieser Beitrag geht zunächst der Frage nach, wer die zentralen Akteure der Schaustellungen von Menschen im Dresdner Zoo waren: Welche Verbindungen zu Völkerschau-Unternehmern unterhielt der Zoo? Anschließend wird dargestellt, wie die Teilnehmenden im Dresdner Zoo untergebracht und präsentiert wurden. Was lässt sich über Begegnungen zwischen Schauteilnehmer:innen und Zuschauer:innen sagen? Schließlich wird die Frage erörtert, inwiefern die Völkerschauen im Zoo als koloniales Unternehmen gelten können. Welche Schauen repräsentierten dabei Gruppen aus deutschen Kolonien? Abschließend wird das Ende der Menschenschauen im Dresdner Zoo behandelt. Dabei wird der Frage nachgegangen, inwiefern deren Tradition bis nach 1945 fortwirkte.

DIE VERBINDUNG ZU HAGENBECK

Auf wen die Initiative zurückging, Menschenschauen in den Dresdner Zoo zu holen, ist unklar. Der seit 1861 amtierende Direktor Albin Schoepf (1823–1881) war dem Verwaltungsrat der Aktiengesellschaft unterstellt, weshalb er eine solche Entscheidung nicht allein fällen konnte. Damit unterschied sich seine Position grundlegend von derjenigen des Leipziger Zoogründers und Direktors Ernst Pinkert (1844–1909).[6] Sicherlich spielten die persönlichen Verbindungen von Albin Schoepf zu dem Hamburger Unternehmer Carl Hagenbeck eine zentrale Rolle. Der global operierende Tierhändler hatte sich seit 1874 mit seinen Völkerschauen einen neuen Geschäftszweig erschlossen und diese als Veranstalter an Zoos vermittelt. Einer seiner Mitarbeiter wurde Adolph Schoepf (1851–1909), der Sohn des Dresdner Zoodirektors. Nach dessen kaufmännischer Ausbildung hatte er bei Hagenbeck in Hamburg angefangen, zunächst als Tiereinkäufer und später in der Betriebsleitung.[7] Adolph Schoepf war sowohl mit dem internationalen

2
Eduard Müller: Das Affenhaus im zoologischen Garten. Lithografie, gestochen von Hans Anton Williard, um 1860

3
*Adolph Schoepf.
Unbekannte:r Fotograf:in,
um 1900/1905*

Tierhandel als auch mit dem neuen Geschäft von Menschenschauen vertraut. Er war es, der im Sommer 1878 Hagenbecks »Nubier« begleitete und dabei auch nach Dresden brachte. Auch an späteren Völkerschauen war Schoepf beteiligt.[8] Unter anderem begleitete er 1880/81 einige Inuit, nachdem der Impresario Johan Adrian Jacobsen (1853–1947) krankheitsbedingt ausgefallen war.[9] Der Tour-Teilnehmer Abraham Ulrikab (1845–1881) erwähnte ihn in seinem Tagebuch,[10] das als eines der wenigen Selbstzeugnisse eines Völkerschau-Teilnehmers gilt. Ulrikab starb wie alle anderen Inuit während der Tournee an Pocken, weil Jacobsen und Schoepf es unterlassen hatten, sie rechtzeitig zu impfen.

Zu Johan Adrian Jacobsen pflegte Schoepf fortan über viele Jahre eine Freundschaft. 1893 holte er ihn in den Dresdner Zoo, wo Jacobsen zwölf Jahre lang das Gesellschaftshaus betrieb – gemeinsam mit seiner in Dresden geborenen Ehefrau, Alma Hedwig Jacobsen, geb. Klopfer (1862–1937).[11] Adolph Schoepf hatte 1881 die Leitung des Dresdner Zoos von seinem Vater übernommen. Neben der Verbindung zu Hagenbeck etablierte er Geschäftsbeziehungen mit weiteren Völkerschau-Unternehmern: Nach der Jahrhundertwende waren die Gebrüder Carl Marquardt (1860–1916) und Fritz Marquardt (1862–nach 1912) die wichtigsten Vertragspartner.

DER SCHAUSTELLUNGSPLATZ UND DIE TEILNEHMENDEN

Der erste Schaustellungsplatz mit Tribüne (auch »Völkerwiese« genannt) befand sich hinter dem Elefantenhaus in unmittelbarer Nachbarschaft des großen Platzes am Zoo-Restaurant. Der Platz war von einem Holzzaun umgeben, der eine Barriere für das Publikum darstellte. Die Zäune markierten wie anderswo ein »Innen« und ein »Außen«, stellten Zuschauende und zur Schau Gestellte einander gegenüber. Auch das inszenierte »Alltagsleben« in nachgebauten »Dörfern« spielte sich jenseits eines Zauns ab. Direkte Begegnungen zwischen Zoobesucher:innen und Angehörigen der Schauen waren so kaum möglich. Sie waren von Seiten der Veranstalter auch gar nicht gewollt. Weitgehend beschränkten sich die Begegnungen auf kurze Wortwechsel in Fremdsprachen, während Völkerschau-Teilnehmende Ansichtskarten und Fotografien verkauften und anschließend signierten. Dieses Recht stand ihnen häufig vertraglich zu. Der Rahmen für einen möglichen Austausch war also genau vorgegeben. Dies galt auch für vermeintlich spontane Ereignisse wie die gemeinsame Singstunde von Angehörigen der »nubischen Karawane« und der »Dresdner Liedertafel«, die 1879 im großen Saal des Zoo-Restaurants zustande kam.[12]

Die angereisten Teilnehmer:innen wurden seit 1883 meist in einem langgestreckten Holzbau untergebracht, der als »Hotel zum wilden Mann« bezeichnet wurde. Der Bau diente zugleich als Stallgebäude für die mitgeführten Tiere. Über die Lebensverhältnisse der Darsteller:innen ist wenig bekannt – gleiches gilt für die Arbeitsbedingungen. Die zur Schau gestellten Menschen standen in einem Vertragsverhältnis mit dem Unternehmer, der wiederum einen Vertrag mit dem Zoo abgeschlossen hatte. Der sogenannte Impresario bestimmte in der Regel das Programm, beaufsichtigte die Darsteller:innen, sorgte für ihre Verpflegung und zahlte den Lohn aus. Auch wenn die Teilnehmenden sich vertraglich verpflichtet hatten, konnten viele nicht erahnen, wie es ihnen monate-, manchmal jahrelang fernab ihrer Heimat ergehen würde. Es gibt zahlreiche Berichte über Völkerschau-Teilnehmende, die während der Tournee erkrankten und starben.[13] Für die Schauen im Dresdner Zoo ist allerdings kein Todesfall bekannt.

DER KOLONIALE RAHMEN

Die im Dresdner Zoo gezeigten Menschenschauen sollten »Völker« und Kulturen aus allen Kontinenten repräsentieren. Darunter waren allerdings kaum Menschen aus europäischen Regionen, wie die »Kalmücken«.[14] Die von den Schaugruppen vorgeführte »ursprüngliche Lebensweise« wurde mal wehmütig verklärt, mal als Kuriosum betrachtet. Kennzeichnend für die Schaustellungen war eine koloniale »Rassen«-Hierarchie, mit den *weißen*[15] Europäer:innen an der Spitze: Während »zivilisierten Kulturvölkern« Respekt und Bewunderung entgegengebracht wurde, wurden die als »wilde Naturvölker« inszenierten Gruppen teils romantisiert, teils dem Spott und der Verachtung des Publikums preisgegeben. Rund die Hälfte der Völkerschauen im Dresdner Zoo waren »afrikanische« Schauen, wobei unterschiedliche rassistische Klischees aufgerufen wurden: So wurden etwa nordafrikanische »Beduinen« als stolze »geborene Krieger« präsentiert,[16] während aus der Kalahari-Wüste stammende Menschen als »Überreste einer primitiven Zwergrace« angekündigt wurden.[17]

4
Teilnehmer der Völkerschau »Samoa« vom August/September 1910 im Dresdner Zoo. Josef Krauss, Dresden, 1910

5
Aufstellung der Teilnehmenden der Völkerschau »Das Sudanesendorf« für fotografische Aufnahmen im Dresdner Zoo. Unbekannte:r Fotograf:in, 1909

6
Plan des Zoologischen Gartens zu Dresden. Entwurf: Horst Rose, Druck: Kunstanstalt Wilhelm Hoffmann AG, Dresden, 1909

Die kommerziellen Völkerschauen waren ein Produkt des europäischen Kolonialismus und der zunehmenden globalen Verflechtungen unter westlicher Vorherrschaft. Auch wenn die Menschenschauen die Vorstellung einer *weißen* Überlegenheit beförderten, dienten nur einzelne im Dresdner Zoo vorgeführte Schauen der direkten Kolonialpropaganda. Eher wurde die Kolonialbegeisterung aufgegriffen, um Völkerschauen zu vermarkten. Die 1886 im Zoo gezeigte »Kamerun-Expedition« mit Samson Dido (Mambingo Eyum) nutzte das Interesse für das zwei Jahre zuvor unter deutsche Kolonialherrschaft geratene Kamerun. Die Dresdner Nachrichten behaupteten gar, es ginge dem Organisator Hagenbeck nicht um den geschäftlichen Gewinn, sondern darum, »seinen Landsleuten eine richtige Vorstellung von den Eingeborenen in Kamerun zu verschaffen.«[18] Als der Zoo 1893 Angehörige der Hehe aus »Deutsch-Ostafrika« präsentierte, warb er in einer Zeitungsannonce damit, dass diese 1891 »durch den Überfall des Leutnant von Zelewsky« »bekannt« geworden seien.[19] Hehe-Kämpfer hatten damals die deutsche »Schutztruppe« besiegt, Kommandeur Emil von Zelewski (1854–1891) war in den Kämpfen gestorben. Der Propagierung des deutschen Einflusses in der »Südsee« dienten die Samoa-Schauen: 1901, ein Jahr, nachdem Samoa offiziell dem deutschen Kolonialreich einverleibt worden war, wurden die Samoaner:innen als »unsere neuen deutschen Landsleute« beworben.[20]

Neben sogenannten ethnologischen Schauen stellte der Dresdner Zoo allerdings auch »Körpersensationen« aus. Wiederholt trat eine »Colibri-Truppe« mit kleingewachsenen Menschen im Dresdner Zoo auf. Einzelne Schauen wurden als Kombination aus populärer »Freak-Show« und wissenschaftlicher Besonderheit präsentiert: Eine von Hypertrichose betroffene Person wurde als »Affenmädchen Krao« angekündigt, sie sollte eine frühere evolutionäre Entwicklungsstufe des Menschen verkörpern.[21] Eine Gruppe von Sara-Kaba, deren Frauen sogenannte Lippenteller trugen, wurde 1931 in sensationsheischender Weise als »aussterbende« Kultur und »recht seltene Sehenswürdigkeit« vermarktet.[22]

DAS ENDE DER MENSCHENSCHAUEN

Menschenschauen blieben bis zum Ersten Weltkrieg ein wichtiges Standbein im Veranstaltungsgeschäft des Dresdner Zoos. Der Tod von Adolph Schoepf und die 1910 erfolgte Übernahme des Direktorenpostens durch Gustav Brandes (1862–1941) bedeuteten diesbezüglich keinen Einschnitt. 1910 war ein neuer Schaustellungsplatz mit Tribüne in Betrieb genommen worden, der auch für Tierdressuren genutzt wurde – er lag zwischen Raubvogelkäfigen, Bärenzwinger und Affenhaus. Die Verlegung war notwendig geworden, weil der alte Standort für das neue Felsenpanorama und den Seelöwenteich benötigt wurde.

Der Kriegsbeginn 1914 bedeutete ein vorläufiges Ende der Menschenschauen im Zoo. Die Behörden untersagten die unter dem Titel »Menschenrassen des Nil« geplante Schau von Carl Marquardt. Für die folgenden Jahre ist keine Menschenschau im Zoo mehr dokumentiert. Erst 1921 zeigte der Zoo wieder ein »afrikanisches Dorf«. Die Zeit der großen Menschenschauen ging langsam zu Ende. Unter nationalsozialistischer Herrschaft präsentierte der Zoo 1934 noch einmal eine »Ägyptertruppe mit Zauberern und Handwerkern«. Es war das Jahr, als der in Konkurs geratene Dresdner Zoo komplett in städtische Trägerschaft überging.

EINE SOZIALISTISCHE VÖLKERSCHAU?

Im Februar 1945 zerstörten Bombenangriffe große Teile des Dresdner Zoos, allerdings wurde der Betrieb rasch wieder aufgenommen. Zoodirektor Wolfgang Ulrich (1923–1973) gelang es, in den provisorisch wiederhergestellten Anlagen eindrucksvolle Tiere vorzuführen. Menschenschauen wie in der Vorkriegszeit gehörten nicht mehr zum Programm. Anlässlich seines 90-jährigen Bestehens 1951 veranstaltete der Zoo allerdings eine »Tierfangexpedition«, die an koloniale Völkerschauen erinnerte: Neben einem Tropenzelt und Ausrüstungsgegenständen der Expeditionsgruppe wurden »Eingeborenenhütten« mit *schwarzen* Menschen vorgeführt.[23] Zu den Darsteller:innen gehörte der in Sankt Thomas (damals Dänisch-Westindien) geborene Thomas Todmann (1877–1954), der seit 1927 in Dresden lebte und immer wieder an der dortigen Kunstakademie als Modell beschäftigt war.[24]

7
Thomas Todmann im Dresdner Zoo. Aufnahme von Lothar Kaster, Dresden, 1951

Zoodirektor Ulrich kündigte die »Tierfangexpedition« als sozialistische Völkerschau mit neuer Botschaft an: »Dabei wird, ausgehend von der nazistischen Kolonialschau, die Rassenunterschiede hervorhob, bewiesen werden, daß nur die gute Zusammenarbeit zwischen Eingeborenen und Forschern der Wissenschaft zum Erfolg verhilft, und daß alle Menschen jeder Hautfarbe dazu beitragen, das große Friedenswerk zu vollenden.« [25] Ulrichs Denken blieb dabei kolonialen Denkmustern verhaftet: Für ihn verkörperten die *Weißen* die Wissenschaft, den »Eingeborenen« blieb die Zuarbeit für die angebliche Friedensmission. Das Beispiel zeigt, dass die Tradition der Völkerschauen auch nach 1945 fortwirkte. Inwiefern spätere Veranstaltungsformate des Dresdner Zoos auf Schaustellungspraktiken der Menschenschauen zurückgriffen, müsste noch eigens untersucht werden.

Zusammenfassend lässt sich sagen, dass der Dresdner Zoo früh in das globale Geschäft mit Menschenschauen eingebunden war. Bei den Schaustellungen »exotischer Völker« stand die Inszenierung von Andersartigkeit im Vordergrund, nicht der kulturelle Austausch – direkte Begegnungen zwischen Teilnehmenden und Zoobesucher:innen waren nicht vorgesehen. Auch wenn die Völkerschauen nicht unmittelbar der Kolonialpropaganda dienten und nur einzelne Dresdner Zoo-Schauen Menschen aus deutschen Kolonien vorführten, verbreiteten die Menschenschauen die koloniale Vorstellung einer *weißen* Vorherrschaft. Die Inszenierungspraktiken der Menschenschauen wirkten auch nach deren Ende nach, wie das Beispiel der im Dresdner Zoo gezeigten »Tierfangexpedition« aus den 1950er-Jahren zeigt. Heutige Vorstellungen des »Anderen« und »Fremden« gehen unter anderem auf die in Menschenschauen transportierten Bilder zurück.

1 Zur Gründungsgeschichte des Dresdner Zoos vgl. DITTRICH, LOTHAR/RIEKE-MÜLLER, ANNELORE: Der Löwe brüllt nebenan. Die Gründung Zoologischer Gärten im deutschsprachigen Raum 1833–1869, Köln 1998, 125–140. **2** GENSCH, WINFRIED/HAIKAL, MUSTAFA: Der Gesang des Orang-Utans. Die Geschichte des Dresdner Zoos, Dresden 2009, 40. **3** GENSCH, WINFRIED: Konzerte und Veranstaltungen im Zoo Dresden 1875–1961 (unveröffentlichtes Manuskript von 2002), in: Stadtarchiv Dresden, Zoo-Bestand, Ordner 35 (noch nicht inventarisiert; vorläufige Signatur). **4** Vgl. die Auflistung zu Menschenschauen im Dresdner Zoo in diesem Band. **5** Allein zu einem »billigen Sonntag« 1889 kamen anlässlich der »Ost-Afrikanischen Karawane« 27 000 Menschen in den Zoo, was bis dahin als Rekordzahl galt. Vgl. Dresdner Nachrichten, 3. 9.1889. **6** Diesen und andere Hinweise verdanke ich Mustafa Haikal, dem ich für seine freundliche Unterstützung herzlich danke. **7** Bericht von Paul Krumbein an Wolfgang Ulrich vom 2. 2.1953 (Abschrift), Zooarchiv Dresden, ohne Signatur. **8** Ein Überblick über die Mitwirkung Adolph Schoepfs an Hagenbecks Völkerschauen findet sich bei DITTRICH, LOTHAR/RIEKE-MÜLLER, ANNELORE: Carl Hagenbeck (1844–1913). Tierhandel und Schaustellungen im Deutschen Kaiserreich, Frankfurt am Main 1998, 32–158. **9** LUTZ, HARTMUT: Abraham Ulrikab im Zoo. Tagebuch eines Inuk 1880/81, Wesel 2007, 16. **10** Ebd., 38. **11** GENSCH/HAIKAL: Gesang (Anm. 2), 52; Adrian Jacobsen, in: Norsk Biografisk Leksikon, https://nbl.snl.no/Adrian_Jacobsen (Zugriffsdatum: 29.11.2022). **12** Dresdner Nachrichten, 9. 8.1879, 1. **13** Allein für die Leipziger Zoo-Schauen sind zwei Todesfälle verbürgt. Vgl. BALESHZAR, LYDIA: Völkerschauen im Zoologischen Garten Leipzig 1879–1931, in: DEIMEL, CLAUS/LENTZ, SEBASTIAN/STRECK, BERNHARD (Hrsg.): Auf der Suche nach Vielfalt. Ethnographie und Geographie in Leipzig, Leipzig 2009, 427–448, hier 439. **14** Vgl. den Beitrag von Clemens Radauer in diesem Band. **15** »Weißsein« und »Schwarzsein« bezeichnen keine biologische Eigenschaft oder reelle Hautfarbe, sie sind politische (Selbst-)Zuschreibungen, die auf kolonialrassistische Vorstellungen von Ungleichheit und auf politische Kämpfe verweisen. Um dies zu kennzeichnen, werden in diesem Beitrag die darauf bezogenen Adjektive *weiß* und *schwarz* kursiv gesetzt. **16** Dresdner Nachrichten, 13. 6.1888, 2. **17** Dresdner Nachrichten, 10. 6.1886, 9. **18** Dresdner Nachrichten, 1. 9.1886, 2. **19** Dresdner Nachrichten, 6. 8.1893, 8. **20** THODE-ARORA, HILKE: From Samoa with Love? Samoa-Völkerschauen im Deutschen Kaiserreich. Eine Spurensuche, München 2014, 115–136. **21** DURBACH, NADJA: Spectacle of Deformity. Freak Shows and Modern British Culture, Berkely 2010, 89–114. Vgl. die biografische Skizze zu »Krao Farini« von Katharina Steins in diesem Band. **22** Dresdner Nachrichten, 7. 7.1931, 3. **23** Anzeige, Sächsisches Tageblatt. Bezirksausgabe Dresden, 19. 5.1951, 8. **24** Vgl. die Notiz von Winfried Gensch, Zooarchiv Dresden, Ordner »Völkerschauen«; Personalbogen Thomas Todmann, o. D., Archiv und Kustodie der Hochschule für Bildende Künste Dresden, 05/Ka 45/4; Todmann an Sächsisches Ministerium des Inneren, 19. 9.1933, Sächsisches Staatsarchiv, Hauptstaatsarchiv Dresden, 11125, 14642 Bd. 1, Bl. 71. **25** ULRICH, WOLFGANG: 90 Jahre Zoologischer Garten in Dresden, in: Die Union. Ausgabe Dresden, Pfingsten 1951, 6.

Volker Strähle

ÜBERSICHT: MENSCHEN-SCHAUEN im DRESDNER ZOO

Die folgende Übersicht enthält 76 Menschenschauen, die zwischen 1878 und 1934 nachweislich im Dresdner Zoo vorgeführt wurden. Es dominieren »Völkerschauen«, also Schaustellungen von Menschen, die eine fremde und exotische Kultur repräsentieren sollten, wozu auch Cowboy- und Wild-West-Shows gehörten. Außerdem sind Schauen aufgeführt, die Menschen mit bestimmten körperlichen Merkmalen zeigten – vor allem kleingewachsene Menschen. Artistische Vorführungen und Tierschauen werden nicht aufgelistet, allerdings ist die Abgrenzung zu Menschenschauen nicht immer eindeutig, da die meisten Völkerschau-Gruppen mit Tieren auftraten. Während die Menschenschauen in den Geschäftsberichten des Dresdner Zoos bis zum Ersten Weltkrieg fast lückenlos aufgeführt wurden, fehlen solche Angaben ab den 1920er-Jahren weitgehend.[1] Es ist davon auszugehen, dass in diesem Zeitraum weitere Schauen veranstaltet wurden, die hier nicht erfasst sind. Ausgangspunkt weiterer Recherchen war die vom früheren Zoo-Archivar Winfried Gensch (1938–2021) erstellte Auflistung,[2] die um Angaben aus der Sekundärliteratur[3] sowie aus der zeitgenössischen Presse[4] ergänzt wurde. Auch zahlreiche Hinweise von Expert:innen wurden verarbeitet.[5]

Die Auflistung soll einen schnellen und knappen Überblick über die im Zoo vorgeführten Menschenschauen bieten und weitere Forschungen ermöglichen. Auf Einzelnachweise wurde aus Platzgründen verzichtet. Der **Zeitraum** der Schauen lässt sich meist relativ genau bestimmen. Allerdings lässt sich der Beginn oft schwer definieren, da der Tag der Ankunft einer Truppe meist nicht der Tag der ersten Vorführungen war. Einen festen **Titel** der Schaustellungen gab es in den meisten Fällen nicht, die Gruppen wurden unterschiedlich bezeichnet. Die Angaben zur mutmaßlichen Herkunft der Teilnehmenden [in eckigen Klammern] beziehen sich auf heutige Bezeichnungen von Staaten und Gruppen und sind damit mitunter problematische Zuschreibungen. Zudem waren manche Teilnehmende bei mehreren Schauen unter verschiedenen Titeln unterwegs, die nicht immer der wahren Herkunft entsprechen mussten. Schwierig ist auch die Kategorie **Unternehmer/Organisator**: Der Generalunternehmer war nicht immer der Initiator einer Schau und auch er konnte während der Tournee wechseln. Oft trug eine Vielzahl von Personen Verantwortung – von der Rekrutierung der Teilnehmenden bis zu deren Aufsicht vor Ort. Die **Zahl der Teilnehmenden** an einer Schau wurde meist veröffentlichten Anzeigen oder Berichten entnommen, sie konnte davon in der Realität abweichen. Dies gilt auch für die Darstellung des **Programms**, das verkürzt wiedergegeben wird. Das Programm sowie die Ausstattung wurden der Größe des Veranstaltungsorts und der vorhandenen Infrastruktur angepasst.

Wenn keine näheren Angaben recherchiert werden konnten, ist in der Tabelle ein Fragezeichen – ? – vermerkt. Bei historischen Titeln, die eindeutig rassistische Begriffe wie das N-Wort oder den abwertenden »Zwergen«-Begriff enthielten, wurde der Titel beibehalten, jedoch mithilfe einer Durchstreichung gebrochen.

---

1 Geschäftsberichte der Aktiengesellschaft des Zoologischen Gartens Dresden [bis 1932], Stadtarchiv Dresden, 9.2.6, 517/518/519. **2** GENSCH, WINFRIED: Völkerschauen und Schaustellungen im Zoologischen Garten Dresden seit 1878 (unveröffentlichtes Manuskript von 2002). **3** Insbesondere BALESHZAR, LYDIA: Völkerschauen im Zoologischen Garten Leipzig 1879–1931, in: Auf der Suche nach Vielfalt, Leipzig 2009, 427–448; BRÄNDLE, REA: Wildfremd, hautnah. Zürcher Völkerschauen und ihre Schauplätze, Zürich 2013; DREESBACH, ANNE: Gezähmte Wilde. Die Zurschaustellung »exotischer« Menschen in Deutschland 1870–1940, Frankfurt am Main 2013; STAEHELIN, BALTHASAR: Völkerschauen im Zoologischen Garten Basel 1879–1935, Basel 1993; THODE-ARORA, HILKE: Für fünfzig Pfennig um die Welt. Die Hagenbeckschen Völkerschauen, Frankfurt 1989. **4** Ausgewertet wurden insbesondere die digital erschlossenen Dresdner Nachrichten, https://digital.slub-dresden.de/werkansicht/dlf/223867/1 und die Dresdner Neuesten Nachrichten, https://digital.slub-dresden.de/werkansicht/dlf/201750/1 (Zugriffsdatum: 15.11.2022). **5** Danken möchte ich insbesondere Silvia Dolz, Mustafa Haikal, Robin Leipold, Petra Martin, Clemens Radauer, Hartmut Rietschel, Hilke Thode-Arora, Frank Usbeck und Bodhari Warsame.

JAHR	ZEITRAUM	TITEL [HERKUNFT, HEUTIGER STAAT]	UNTERNEHMER/ ORGANISATOR	PERSONENZAHL	PROGRAMM	BESONDERHEITEN
1878	1.4.–9.4.1878	»Eskimos« [Kalaallit Nunaat/Grönland]	Carl Hagenbeck, Johan Adrian Jacobsen	4-köpfige Familie, 2 weitere Männer	Hundeschlitten-Vorführung, Wurfspießen, Kajakfahren mit »Rolle« auf dem Ententeich	Die Ausgestellten waren christliche Inuit aus der Herrnhuter Siedlung Jacobshavn in der dänischen Kolonie Grönland.
1878	28.7.–11.8.1878	Nubier [Sudan]	Carl Hagenbeck, Bernhard Kohn, Johan Adrian Jacobsen, Adolph Schoepf	14 Männer, 1 Frau	Karawanenzug mit Tieren, Waffentanz	Es gab zur Völkerschau ein fotografisches Tableau des Dresdner Ateliers G. Locke zu kaufen.
1878	August/September 1878	»Hindus« [Vereinigtes Königreich]	Carl und Wilhelm Hagenbeck	8 Männer, 6 Frauen	»indische Hütten«, Alltagsszenen, Gesänge und Tänze, Scheingefechte, Reit- und Fahrszenen, Elefantendressuren	Die Teilnehmenden hatten zuvor in London als Hauspersonal gearbeitet, wurden für die Schau eigens eingekleidet und eingewiesen.
1879	5.4.–20.4.1879	»Lappländer« [Norwegen]	Carl Hagenbeck, Johan Adrian Jacobsen, Adolph Schoepf	6 Männer und Knaben, 2 Frauen, 2 Säuglinge	Zelte und Erdhütte, Einfangen von Rentieren mit Lasso, Schlittenfahrt, Webarbeiten der Frauen	
1879	27.5.–16.6.1879	»Die wilden Patagonier« [Aonikenk/Tehelche aus Chile]	Carl Hagenbeck, G. Schweers, Johan Adrian Jacobsen	1 Mann, 1 Frau sowie deren Sohn	Einfangen des Pferdes mit dem Lasso, Vorführung von Reit- und Jagdkünsten	Dresden war erste Station, nach einem Zwischenstopp in Berlin wurde die Tour wegen der Depression des Teilnehmers Pichocho abgebrochen.
1879	3.7.–16.7.1879	»Indianer«, »Irokesen« [Kanada]	Carl Reiche	9 Männer, 2 Frauen	verschiedene Szenen, darunter Schießen mit Pfeil und Bogen, Häuptlingswahl, Ballspiel, Tänze und Skalpier-Szene	
1879	25.7.–13.8.1879	»Nubische Karawane« [Sudan]	Carl Hagenbeck, Adolph Schoepf	14 Männer, 1 Frau	Leben in drei Rundhütten, Satteln und Reiten der Dromedare und Jagdpferde, Tänze und Scheinkämpfe, Waffentänze, Tierkarawane sowie Vorführungen der Handwerker	Ein Höhepunkt war am 8.8.1879 das »nubische Souper«: Ein Hammel wurde gebraten, das Publikum erhielt Fleischstücke.
1880	28.8.–12.9.1880	»Die Sudanesischen Panzerreiter« [Ägypten, Sudan]	Carl Hagenbeck, Josef Menges, Carl Reiche	6 Männer	Darbietungen mit zwei indischen Elefanten und vier Dromedaren, Tänze und Karawanenzüge sowie Kriegsspiele	
1880	21.9.–2.10.1880	»Nubier aus Toka«/»Nubier-Karawane« [Sudan]	Carl Reiche, E. Lohse	9 Männer, 3 Frauen, 5 Kinder	»häusliches und wirtschaftliches Leben«, »nationale Sitten«	
1882	12.8.–21.8.1882	Austral~~neger~~ [Australien]	Carl Hagenbeck	2 Männer, 1 Mädchen	Bumerang- und Lanzenwurf, Spiele und Tänze	Hagenbeck hatte die Truppe von dem Impresario Robert A. Cunningham übernommen.
1883	20.4.–30.4.1883	»Samojeden« [Russland]	Jurkiewitsch, Curt Terne	6 Personen, davon 1 Frau mit ihren 3 Kindern, 2 weitere Erwachsene	vor einer Jurte stellen die Frauen Handarbeiten und die Männer Waffen aus, Fahrten auf Rentierschlitten mit Rädern	
1883	Mai 1883	Austral~~neger~~ [Australien]	Louis Müller	1 Mann, 1 Frau	Bumerangwerfen, Baumklettern und Tänze	Die Schau war wahrscheinlich aus der auch im Vorjahr im Zoo gezeigten hervorgegangen.
1883	19.7.–25.7.1883	»Carl Hagenbeck's anthropologisch-zoologische Kalmückenausstellung« [Russland]	Carl Hagenbeck, Herman Behncke, Eduard Gehring	11 Männer, davon 2 buddhistische Priester, 8 Frauen, 3 Kinder	Vorführungen von Gerätschaften, Zeremonien der Priester, Abbau der Zelte, Karawanenzug mit Kamelen, Aufbau der Zelte	Dresden war die erste Station der Völkerschau, später trat die Gruppe in Berlin und Paris auf.
1883	September 1883	»Singhalesen« [Indien/Sri Lanka]	Carl Hagenbeck, Josef Menges, Johannes Castens	11 Männer, 6 Frauen, 2 Kinder	»heimatliche Sitten und Gebräuche«, Zauberkunststücke, Schlangenbeschwörung	
1884	1.4.–15.4.1884	»~~Affenmädchen~~ Krao«/»Siamesin Krao«	Guillermo Antonio Farini, George Shelly, Carl Bock	einzelne Person	Vorführung des Mädchens, das von Hypertrichose betroffen war	
1884	29.5.–8.6.1884	»~~Affenmädchen~~ Krao«/»Siamesin Krao«	Guillermo Antonio Farini, George Shelly, Carl Bock	einzelne Person	Vorführung des Mädchens, das von Hypertrichose betroffen war	

JAHR	ZEITRAUM	TITEL [HERKUNFT, HEUTIGER STAAT]	UNTERNEHMER/ ORGANISATOR	PERSONENZAHL	PROGRAMM	BESONDERHEITEN
1884	10. 8.– 20. 8. 1884	»Singhalesen-Karawane« [Indien, Sri Lanka]	Carl Hagenbeck	40 Personen	Tänze, Darbietungen mit 20 Arbeitselefanten, Umzüge, Zauberkünste, Taschenspiele	Die »Singhalesen-Karawane« war die größte Schautruppe, die Hagenbeck bis dahin engagiert hatte.
1885	20. 6.– 5. 7. 1885	»Sudanesen-Karawane« [Sudan]	Heinrich Möller	16 Männer	Karawanenzug auf Reittieren, Schwertertanz mit Scheingefechten, Alltagsleben in zwei Zelthütten	
1885	26. 8.– 9. 9. 1885	»Carl Hagenbeck's Somali-Expedition« [Sudan]	Carl und John Hagenbeck	15 Personen, davon 7 junge Männer	Reitkunststücke auf Straußen und einem »widerspenstigen« Wildesel, in den Pausen trat ein »singhalesischer Athlet« auf	Die Teilnehmenden kamen offenbar nicht aus Somaliland, sondern aus Nubien, dem heutigen Sudan. Im Winterhaus des Zoos wurde zeitgleich eine ethnografische Ausstellung mit Objekten von Josef Menges aus Somalia gezeigt.
1885	16. 10.– 1. 11. 1885	»Bella-Coola-Indianer« [Nuxalk aus Kanada]	Carl Hagenbeck, Johan Adrian, Filip Jacobsen	9 Männer	Vorführungen von Tänzen, deren Namen auf Tafeln über der Bühne angegeben wurden	Beworben wurde eine ethnologische Ausstellung zu den Nuxalk im Zoo-Restaurant.
1886	7. 5.– 23. 5. 1886	»Natal-Kaffer« [Zulu/AmaZulu, aus Südafrika]	Paul Kamann	18 Männer	Vorführungen von »Sitten und Gebräuchen«, Tanz, Spiel, Gesang, Wettlauf und Ringen	
1886	10. 6.– mind. 20. 6. 1886	»Afrikanische Erdmenschen« [San, wahrscheinlich aus Botswana]	Guillermo Farini	3 Männer, 2 Frauen, 1 Junge	»tanzartige Schritte und Sprünge«, »Tigerjagd«, Kriechen in einen Korb, der Erdhöhle gleichen soll, Kind raucht Zigaretten	
1886	29. 7.– 15. 8. 1886	»Sioux-Indianer« [überwiegend Oglala-Lakota aus den USA]	Frank Harvey	?	1,5-stündiges Programm mit Tänzen, Schießen mit Pfeil und Bogen, »Mädchenraub«, »Überfall einer Emigrantenfamilie«, »Postkutschenüberfall mit Todesopfern und Fluchtszene, Skalptanz«, auch Cowboys, ein »polnischer Jude« und eine »Mexikanerin« gehörten zu der Gruppe	Parallel wurde im Winterhaus des Zoos eine »ethnographische und künstlerische Ausstellung« des Malers Rudolf Cronau gezeigt.
1886	1. 9.– 12. 9. 1886	»Prinz Dido von Didotown mit Familie und Gefolge aus Kamerun«/ »Hagenbecks westafrikanische Kamerun-Expedition« [Kamerun]	Carl Hagenbeck, Fritz Angerer, Fritz von Schirp, John Hagenbeck, Eduard Gehring	8 Personen, darunter Samson Dido (Mambingo Eyum) mit 2 Frauen	Trommelkonzerte, »Fetisch- oder In-In-Tänze«, Gefechtsszenen, Trommelsprache und Kanufahrten	
1888	13. 6.– 8. 7. 1888	»Beduinen-Karawane« [Ägypten]	Ernst Pinkert, Willy Möller	14 Männer, 2 Frauen, 2 Kinder	Reit- und Kriegsszenen, darunter Karawanenzug (Auf- und Absatteln), Überfall auf eine Karawane, Hochzeitszug und Vorführung religiöser Bräuche	In Dresden besuchten die Teilnehmenden das Johanneum und die Rüstkammer.
1889	10. 5.– 26. 5. 1889	Krao, das ~~behaarte Affenmädchen~~«, »Siamesin Krao«	Guillermo Antonio Farini, George Shelly, Carl Bock	einzelne Person	Vorführung des Mädchens, das von Hypertrichose betroffen war	
1889	24. 8.– 8. 9. 1889	»Ost-Afrikanische Karawane« [Somalia]	Josef Menges	17 Männer, 4 Frauen, 6 Kinder	Kamelritt, Waffenübungen, »Szenen aus dem Kriegsleben«, Bogenschießen und Speerwerfen, Entführung von Kamelen, Kampf zwischen »Räubern und Verfolgern«, Kriegstanz, Straußenritt der jüngeren Teilnehmer:innen	Am 1. 9. 1889, einem »billigen Sonntag«, kamen 27 000 zahlende Besucher:innen in den Zoo, das galt als Rekordbesuch einer Völkerschau.
1890	19. 4.– 30. 4. 1890	»Beduinen-Karawane«	Ernst Pinkert, Willy Möller	35 Personen, darunter Frauen und Kinder	Beduinen-Lager, Wanderung mit Reitdromedaren und Pferden, »Paschafest« mit Musik- und Tanzdarbietungen, Gefechten und Schwertertanz	

JAHR	ZEIT-RAUM	TITEL [HERKUNFT, HEUTIGER STAAT]	UNTER-NEHMER/ ORGANI-SATOR	PERSONEN-ZAHL	PROGRAMM	BESONDERHEITEN
1892	28. 7.–16. 8. 1892	»Guiana-Indianer« [Suriname, Guyana]	?	21 Personen, darunter Frauen und Kinder	»Sitten und Gebräuche«, »Tänze und Gesänge«	Drei Teilnehmende waren zuvor in Paris gestorben.
1892	25. 8.–11. 9. 1892	»Kolibri«-Truppe [kleine Europäer:innen aus unterschiedlichen Ländern]	Gustav Münstedt	9 Männer und Frauen	Musikdarbietungen, Schauspiele wie Besuch eines Salons und Mahlzeiten, Seilkunststücke	
1893	2. 7.–17. 7. 1893	»Suaheli-Karawane« [Tansania, Mosambik]	?	7 Männer, 7 Frauen, 2 Kinder	Tänze, Wasserspiele und eine Überfallszene, Gesang und Musik	Während der Schau besuchten laut den Dresdner Nachrichten 50 000 Menschen den Zoo.
1893	29. 7.–12. 8. 1893	»Wahehe« [Hehe aus Tansania]	?	17 Männer, 7 Frauen, 3 Kinder	Programm mit Begrüßung des Häuptlings, Brautwerbetanz, Scheingefecht, Bestrafung eines Diebes, Überfall eines Dorfes	
1894	1. 2.–21. 2. 1894	»Lappländer-Colonie« [Norwegen]	Christian Jakobsen	22 Männer, Frauen und Kinder, mit dabei: »der kleinste Norweger Ole Olsen«	Aufbau der Zelte, Einfangen der Rentiere mit dem Lasso, Einspannen und Beladen der Tiere, Wanderung, Wiederaufbau der Zelte, Schneeschuhlaufen und Lassowerfen, häusliche Arbeiten, Spiele	Parallel wurde im Konzerthaus des Zoos eine ethnologische Sammlung zu »Lappländern« gezeigt.
1894	21. 4.–6. 5. 1894	»Kolibri«-Truppe [kleine Europäer:innen aus unterschiedlichen Ländern]	Gustav Münstedt	9 Männer und Frauen	»Galaauffahrt im Prachtwagen«, »Vorführung dressierter Miniatur-Elefanten«, Gesang und Tanz	
1894	9. 5.–23. 5. 1894	»Miss Krao«/ »Siamesisches Haarmädchen«	Guillermo Antonio Farini, George Shelly, Carl Bock	einzelne Person	Vorführung des Mädchens, das von Hypertrichose betroffen war	
1894	20. 6.–8. 7. 1894	»Dorf der Dinka« [Südsudan]	Willy Möller, Eduard Gehring	27 Männer, 11 Frauen, 4 Kinder	nachgebautes Dorf mit »Häuptlingshütte«, häuslichem Leben, Gerätschaften, Aufführungen mit »Einzug des Häuptlings«, Kriegstänzen, Kampfspielen	
1895	14. 8.–8. 9. 1895	»Original-Texas-Cowboy-Truppe« [USA]	Willam Caspar	?	Lassowerfen, Prärie-Post, Cowboysport, Kunstschießen, Wettrennen	
1896	2. 5.–27. 5. 1896	»Somalis«/»Ost-Afrikanische Karawane aus dem Somalilande« [Somalia]	Josef Menges	25 Männer, 4 Frauen, 4 Kinder	Frauen flechten Körbe, Schmiede fertigen Lanzen und Pfeilspitzen, Messer und Schwertklingen, Programmpunkte: Tänze, Kampfspiele, Scheingefechte und Dialoge	Dresden war der erste Auftrittsort der Völkerschau.
1896	20. 6.–12. 7. 1896	»Miniatur-Künstlerin Prinzess Topaze« [Frankreich]	G. de Saint Merc	einzelne Person	Auftritt der kleinen jungen Frau als Soubrette, Chansonette, Ballett- und Serpentinentänzerin	
1896	26. 8.–14. 9. 1896	»Samoaner-Truppe« [Samoa]	Fritz und Carl Marquardt	22 Frauen, 3 Männer	Gesänge und Tänze der Frauen, Faustkämpfe, Kawa-Zeremonie, Braten eines Schweins	Vermarktet wurden insbesondere die »samoanischen Mädchenschönheiten«.
1897	18. 5.–9. 6. 1897	»E. Gehrings Kalmücken-Karawane« [Russland]	Eduard Gehring	13 Männer (darunter zwei Priester), 6 Frauen, 13 Kinder	Zeremonien der Priester, Reitvorführungen, Lassowerfen, Tänze, Gitarrenspiel, Karawanenzug mit Kamelen und Pferden	
1897	26. 6.–12. 7. 1897	»Samoaner-Truppe« [Samoa]	Fritz und Carl Marquardt	22 Frauen, 3 Männer	Gesänge und Tänze der Frauen, Faustkämpfe, Kawa-Zeremonie, Braten eines Schweins	Die Schautruppe gastierte zum zweiten Mal in Dresden.
1898	19. 4.–22. 5. 1898	»Aschanti-Dorf« [Asante aus Ghana]	Viktor Bamberger	76 Personen zu Beginn, ab dem 2. 5. 1898 weitere 16 Personen	Zubereitung und Verspeisen von Mahlzeiten, Schulunterricht mit 20 Schüler:innen, Handwerker-Vorführungen	
1898	8. 6.–26. 6. 1898	»Kirgisen und Tartaren«/»Das Leben in den kirgisischen Steppen«	Eduard Gehring	34 Männer, Frauen und Kinder	Tänze, Ringkämpfe, Musikdarbietungen, Vorführung einer Herde Kamele und eines Jagdfalken	

JAHR	ZEIT-RAUM	TITEL [HERKUNFT, HEUTIGER STAAT]	UNTERNEHMER/ ORGANISATOR	PERSONENZAHL	PROGRAMM	BESONDERHEITEN
1899	18.4.–4.5.1899	»Senegambier-Dorf«, »Senegaldorf«	Ferdinand Gravier	80 Männer, Frauen und Kinder	Tänze und »Kriegsspiele«, Alltagsleben in nachgebautem Dorf mit Unterricht der Kinder, Handwerker-Vorführungen	
1899	18.7.–14.9.1899	»Aschanti-Dorf«/»Aschantis von der Goldküste Afrikas« [Asante aus Ghana]	Viktor Bamberger?	ca. 90 Personen, darunter 20 Kinder	Dorfleben mit Handwerker-Vorführungen und Kochen der Frauen, Schulunterricht, auf der Schaubühne u. a. Aufführung eines »Fetischtanzes«	Die Gruppe war bereits im Vorjahr im Zoo aufgetreten.
1899	26.8.–19.9.1899	»Wild-West-Show von Sioux-Indianern, Cowboys und Girls« [USA]	Pullmann	13 »Indianer« (9 Männer, 2 Frauen und 2 Kinder), außerdem Mexikaner:innen als Cowboys/Vaqueros	Gebräuche und Zeremonien, Gesänge und Tänze, Pfeil- und Bogenschießen, Tomahawk- und Messerwerfen, Lassowerfen, Verfolgungs- und Schießszenen, Leben im »Indianerdorf«	
1900	14.4.–6.5.1900	»Hagenbeck's Indische Karawane«/Malabaren-Truppe [Indien]	John und Gustav Hagenbeck	ca. 45 Männer, Frauen und Kinder	»indisches Dorf«, u. a. mit Tempel und Schule, Zauberkunststücke, Feuer- und Seiltänze sowie Basar zum Verkauf von Waren	
1900	23.8.–16.9.1900	»Riffaia-Truppe aus Nordafrika. Tanzende und heulende Derwische« [Marokko]	R. Pollack	20 Männer	Darstellung von Praktiken »aus der Kulturwelt des Islam«, Tänze, Gesänge und Musik	
1901	16.3.–28.4.1901	»Behaarte Siamesin Krao«	Guillermo Antonio Farini, George Shelly, Carl Bock	einzelne Person		»Krao« war zum vierten Mal in Dresden. Sie wurde parallel mit einem präparierten »RiesenGorilla« im Zoo gezeigt, beide wurden gemeinsam als »Naturwunder« beworben.
1901	1.6.–16.6.1901	»Samoaner-Truppe«/»Samoa – unsere neuen Landsleute« [Samoa]	Fritz und Carl Marquardt	8 Männer, 17 Frauen, 1 Kind	Lieder, Tänze, Kawa-Zeremonie, Faustkämpfe, festlicher Ta'alolo-Umzug, Klettern auf Palme, Rede von Te'o Tuvale	
1901	11.8.–5.9.1901	»Beduinen-Karawane« [Sudan]	?	50 Männer, Frauen und Kinder	Karawanenzug, Überfallszene, Reitkünste, Esel- und Kamelrennen, Tänzerinnen, Musiker, Wahrsager, Basar und Handwerker, Nuss- und Maisröster, Verkauf von Mokka	
1902	8.5.–22.5.1902	»Les Colibris«, zusammen mit »James Folley, der größte Mann«	Gustav Münstedt	6 Männer, 3 Frauen	Einzug der kleinen Personen in Miniaturkutsche und auf kleinen Pferden, artistische Kunststücke, Gesang und Tänze, Minstrel-Quartett mit Blackfacing	
1902	4.6.–24.6.1902	»Die Malabaren«/»J. & G. Hagenbeck's Malabaren-Truppe« [Indien, Sri Lanka]	John und Gustav Hagenbeck	?	Dorf mit Bambushütten, Basar, Schule, Festumzüge, Zauberer, Jongleure, Tempeltänzerinnen, Akrobaten, Bären-Ringkämpfer sowie Handwerker	
1904	27.5.–14.6.1904	»Die Tunesen« [Libyen, Tunesien]	Carl Marquardt	33 Personen	muslimisches Gebet, Umzug der Straßengaukler, Tänze, Schlangenbeschwörer, Fakir, »Szene vom Sklavenmarkt von Tunis«, »Hochzeitszug der Beduinen«, Reitmanöver, Umzug mit Karawane, arabisches Dorf mit Handwerkern	
1905	13.4.–7.5.1905	»Indien«/»Große indische Ausstellung« [Indien, Sri Lanka]	John und Gustav Hagenbeck	71 Personen	Tierdressuren, Zauberer, Feuerspeier	

JAHR	ZEIT-RAUM	TITEL [HERKUNFT, HEUTIGER STAAT]	UNTER-NEHMER/ ORGANI-SATOR	PERSONEN-ZAHL	PROGRAMM	BESONDERHEITEN
1905	11.5.–4.6.1905	»Futa-Karawane« [Wolof und Tukulor aus Senegal bis Guinea]	Carl Marquardt	ca. 50 Personen	Einzug des Sultans, Schlangen-Fetisch-Tanz, »afrikanische Justiz«, »Verbannung der bösen Geister vor dem Hausbau«, Überfall einer Karawane, Sklavenraub und Befreiung, festlicher Umzug	Dresden war der erste Gastspielort der Schau, zuvor war die Anreise über Marseille erfolgt.
1906	28.4.–20.5.1906	»Afrika-Ausstellung« [Tschad, Niger, Sudan]	Carl Marquardt	52 Männer, Frauen und Kinder	Umzüge mit Pferden, Waffen-, Tanz- und Gaukelspiele, Musik und »Szenen aus dem heimatlichen Leben«, Handwerker	
1907	20.9.–6.10.1907	»Wildafrika«	Carl Marquardt	70 Personen, darunter Kinder	Reitszenen und Dorfleben mit Kaffeeverkauf	
1908	24.5.–21.6.1908	»Die Gallas« [Somalia]	Carl Hagenbeck	40 Männer, Frauen und Kinder	Karawanenzug, Tierszenen mit Löwen und Affen, »heimatliche Sitten und Gebräuche«	Die Teilnehmenden waren keine »Gallas« (Oromo aus dem heutigen Äthiopien), sondern Somali unter der Leitung von Hirsi Egeh. Es gab eine Fotoausstellung von Oskar Bohr zu »Gallas« in den Redaktionsschaukästen der Dresdner Nachrichten.
1909	29.4.–23.5.1909	»Sudanesendorf«	Carl Marquardt	45 Personen	Karawanenzug, Gerichtstag mit Übergabe der Beute, Überfallszene, Scheinkämpfe, Kriegstanz, Straßengaukler, Musikanten, Sänger, Fakire und Tänzerinnen.	Der historische Begriff »Sudan« umfasst hier als kulturgeographische Zuordnung eine Region, die vom Staat Sudan über den gesamten Sahelgürtel bis Mauretanien reicht. Die Teilnehmenden stammten wahrscheinlich aus dem heutigen Niger und aus Tschad, Algerien, Marokko, Tunesien und Libyen. Hinzu kamen genutzte Kulturelemente der Bedja/Hadendoa/Beni Amer aus dem Sudan wie Waffen und Schilde. Das Publikum konnte aufgebaute Hütten und Zelte auch von innen besichtigen.
1909	8.7.–8.8.1909	»Wild-West-Show« [USA]	P. Schultze	?	»Indianerlager« sowie Blockhütte, Reitkünste, Lassowerfen und Aufheben von Gegenständen im Galopp, Angriff der Indianer auf das Blockhaus des Trappers, Cowboys eilen zur Hilfe und vertreiben Indianer	
1910	Januar 1910	»Deer Family« mit Esther White Deer [USA]	Deer Family	?	Gesang, insbesondere durch Esther White Deer, und »indianische Szenen«: »Skalpier- und Begräbnisszene«, Darstellung »Indianer der Vergangenheit« mit Lagerfeuer, Kriegstanz, Überfallszene, Heilung durch »Medizinmann«	Die Aufführungen fanden nicht auf der »Völkerwiese« des Zoos, sondern in der Konzerthalle des Zoos statt.
1910	28.4.–18.5.1910	Das afrikanische Dorf« [Tunesien, Libyen, Algerien, Niger, Tschad]	Carl Marquardt	46 Personen	Dorfleben, Ruf des Muezzins, Reitkunststücke, Schlangenbeschwörung und Tänze, Schauspiel eines Hochzeitsfests »aus Zentralafrika«	
1910	18.6.–17.7.1910	»Zirkus Liliput«	Gustav Münstedt	?	kleine Menschen ziehen in Miniaturkutschen auf die Zirkusbühne, zeigen artistische Kunststücke, Musik und Tänze, Ritt auf kleinen Ponys	
1910	23.8.–13.9.1910	»Samoa«/»Fürst Tamasese mit Familie« [Samoa]	Fritz und Carl Marquardt	ca. 20 Frauen, 8 Männer und Kinder	Lieder, Tänze, Kawa-Zeremonie, Faustkämpfe, festlicher Ta'alolo-Umzug, Klettern auf Palme, Wasserrutschen, Schwein in Backgrube zubereitet	Der Zoo bot jeden Tag einen Lichtbilder-Vortrag zu Samoa im Saal des Konzerthauses.

JAHR	ZEIT-RAUM	TITEL [HERKUNFT, HEUTIGER STAAT]	UNTER-NEHMER/ ORGANI-SATOR	PERSONEN-ZAHL	PROGRAMM	BESONDERHEITEN
1911	6.9.–28.9.1911	»Kairo bis zum Sudan« [Ägypten, Sudan]	Edgar Engel	mind. 40 Personen	Umzug mit Kamelen und Eseln, Rundtanz, Bauchtänzerinnen, Schwertgefecht, Derwische, Wahrsager, Handwerker, Lehrer mit Schülern	Wer die Schau besuchte, konnte für 20 Pfennige ein Kamel besteigen, im arabischen Café wurde Mokka ausgeschenkt, Süßigkeiten wurden verkauft.
1913	2.7.–13.8.1913	~~»Zwerg«~~-Zirkus«/»Singersche ~~Zwerge~~«	Leopold von Singer	ca. 25 Männer und Frauen	Auffahrt in kleinen Wagen, Akrobatik, Clownszenen, Operettenduette, Reit- und Seilkünste, Tänze, »humoristischer Ringkampf«, Elefantendressur	
1921	3.9.–10.10.1921	»Afrikanisches Dorf«/»Sudanesen-Truppe«	John Hagenbeck	20 Männer, Frauen und Kinder	Dorfleben, Kriegs- und Festtänze, Leichtboxkämpfe	Parallel zeigte Hagenbeck eine Löwendressur mit 27 Tieren. Während der Schau fanden Dreharbeiten für den Film »Die Rache der Afrikanerin« im Zoo statt.
1924	17.4.–15.5.1924	»Kamerun-Truppe«/»Bahadi-Ezzat-Truppe« [Kamerun]	?	10 Männer, 5 Frauen, 6 Kinder	?	
1924	8.7.–27.7.1924	Singhalesenschau«/»Ceylon im Zoo« [Indien, Sri Lanka]	John Hagenbeck	30 Männer, Frauen und Kinder	»Dorfplatz mit Bazar«, Musikdarbietungen, »Tempeltänzer« und Zauberer, Handwerker, Vorführungen von Arbeitstieren, darunter Elefanten	
1925	23.4.–12.5.1925	»Lappen-Schau«/»Nordland-Schau« [Finnland]	Ludwig Ruhe, Franz Dubbick	4 Familien	Hunde jagen Rentiere aus dem Gepferch, Rentiere werden mit Lassos eingefangen, Einspannen der Tiere in die Schlitten, die über den Sand fahren, Wanderpause mit Errichtung eines Zeltes, Frauen singen Kinder in den Schlaf	Der Künstler Peter August Böckstiegel fertigte Porträts von Teilnehmenden an.
1925	4.8.–16.9.1925	»John Hagenbeck's Indien-Schau« [Indien, Sri Lanka]	John Hagenbeck	60 Personen	Dorf mit Schule, Handwerker, Verkaufsbuden, Gaukler, Zauberer, Schlangenbeschwörer und Akrobaten, Tänze, Schau mit Arbeitselefanten	Die Schautruppe umfasste über 100 Personen. Während der Zeit in Dresden war die Gruppe geteilt worden, der andere Teil trat offenbar gleichzeitig in Chemnitz auf.
1926	5.8.–22.8.1926	»Somalidorf aus Abessinien« [Äthiopien, Somalia]	John Hagenbeck, Eduard Gehring, Ludwig Ruhe, Otto Müller	60 Personen	Schauprogramm mit Musik und Tänzen, offene Küche mit riesigem Kessel, Verkauf von Popcorn, Darbietungen von Handwerkern	
1931	7.7.–3.8.1931	»Lippen-~~Negerinnen~~« vom Stamme der Sara-Kaba« [Tschad]	Friedrich Wilhelm Siebold	9 Frauen, 3 Männer	Präsentation der Frauen mit den »Lippentellern«, Darbietungen mit Trommelmusik und Tänzen	
1934	September/Oktober 1934	»Ägyptertruppe mit Zauberern und Handwerkern«	Hassan Ali?	?	Budendorf mit Zauberkunststücken, Schlangenbeschwörung, Handwerker-Vorführungen	

PICHOCHO

»Pichocho«, wie er auf Spanisch genannt wurde, stammte aus dem südlichen Patagonien (heute Chile). Wir wissen kaum etwas über sein Leben, noch nicht einmal sein Name ist gesichert. Wahrscheinlich hatte ihn eine Gruppe von Aonikenk zum Vorsteher bestimmt. Pichocho muss etwa 40 Jahre alt gewesen sein, als es ihn nach Europa verschlug und er 1879 im Dresdner Zoo auftreten musste. Dort wurde er als »Pikjotkje« vorgestellt.

Im März 1879 hatte Pichocho sich in Punta Arenas (heute Chile) von einem Schiffskapitän für eine Völkerschau Carl Hagenbecks verpflichten lassen. Auch wenn Pichocho etwas Spanisch sprach, konnte er nicht ahnen, was ihm bevorstand: Mit einer ihm unbekannten Frau namens »Bazinka« und deren Sohn »Luiz« musste Pichocho das Familienleben von »wilden Patagoniern« darstellen. Zweite Station der Tour war im Mai/Juni der Dresdner Zoo. Pichocho litt darunter, vom Zoopublikum bestaunt zu werden.

Innerhalb von wenigen Tagen geriet Pichocho in eine starke Depression, saß nur noch teilnahmslos vor seinem Zelt. Eines Morgens sattelte er sein Pferd und forderte den Völkerschau-Leiter Adrian Jacobsen auf, ihm den Weg nach Hause zu zeigen. Als dieser ihm die Unmöglichkeit einer schnellen Rückkehr klar machte, weinte Pichocho und begann, seinen eigenen Leichengesang zu singen. So erzählte es jedenfalls Jacobsen. Pichocho war so schwer erkrankt, dass die Völkerschau abgebrochen werden musste.

Bevor er die Heimreise antreten konnte, wurde er von Dresden nach Berlin gebracht, wo er erneut einer gewaltvollen Praxis ausgesetzt wurde: Der Berliner Anthropologe Rudolf Virchow nahm von ihm Wachsabdrücke ab. Die gleichzeitig entstandenen »anthropologischen« Fotografien zeigen die tiefe Verzweiflung Pichochos. Wir haben uns entschieden, auf diese problematischen Abbildungen in der Illustration nur angedeutet zurückzugreifen.

Volker Strähle

Andrea Rudolph

NAME gesucht, GESCHICHTE gefunden

Eine Puppe als Zeugnis Dresdner Völkerschauen

Eine Puppe in einem rot-weiß gestreiften Kleid wartete darauf, gemeinsam mit den anderen Puppen aus der Spielzeugsammlung des Stadtmuseums Dresden online in der digitalen Sammlungsdatenbank präsentiert zu werden. Doch etwas sprach noch dagegen: Bei der Übertragung der Informationen von der papierenen Karteikarte aus dem Jahr 1983 in die Museumsdatenbank Anfang der 2000er-Jahre war der in den 1980er-Jahren noch gängige, heute rassistisch bewertete Begriff »N*-Puppe« als Bezeichnung übernommen worden. Um für die digitale Welt sichtbar zu werden, galt es daher, einen anderen Namen für die Puppe zu finden. Darüber hinaus stellte sich die Frage, wie sie – eine der gerade einmal drei schwarzen Puppen in der Sammlung – aus rassismuskritischer Sicht zu bewerten sei und wie sie in das Stadtmuseum gelangt war.

Recherchen zeigten, dass die Waltershausener Puppenfabrik J. D. Kestner jun. bei der Herstellung der Puppe um 1905 auf dasselbe Kopfmodell zurückgegriffen hatte wie bei ihren weißen Puppen. Es handelt sich um einen Celluloidkopf der Marke Schildkröt, der lediglich mit dunkler Farbe überzogen worden war. Dies unterscheidet die Puppe von anderen Fabrikaten, die ethnische Merkmale mehr oder minder realistisch oder aber überzeichnet wiedergaben. Auch die hölzernen und aus Masse gefertigten Gliedmaßen waren braun gefasst worden. Bis auf die dunkle Hautfarbe, die schwarze Echthaarperücke und die braunen Glasaugen unterschied sich die Puppe damit nicht von den weißen Varianten des Herstellers mit der Seriennummer 200.

Die alten Zugangsunterlagen hielten eine Überraschung bereit: Die einstige Puppenbesitzerin – eine Krankenschwester und Tochter des Juristen und späteren Dresdner Stadtrats Wilhelm Christer (1872–1911) – hatte 1973 ihrer Schenkung einen maschinenschriftlichen Bericht beigefügt. Darin schrieb sie, dass sie die Puppe 1906 als sechsjähriges Mädchen im Dresdner Zoo bei einem Besuch einer Völkerschau geschenkt bekommen hatte. Ihr Onkel und ihre Tante hatten einen der Teilnehmer der Schau – vermutlich die im April/Mai 1906 veranstaltete »Afrika-Ausstellung« des Impresarios Carl Marquardt (1860–1916) – für die Übergabe engagiert. »Er hob mich hoch auf seinen Arm und hielt sie mir vor. Aber ich schrie und fürchtete mich zuerst. Er schaukelte mich auf dem Arm und ging mit mir und dem Püppchen zu kleinen schwarzen Kinderchen und deren Mutti, und weil die Alle so freundlich waren[,] beruhigte ich mich[,] und schließlich wurden wir noch gut Freund.«

Ihre Puppe nannte sie »Seeli«. Den Namen hatte sie als Kind von »Suleika« in »Seelika« abgeleitet und dies zu »Seeli« als Kosename abgekürzt. Die Schenkerin bewahrte ihre Puppe im Originalkleid mehr als 65 Jahre auf, bevor sie sie an das Stadtmuseum übergab. Als Kurbelkopfpuppe (Serien-Nr. 200) mit Spitzname »Seeli« ist sie nun als Erinnerungsstück an eine Dresdner Völkerschau Teil der Sammlung und online präsent.

Kurbelkopfpuppe (Serien-Nr. 200) von J. D. Kestner jun., Waltershausen, und der Rheinischen Gummi- und Celluloid-Fabrik, Mannheim-Neckarau. Celluloid, Masse, Holz, Textil, Echthaar, Glas, 1906

Julia Bienholz-Radtke und Kathryn Holihan

»OSTASIEN will AUSRÜCKEN«

Völkerschauen auf der
Internationalen
Hygiene-Ausstellung 1911

Auf der ersten Internationalen Hygiene-Ausstellung (IHA), die zwischen Mai und Oktober 1911 in Dresden stattfand, waren gleich drei sogenannte Völkerschauen aufgebaut: ein »Abessinisches Dorf«, eine »Ostasiatische Ecke« sowie ein »Marokkanisches Theater« mit insgesamt über 100 Teilnehmer:innen. Sie waren von der englischen Firma Continental Enterprises Limited London organisiert worden. Als Generaldirektor trat der Impresario Victor Bamberger auf.[1] Dass gleich mehrere Völkerschauen mit aufwendiger Inszenierung auf der IHA in Dresden vertreten waren, spiegelt die Beliebtheit derartiger Schauen im frühen 20. Jahrhundert eindrücklich wider. Angesichts dieser Popularität verwundert es nicht, dass sich die Dresdner Ausstellungsorganisatoren um den Industriellen und späteren Gründer des Deutschen Hygiene-Museums Karl August Lingner (1861–1916) – in Anlehnung an die populären Weltausstellungen – für eine Zurschaustellung außereuropäischer Menschen auf der IHA entschieden hatten, die auch über weitere Vergnügungsangebote wie einen Tanzsalon, ein Marionettentheater oder eine Rodelbahn verfügte.[2] Die Wissensvermittlung zu Gesundheitsfürsorge und Krankheitsprävention stand zwar im Vordergrund der Großschau. Sie war jedoch nicht nur an Wissenschaftler:innen gerichtet, sondern sollte ein möglichst breites, auch internationales Publikum ansprechen.[3]

Bislang haben Organisation und Programm der auf dem Ausstellungsgelände präsentierten Völkerschauen kaum Beachtung erfahren. Auch die Fragen nach den Mitteln und Intentionen der vielfältigen Zurschaustellungen und Repräsentationen außereuropäischer Menschen im Rahmen der IHA wurden in der Forschungsliteratur nicht berücksichtigt.[4] Daher wird im Folgenden ein erster Überblick über die drei Völkerschauen sowie über damit thematisch verknüpfte Ausstellungsbereiche skizziert.

»ABESSINISCHES DORF«

Continental Enterprises Limited London war bereits vor 1911 mit Völkerschauen im Deutschen Reich aktiv. Ab 1905 präsentierte das Unternehmen ein »Abessinisches Dorf« oder »Somali-Dorf«, unter anderem auf der Landesausstellung in Oldenburg (1905), in den Zoologischen Gärten in Köln (1905) und Leipzig (1906), auf der Jubiläumsausstellung in Mannheim (1907) sowie auf der Gewerbe- und Industrieausstellung in Zwickau (1907).[5] 1910/11 scheint die Schau im Lunapark Berlin gezeigt worden zu sein.[6] Für die Stationen in Oldenburg und Mannheim liegen bereits Beschreibungen zu Organisation und Ablauf vor.[7] Ein Katalog der Kölner Schau von 1905 gibt einen Einblick in das Programm: Ein »naturgetreu« gestaltetes Dorf war aufgebaut worden, in dem 75 Frauen, Männer und Kinder vom »Stamm Essa« regelmäßig Vorführungen mit Tanzeinlagen und Kampfszenen gaben. In einer Schule wurden Kinder unterrichtet, auf einem Basar Handwerksobjekte zum Verkauf angeboten.[8] Als besonderer Höhepunkt fand – bei mehreren Stationen – eine inszenierte »Hochzeit« im »Abessinischen Dorf« statt, die mit einer Zeremonie und einem Festumzug begangen wurde.[9]

In Dresden scheinen Aufbau und Ablauf der Schau des »Abessinischen Dorfs« ähnlich gewesen zu sein. So berichteten die Dresdner Neuesten Nachrichten nach einem Presserundgang im Mai 1911: »Ueber dem Dorfe thront der Turm der Moschee, die jener von Harar nachgebildet ist; und zur Stunde des Gebets steigt der Mullah zum Turme hinauf, um die Abessinier […] zum Gebete zu rufen. […] Ein ganz jugendlicher, freundlich lächelnder, intelligenter Abessinier formt gewandt kunstvolle Gefäße, ein Schuhmacher fertigt Sandalen […]. Unterdes haben sich am Hause des Scheiks die Krieger versammelt. […] Schöne, kräftige

1
Miniaturmodell des Eingangstors zum »Abessinischen Dorf« für die Internationale Hygiene-Ausstellung, um 1910

2
Historische Ansicht des Eingangstors. Fotografie Nr. 26 aus dem Album »Internationale Hygiene-Ausstellung Dresden, 6. Mai bis 31. Okt. 1911, Fotodokumentation der Ausstellung«, Bd. 1, 1911

Gestalten, denen die dunkle, glänzende Haut einen eigenen Reiz verleiht, schwingen die Speere [...].«[10] Diese positive Besprechung des »Abessinischen Dorfs« stimmt mit anderen idealisierenden Beurteilungen insbesondere von Somali-Völkerschauen Anfang des 20. Jahrhunderts überein.[11]

Der imposante Eingang zum »Abessinischen Dorf« lag an der damaligen Johann-Georgen-Allee (heute: Lingnerallee) in fußläufiger Distanz zum Städtischen Ausstellungspalast, in dessen Umgebung die zentralen Ausstellungsbereiche zu finden waren. Der Dresdner Architekt Martin Pietzsch (1866–1961), der auch für weitere Bauten der IHA verantwortlich war, hatte das Gebäude entworfen, dessen Errichtung offenbar von der englischen Betreiberfirma der Völkerschau bezahlt wurde.[12] Der Standplatz war der Firma Continental Enterprises Limited London zwar mietfrei überlassen worden, dafür mussten aber Anteile an den Einnahmen an die IHA weitergegeben werden.[13]

Im Laufe der Ausstellungszeit kam es zwischen dem Generaldirektor der Völkerschauen, Victor Bamberger, und dem Ausstellungsamt der IHA zu größeren Konflikten, die über Gerichtsverfahren sowie in der Presse ausgetragen wurden.[14] Beide Seiten warfen sich Vertragsbruch vor. Am 16. August 1911 erschien unter dem Titel »Ostasien will ausrücken« ein erster Artikel zum Disput, nachdem eine Woche zuvor mindestens 18 Teilnehmer:innen der Völkerschau »Abessinisches Dorf« »aus Gründen disziplinärer Natur«[15] zur Abreise gezwungen worden waren. Die Dresdner Ausstellungsleitung war sofort alarmiert und reagierte umgehend: Bewaffnete Sicherheitsbeamte der für die IHA tätigen »Wach- und Schließgesellschaft« wurden damit beauftragt, »die ganze Nacht hindurch alle Ausgänge streng zu bewachen und jeden ›ruckenden‹ Schwarzen oder Gelben am Schlafittchen festzuhalten«.[16] Als Begründung erging folgende Mitteilung an die Presse: »Die Ausstellungsleitung fühlt sich der Dresdner Bürgerschaft gegenüber moralisch verpflichtet, zu verhüten, daß Angehörige exotischer Völkerstämme mit ihren naiven moralischen und sittlichen Anschauungen in der Stadt sich unbeaufsichtigt in dunkler Nacht herumtreiben [...].«[17] Dieses Vorgehen zeigt eindrücklich, mit welcher Willkür und sogar gewaltsamen Maßnahmen Teilnehmer:innen von Völkerschauen – trotz meist bindender Verträge mit Impresarios und Ausstellungsorganisatoren – behandelt werden konnten und wie diese Eingriffe in die persönliche Freiheit argumentativ gerechtfertigt wurden. Offenbar durften einzelne Völkerschau-Teilnehmer:innen das Ausstellungsgelände erst nach Vermittlung des britischen Konsuls wieder verlassen – soweit bekannt jedoch zunächst lediglich, um die Fleischversorgung der Äthiopier:innen sicherzustellen, die selbstständig und unter Einhaltung religiöser Vorschriften Tiere am Ausstellungsort schächteten.[18]

»OSTASIATISCHE ECKE« UND »MAROKKANISCHES THEATER«

Neben dem »Abessinischen Dorf« waren noch weitere Unterhaltungsangebote mit der Zurschaustellung außereuropäischer Menschen verbunden, die direkt auf dem Ausstellungsgelände am Städtischen Ausstellungspalast präsentiert wurden. Ein eindrückliches Beispiel war die »Ostasiatische Ecke«, die ein »Tages-Programm von 12 Uhr mittags bis 12 Uhr nachts« bot.[19] Als »Orientalisches Leben« auf dem offiziellen Ausstellungsplan bezeichnet, umfasste sie hybride und pauschale Fantasien von Ost- und Südasien. Hier wurde ein »ostasiatisches Strassenleben« imitiert: Auf einem »Bazar« waren indische Spiele und japanisches Kunsthandwerk zu sehen. In einer »indischen Säulenhalle« präsentierten sich »Gaukler, Schlangenbeschwörer, Nautchgirls, Jongleure, Feuerfresser, Degenschlucker

3
Fotopostkarte »Internationale Hygiene-Ausstellung ›Ostasien‹«. Unbekannter Verlag, 1911

4
Fotopostkarte mit Ansicht des »Marokkanischen Cafés« auf der IHA 1911. Druck Louis Glaser, Leipzig, 1911

etc.« sowie »echte Geishas« im Rahmen von Vorführungen, die mehrmals am Tag zu festgelegten Zeiten stattfanden.[20] Dieses exotisierende Spektakel wurde von der Musik des schwarzen amerikanischen Klavierspielers und Sängers Fred Anderson begleitet.

Die Präsentation erfolgte also entsprechend der Stereotype, die in der deutschen Bevölkerung im frühen 20. Jahrhundert existierten und über die Völkerschauen noch verstärkt wurden.[21] Für indische Gruppen bedeutete dies beispielsweise, dass sie als Vertreter:innen »eines exotischen Landes, das zwar Parallelen zur europäischen Kultur aufweist, aber doch stets [...] fremd bleibt«, vorgestellt wurden.[22] Magie und Mystik, Tanz und Musik gehörten genauso wie ein ausgereiftes Kunsthandwerk zur Vorführung dazu.[23]

Die Berichte der Besucher:innen bestätigen, wie derartige Stereotype bedient und bereitwillig aufgenommen wurden. Ein Reporter für die deutsche Zeitung »Daheim«, Fr. Otto, erzählte von seiner Erfahrung in der »Ostasiatischen Ecke«: *»Da saßen Japaner mit ihrem sprichwörtlichen Fleiß, und ein dicker, wohlbeleibter Indier, der auf einem Podium hockte, beehrte mich mit einer englischen Ansprache, aus der ich die Worte: Fakir, wonderful, Trick, Cobra, Bomban, Gentleman und dangerous behalten habe. Dann holte er sich zum Hohn auf all die Hygiene, die noch in mir nachzitterte, ein halbes Dutzend immer größer werdender Kugeln aus dem Mund, brachte aus demselben Leibe ein Schock rostiger Nägel hervor, ließ sich zwischendurch von einer Brillenschlange beißen und verneigte sich dann vor mir und meinem Groschen. Ein pockennarbiger Indier wollte mir noch etwas weissagen, aber ich verzichtete dankend und nahm für heute Abschied von der Ausstellung.«*[24]

Die Arrangements der Ausstellungen führten dazu, dass sich Otto nach seinem Besuch auf Basis hygienischer und rassistischer Motive von den Akteur:innen abgrenzte. Und während dieser Raum und solche Begegnungen Otto als authentische Erlebnisse vermarktet wurden, betrat er vielmehr – was Eric Ames den »sozialen Raum« der Völkerschau nennt – einen Raum der hautnahen Begegnungen, die »nicht nur erlaubt, sondern arrangiert« sind.[25] Die Inszenierung des Orients war konstruiert und widersprüchlich, eine imaginäre Bühne, die die Fantasie der Besucher:innen anregen sollte, während sie gleichzeitig kulturelle Stereotype bestätigte.

Als dritte Völkerschau wurde auf der IHA ein »Marokkanisches Theater« mit angeschlossenem Café präsentiert. Der offizielle Ausstellungsführer steckte den Rahmen für die weißen europäischen Besucher:innen der Ausstellung ab, seine Beschreibungen rekurrieren auf koloniale Fantasien und Stereotype. Das »Marokkanische Theater« bot einen exotischen Schauplatz, während Odalisken und Eunuchen fremde Körper und Verhaltensweisen versprachen.[26] Unter einem eingelassenen Bogen spielten »die schönsten Tänzerinnen des Morgenlandes« marokkanische Schlagzeuge und Saiteninstrumente, dazu »heulten und tanzten Derwische.« Diese namenlosen Schauspieler:innen wurden zusammen als »veritabler Harem« beschrieben.[27]

Die Präsentation »fremder« Kulturen blieb jedoch nicht auf die primär der Unterhaltung dienenden Völkerschauen beschränkt, sondern fand sich auch in verschiedenen Ausstellungseinheiten der IHA wieder. Neben den Pavillons von insgesamt zehn Nationen, die auf Einladung der Veranstalter jeweils eine eigene Ausstellung organisiert hatten, sticht dabei vor allem die »Historische Abteilung mit ethnologischer Unterabteilung« hervor, die unter Leitung des Leipziger Medizinhistorikers Karl Sudhoff (1853–1938) entstanden war.[28]

HISTORISCH-ETHNOLOGISCHE AUSSTELLUNGSABTEILUNG

Während die historische Abteilung eine lange Geschichte der Hygiene bei den sogenannten Kulturvölkern nachzeichnete, zeigte die anschließende ethnologische Unterabteilung die bestehenden Hygienetraditionen der »Naturvölker«. In der zeitgenössischen Ethnologie wurde den »Kulturvölkern« eine sich weiterentwickelnde Hygienetradition attestiert, den »Naturvölkern« dagegen eine solche abgesprochen. Stattdessen wurde ihnen das Verharren in einem hygienischen Urzustand unterstellt.[29]

5
Ein Ausstellungsraum der ethnologischen Unterabteilung mit dem Titel »Jäger- und Fischervölker und Nomaden Afrikas und Amerikas«. Fotografie Nr. 55 aus dem Album »Internationale Hygiene-Ausstellung Dresden, 6. Mai bis 31. Okt. 1911, Fotodokumentation der Ausstellung«, Bd. 1, 1911

Die historische Abteilung beleuchtete die hygienischen Meilensteine von (historischen) Hochkulturen, zeigte paläolithische Selbstreinigungswerkzeuge der prähistorischen germanisch-keltischen Völker wie auch babylonische Trinkbrunnen und zeichnete so eine Chronologie des hygienischen Fortschritts, der in den Errungenschaften der Neuzeit kulminierte.[30]

Die ethnologische Unterabteilung zeigte Objekte der Gesundheitsfürsorge aus Gesellschaften, die als Vertreterinnen der »Naturvölker« kategorisiert wurden: Völker »Indisch-Indonesiens«, »Ostasiens« und »Altamerikas« sowie »amerikanische, afrikanische und asiatische Nomaden«, »polare Völker« und »primitive Völker«, wobei sich diese Zuschreibung auf indigene Minderheitengruppen wie die Vedda in Ceylon und die Senoi in Malaysia bezog.[31] Die ethnologische Unterabteilung beinhaltete auch Ausstellungen über ausgewählte »Kulturvölker außerhalb Europas«, darunter die Völker Indiens, Siams (Thailand), Chinas, Japans, Koreas und des präkolumbischen Amerikas (Nordamerika und Südamerika).[32] Der Ausstellungsorganisator und Ethnologe Ferdinand von Reitzenstein (1876–1929) vertrat die Ansicht, dass die historisch-ethnologische Unterabteilung den »Schlüssel zur Urgeschichte der Hygiene«[33] lieferte, obwohl sie keine Hygienegeschichte enthielt. Die Galerien waren vom Boden bis zur Decke mit Objekten von Expeditionen und aus ethnologischen Sammlungen ausgestattet – Arrangements, die ausschließlich im Rahmen kolonialer Kontexte, imperialistischen Denkens und Agierens, durch Ausbeutung und Handeln in kolonialen Netzwerken, realisiert werden konnten.[34]

Die Ausstellungskurator:innen klassifizierten die aus unterschiedlichsten Quellen zusammengetragenen ethnologischen Objekte als »hygienisch« und »unhygienisch«, um auf diese Weise die ideologische Grenze zwischen »Kulturvölkern« und »Naturvölkern« zu stabilisieren. Nach einem Besuch der historisch-ethnologischen Abteilung gingen europäische Besucher:innen so vermutlich mit der Vorstellung in die Völkerschauen, sich von außereuropäischen Völkern und Akteur:innen auf der Grundlage von Zivilisation und Hygiene zu unterscheiden.

1 Vgl. zu Bamberger und seinen früheren Aktivitäten: Honold, Alexander: Ausstellung des Fremden – Menschen- und Völkerschau um 1900, in: Conrad, Sebastian/Osterhammel, Jürgen (Hrsg.): Das Kaiserreich transnational. Deutschland in der Welt 1871–1914, Göttingen 2006, 170–190, hier 178; Dreesbach, Anne: Gezähmte Wilde. Die Zurschaustellung »exotischer« Menschen in Deutschland 1870–1940, Frankfurt am Main 2005, 91. **2** Vgl. Offizieller Katalog der Internationalen Hygiene Ausstellung Dresden, Berlin 1911, 448; zum Faszinosum »Völkerschau« vgl. den einführenden Beitrag von Hilke Thode-Arora in diesem Band. **3** Vgl. Offizieller Katalog, 10 (Anm. 2). **4** Vgl. zu den Gesundheitsausstellungen im frühen 20. Jahrhundert: Weinert, Sebastian: Der Körper im Blick. Gesundheitsausstellungen vom späten Kaiserreich bis zum Nationalsozialismus, Berlin 2017. **5** Vgl. Henning, Swantje: Die Geschichte eines Somali-Dorfes – Völkerschau in Oldenburg, in: Mamoun, Fansa (Hrsg.): Das Somali-Dorf in Oldenburg 1905 – eine vergessene Kolonialgeschichte?, Oldenburg 2005, 11–26; sowie Dreesbach: Gezähmte Wilde (Anm. 1), 92. **6** Vgl. Fotopostkarte mit der Aufschrift »Lunapark, Halensee«, https://humanzoos.net/?page_id=439 (Zugriffsdatum: 29.7.2022). **7** Jourdan, Marion: Hochzeit im »Abessinischen Dorf«, in: Schraut, Sylvia (Hrsg.): Mannheim 1707 – 1807 – 1907: eine Stadt feiert sich selbst; kulturgeschichtliche Facetten kommunaler Repräsentation, Nr. 34, Mannheim 2007, 199–205; Henning: Geschichte (Anm. 5). **8** Kurze Anleitung für den Besuch der ethnologischen Schaustellung Abessinisches Dorf, Köln 1905, 4. **9** Vgl. Jourdan: Hochzeit (Anm. 7), 199. **10** O. A.: Hygiene-Ausstellung. Abessinien und Ostasien in der Ausstellung, in: Dresdner Neueste Nachrichten vom 18.5.1911, 3. **11** Vgl. Thode-Arora, Hilke: »Blutrünstige Kannibalen« und »wilde Weiber«. Extrembeispiele für Klischees in der Völkerschau-Werbung, in: Mamoun, Fansa (Hrsg.): Schwarzweissheiten. Vom Umgang mit fremden Menschen, Oldenburg 2001, 90–96, 91. **12** Eine Liste der Gebäude auf der Ausstellung, in: Dresdner Nachrichten, 18.5.1911, 9. **13** Ostasien will nicht ausrücken!, in: Dresdner Nachrichten, 18.8.1911, 3. **14** Für Hinweise zu den Zeitungsartikeln danken wir Volker Strähle. **15** Ostasien will nicht ausrücken!, in: Dresdner Nachrichten, 18.8.1911, 2. **16** Ostasien will ausrücken, in: Dresdner Nachrichten, 16.8.1911, 2. **17** O. A.: Ostasien auf der Hygiene-Ausstellung, in: Dresdner Nachrichten, 19.8.1911, 3. **18** O. A.: Ostasien will nicht ausrücken!, in: Dresdner Nachrichten, 18.8.1911, 2. **19** Booklet mit dem Programm, https://humanzoos.net/?page_id=453 (Zugriffsdatum: 20.9.2022). **20** Ebd. **21** Vgl. Dreesbach: Gezähmte Wilde (Anm. 1), 148. **22** Ebd., 144. **23** Vgl. ebd., 146. **24** Otto, Fr.: Internationale Hygiene-Ausstellung in Dresden, in: Daheim 39 (1911, 13). **25** Ames, Eric: Carl Hagenbeck's Empire of Entertainments, Seattle 2008, 88. **26** Die Begriffe »Odalisken« und »Eunuchen« beziehen sich auf eine Konkubine in einem Harem bzw. auf einen kastrierten Mann, der einen Harem bewacht. **27** Vgl. Führer durch die Internationale Hygiene-Ausstellung Dresden, Berlin 1911, 70. **28** Zur historisch-ethnologischen Abteilung Stein, Claudia: Organising the History of Hygiene at the International Hygiene Exhibition, in: NTM. Zeitschrift für die Geschichte der Wissenschaften, Technik und Medizin 21 (2013), 355–387. **29** Vgl. Zimmermann, Andrew: Anthropology and Antihumanism in Imperial Germany, Chicago 2001, 50. **30** Vgl. Stein: Organising the History (Anm. 28), 357. **31** Vgl. Offizieller Katalog (Anm. 2), 77. **32** Vgl. Von Reitzenstein, Ferdinand: Hygiene bei den Naturvölkern, in: Hygiene-Nummer, 1911, 12. **33** Ebd. **34** Vgl. Penny, H. Glenn: Objects of Culture: Ethnology and Ethnographic Museums in Imperial Germany, Chapel Hill 2002, 12.

Sabine Hanke

SARRASANIS VÖLKER: MENSCHEN-SCHAUEN im ZIRKUS

1
*Zirkus Sarrasani.
Unbekannte:r
Fotograf:in, 1939*

Der Zirkus Sarrasani war einer der Orte, an dem die Dresdner:innen in der ersten Hälfte des 20. Jahrhunderts Menschen aus anderen Ländern erleben konnten. Er lud Besucher:innen ein, sich in glanzvolle Welten der Fantasie zu begeben und in den Lüften schwebende Akrobat:innen, tollende Clowns und dressierte Wildtiere zu bestaunen. Neben diesen artistischen und akrobatischen Darbietungen spielten exotisierende Schauen von als fremd verstandenen Menschen eine wichtige Rolle. Mithilfe dieser Darstellungsformen schuf der Zirkus ferne Welten und betonte die Andersartigkeit bestimmter Gruppen.

Doch der Zirkus nutzte diese Gruppen auch, um seine Bedeutung innerhalb Dresdens zu verstärken und sich als eine Institution der Erziehung und Belehrung zu vermarkten. So schrieb Zirkusdirektor Hans Stosch-Sarrasani senior (1873–1934) im Jahr 1927 an den Rat zu Dresden: »Hat die Altstadt ihr Völkerkundemuseum, so würde die Neustadt durch meine Schöpfung ein lebendiges, unmittelbar anschauliches und auch für die breiteren Massen unterhaltsames und belehrendes Völker-Museum erhalten. Die Häuser, die ich dort hinbaue, sollen die Heimat meiner Künstler aus fernen Landen werden, und damit ergibt sich, daß diese Leute dort ihre eigentümlichen Sitten und Gebräuche ferner Zonen in einer Natürlichkeit und Echtheit zeigen würden, wie es in keiner noch so gut geleiteten und organisierten ethnographischen Sammlung der Fall sein kann. Denn das ursprüngliche Leben ist ja immer das Beste, was Erziehung und Belehrung bieten können.«[1] Bei dem erwähnten »Völker-Museum« handelte es sich um den 1902 in Meißen gegründeten und 1912 mit einem feststehenden Gebäude am Königin-Carola-Platz in Dresden ergänzten Zirkus Sarrasani, dessen Programmhefte unter anderem arabische, tibetanische, marokkanische, chinesische, mongolische oder japanische Gruppen bewarben. Von großer Besonderheit aber waren

Vertreter:innen indigener Nationen Nordamerikas, die als »Indianer« beworben wurden und eine der Hauptattraktionen des Zirkus bildeten. Dabei ging es dem Zirkus nicht um die genaue Repräsentation bestimmter Gruppen, sondern vielmehr darum, bereits bestehende Annahmen und Klischees mit leibhaftigen Darsteller:innen zu bestätigen. Inwieweit die Darsteller:innen die Inszenierungen des Zirkus aushöhlten, um ihre Handlungsspielräume zu erweitern, diskutiert das vorliegende Kapitel am Beispiel der Lakota.[2]

DIREKTOR STOSCH-SARRASANI REGIERT SEIN REICH

Die Darstellungen des Zirkus Sarrasani waren maßgeblich durch seine jeweiligen Direktor:innen geprägt. Besonders sein Gründer, Hans Stosch-Sarrasani senior, sah sich als der »Anführer« dieser Schaustellung von verschiedenen Menschen und Kulturen, seiner »Weltschau«. Er selbst schlüpfte in die Rolle eines indischen Maharadscha oder eines Cowboys und ihm schwebte vor, »ein Reich zu regieren von Indianern und Rauhreitern, von Arabern und Beduinen, von Chinesen und Japanern [...]«[3].

Stosch-Sarrasani wurde 1873 als Hans Erdmann Franz Stosch im sächsischen Lomnitz geboren. Als 15-Jähriger soll er von zu Hause weggelaufen sein und sich einem Wanderzirkus angeschlossen haben, bei dem er seine Zirkuskarriere als Clown begann.[4] Sein schneller Erfolg als Zirkusdirektor war Teil eines umfassenden Wandels der deutschen und europäischen Zirkusse. Ende des 19. Jahrhunderts hatten sich diese zu einer professionellen Unterhaltungsindustrie, gestützt auf ein internationales Netzwerk an Artist:innen und einen global agierenden Wildtierhandel, entwickelt. Der stetige Erfolg der Zirkusunternehmer:innen veränderte allmählich die Landschaft der Zirkusunterhaltung in Deutschland: Professionalisierte Großzirkusse verdrängten kleinere Traditions-

2
Stosch-Sarrasani senior als indischer Maharadscha mit Elefant. Fotografie aus: Sarrasani, Heft 7: Sarrasani nach 30 Jahren, Dresden 1931, 7

3
Stosch-Sarrasani senior als Cowboy. Fotografie aus: Sarrasani, Heft 1: Mit Sarrasani in Südamerika, 9. Aufl., Dresden um 1928, 1

4
»Eine Völkerstudie aus Sarrasanis Circusstadt«. Fotografie aus: Sarrasani's Illustrierte, 27. Jg., Nr. 664 (1932), 10

unternehmen.⁵ Der Zirkus Sarrasani repräsentierte diesen Wandel wie kein anderer Zirkus in Deutschland. Teil seines Erfolgs war es, exotisierende und auf Orientalismen zurückgreifende Darstellungen von als fremd verstandenen Menschengruppen zu verwenden, insbesondere Indianer.

Die Praktik des Ausstellens von Menschen aufgrund ihrer erlebten Andersartigkeit war freilich nicht unproblematisch. Sie griff auf eine ältere Tradition der ethnografischen Ausstellungen des 19. Jahrhunderts zurück, die sogenannten Völkerschauen. Der Zirkus Sarrasani gestaltete seine Shows und vor allem das Begleitprogramm in dieser Tradition. Dabei ist zu beachten, dass sich die akrobatischen und völkerschauähnlichen Darstellungen des Zirkus nicht klar voneinander trennen lassen. Das Publikum sollte »etwas schauen und erleben […] aus jenen märchenumwobenen, unbekannten Weltteilen.«⁶ Auch wenn von »arabischen Akrobaten«, »chinesischen Gauklern«, »tibetanischen Gladiatoren« oder mit dem N-Wort belegten Gruppen die Rede war, kann schlussendlich nur noch schwer nachgeprüft werden, woher die Gruppen tatsächlich kamen und wie viel Freiheit sie in der Darstellung ihrer Nummern hatten.⁷ In den Werbematerialien des Zirkus wurde dies auch nicht näher ausgeführt, sondern vor allem die Andersartigkeit und Exotik des Dargestellten betont. Dabei lässt sich oft ebenfalls nur schwer trennen, inwieweit rassistische Vorstellungen über bestimmte Gruppen oder ihre artistischen Fähigkeiten eine Rolle spielten. In den Darstellungen der Indianer wurden die Aspekte Exotik und Artistik bewusst vermischt.

INDIANER UND DIE PERSPEKTIVEN DER LAKOTA

Für den Zirkus Sarrasani, aber auch andere Zirkusse in Deutschland, waren sogenannte Indianer eine besondere Gruppe, da sie Vorstellungen exotischer und edler Wilder verkörperten, die auf einer längeren Tradition der Begeisterung für amerikanische Indigene beruhten. Als »authentische« Indigene inszenierte sie der Zirkus als die realen Indianer der Abenteuerliteratur, ausgestattet mit Kostümen und aller Art Gegenständen, die das deutsche Publikum aus den Romanen von Karl May (1842–1912) und von anderen Wild-West-Autor:innen kannte. Dabei wurden bekannte Elemente sogenannter Völkerschauen verwendet, die den als typisch angesehenen Alltag der fremden Gruppen gegen ein Eintrittsgeld zur

Schau stellten.⁸ Dazu gehörten Darbietungen der Jagd, der Kindererziehung und von Versammlungen, aber auch die Zubereitung von Speisen und der Umgang mit Waffen. Die Werbehefte des Zirkus stellten diese Tätigkeiten mit Abbildungen und Beschreibungen ausführlich dar, um die angebliche Authentizität der Gruppen zu belegen. Darüber hinaus inszenierte der Zirkus unterschiedliche Situationen, in denen die Besucher:innen den Indianern als Teil ihrer eigenen Welt begegneten: So zogen die Darsteller:innen bei ihrer Ankunft mit dem Zirkus durch die Stadt, besichtigten lokale Sehenswürdigkeiten oder besuchten hochrangige Vertreter:innen der Stadtpolitik.⁹ Exotik und Fremde wurden auf diese Weise in bekannte lokale Strukturen eingebettet und kontrastierten diese gleichzeitig.

5
»Sarrasanis Sioux«.
Seite aus: Sarrasani, Heft 2:
Mit Sarrasani in Südamerika, 9. Aufl., Dresden um 1930, 32

In den Werbematerialien des Zirkus ging es nicht um die Repräsentation fremder Gruppen, sondern um deren Nutzbarmachung zu Unterhaltungszwecken. Durch die Bezeichnung der Gruppen als »Sarrasanis Sioux« oder »Sarrasanis Indianer« blendete der Zirkus ihre Handlungsmöglichkeiten bewusst aus und kontrollierte die transportierten Narrative. Völkerschau-Teilnehmende waren aber durchaus mehr als nur passive Opfer einer kolonialen Machtstruktur, sondern hatten eigene Beweggründe, sich den Schauen in Europa anzuschließen.

Der Aufenthalt der indigenen Vertreter:innen aus Nordamerika in Deutschland und ihre Darbietungen wurden in den Programmheften mit vielen Legenden belegt. Hierin liegt eine der größten Problematiken der Schauen des Zirkus und dessen Werbematerialien. Denn aus diesen geht nicht hervor, wie die Gruppen ihre Situation selbst wahrnahmen und welche Handlungsmöglichkeiten sie während ihres Engagements hatten. Die Perspektiven der Lakota auf die Schauen selbst waren stark von ihren individuellen Erfahrungen mit dem Zirkus und seinen Mitarbeitenden geprägt, aber auch davon, welche Rahmenbedingungen sie zu Hause in den Reservaten vorfanden. Bereits vor der Eröffnung des großen Hauptgebäudes in Dresden präsentierte der Zirkus Sarrasani seine erste Indianergruppe. In den Jahren 1906 und 1907 wurde eine Gruppe unter Black Elk (1863–1950), der mit »Buffalo Bills Wild West« nach Deutschland gereist war, gezeigt. 1913 engagierte der Zirkus eine Gruppe aus dem US-amerikanischen Reservat Pine Ridge, die von Edward Two-Two (1851–1914) angeleitet wurde und die zuvor für eine Völkerschau des Hamburger Tierparks Hagenbeck gearbeitet hatte. Dieses Engagement lässt sich als positives Beispiel anbringen. Two-Two soll sich im Zirkus gut behandelt gefühlt und den Wunsch geäußert haben, im Falle seines Todes in Dresden begraben zu werden. Als Two-Two 1914 verstarb, wurde ihm dieser erfüllt.[10]

Jedoch gab es auch Stimmen, die sich gegen das Unternehmen aussprachen. Eine von diesen war William Ghost Dog (*1898), dessen Mutter, Mrs. William Ghost Bear († 1926), während ihres Engagements für Sarrasani zu Tode kam. Während ihrer Tournee im Jahr 1926 erkrankten einige der Lakota aufgrund des Klimas, darunter auch William Ghost Dogs Mutter. Die Familie hatte um medizinische Versorgung gebeten, wurde aber vom Zirkus ignoriert. Als in einem der Zelte Feuer ausbrach, erlitt Ghost Dogs Mutter schwere Verletzungen, da sie krankheitsbedingt nicht fliehen konnte. Sie verstarb schließlich wenige Tage später. Ihr Sohn wandte sich an den Superintendenten des Pine-Ridge-Reservats, Ernest W. Jermark (1877–1946), und forderte diesen auf, keine Lakota mehr nach Deutschland zu schicken. Seine Bitten wurden jedoch ignoriert und die Beschwerden der Lakota über die Tournee mit dem Zirkus hielten an. In mehreren Korrespondenzen zwischen den Lakota und der Reservatsverwaltung wurde auf die schlechte Behandlung der Lakota durch den Zirkus und die mangelnde medizinische Versorgung hingewiesen. Dabei warfen die Darsteller:innen Sarrasani vor, nur am Profit und kaum am Wohlergehen seiner Artist:innen interessiert zu sein.[11]

Trotz dieser Beschwerden reisten Lakota weiterhin nach Deutschland, um für den Zirkus Sarrasani zu arbeiten. Viele Lakota verfügten über jahrelange Erfahrungen im Auftreten in Europa und zeigten ein großes Interesse daran, neue Engagements anzunehmen. Zu dieser Gruppe gehörte Thomas Stabber (*1874), auch bekannt als White Buffalo Man, aus dem Pine-Ridge-Reservat, der sich vor seiner erneuten Anstellung 1931 direkt an Zirkusdirektor Hans Stosch-Sarrasani wandte und um neue Möglichkeiten der Zusammenarbeit mit dem Zirkus bat.[12] Der Zirkus selbst berief sich auf diese positiven Beispiele und präsentierte eine

6
»Was bietet Sarrasanis Völker- und Tierschau?«
Seite aus: Sarrasani's Illustrierte, 27. Jg., Nr. 664 (1932), 16

sorgfältig inszenierte Geschichte über die Erfahrungen der Lakota in Deutschland. Die ab 1928 herausgegebenen Hefte »Mit Sarrasani in Südamerika« schilderten die Ankunft der ersten Lakota in Europa anhand der strengen Vorschriften, die der Zirkus zu erfüllen hatte. Sie berichteten anschaulich von den Hindernissen, die Hans Stosch-Sarrasani zu meistern hatte, um 22 Lakota nach Deutschland zu bringen. Der Zirkus stützte seine positive Selbstdarstellung im Umgang mit den Lakota insbesondere auf den angeblichen Wunsch Edward Two-Twos, in Dresden begraben zu werden. Hans Stosch-Sarrasani nutzte diesen strategisch, um sich als großer Freund der Lakota zu vermarkten.

VON FREMDEN TIEREN

Der Zirkus Sarrasani wusste das Publikum mit Darstellungen modernster Technik und exotischer Extravaganz anzuziehen. Die Dressur von Wildtieren diente dabei als eine wichtige Attraktion, die die anderen Elemente des modernen Zirkus ergänzte. Tiger, Löwen, Elefanten und Riesenschlangen wurden für Zirkusnummern dressiert. Vor allem risikoreiche Darbietungen, welche die Dominanz der Dompteur:innen hervorhoben, waren beim Publikum beliebt. Der Zirkus betrieb ebenfalls einen Wetteifer um die größte Elefantenherde im Besitz eines Zirkus. So soll Sarrasani Ende der 1920er-Jahre bis zu 27 Elefanten besessen haben.[13] Ebenso wie bei den Zurschaustellungen von Menschen nutzte der Zirkus die Mensch-Tier-Beziehung, um die Grenze zwischen Kultur und Natur spielerisch darzustellen. Insbesondere exotische Tiere verkörperten die Wildheit einer fernen natürlichen Welt, die wiederum Menschenschauen und ihre imaginierte Fremdheit unterstrichen. In den Werbematerialen des Zirkus wurden Völker- und Tierschauen nebeneinander beworben, um den Besucher:innen diese Gegensätze anschaulich vor Augen zu führen.

Als eine populäre Form des Ausstellens erlebten Menschenschauen im 19. Jahrhundert ihren Höhepunkt. In Dresden ließ der Zirkus Sarrasani dieses Format in Kombination mit akrobatischen Vorführungen und wilden Tieren in der ersten Hälfte des 20. Jahrhunderts wieder neu aufleben. In einer sogenannten Weltschau wurden Exotismen, rassistische Vorstellungen und Artistik miteinander verwoben. Völkerschauartige Darstellungen verloren nach dem Ersten Weltkrieg immer mehr an Popularität und auch die zeitweise sehr erfolgreichen Inszenierungen von Fremdheit und Exotik des Zirkus folgten diesem Trend. Mit der Zerstörung des Zirkusgebäudes im Februar 1945 endeten Sarrasanis Schauen im Live-Format in Dresden. In den darauffolgenden Jahrzehnten wurden ihre Exotismen vor allem durch die Kino- und Filmindustrie mit ihren neuen, kostengünstigeren technischen Möglichkeiten weitergetragen.

---

1 Hans Stosch-Sarrasani an den Rat zu Dresden, 21.3.1927, Stadtarchiv Dresden, 17.2.30, III. **2** Für die Hintergrundrecherche zu einigen genannten Lakota-Darsteller:innen bedanke ich mich herzlich bei Eric Rossborough, Bibliothekar des Buffalo Bill Center of the West. **3** Ohligser Anzeiger, 21.11.1913, 1. **4** GÜNTHER, ERNST: Sarrasani. Geschichte und Geschichten, Dresden 2005, 11–13. **5** OTTE, MARLINE: Jewish Identities in German Popular Culture, 1890–1933, Cambridge 2006, 25–27. **6** JÄHNE, WALTER: Ist der Zirkus noch etwas für die heutige Jugend, in: Sarrasani Heft 7 (1931), 11. **7** Sarrasani's Illustrierte, 26. Jg., Nr. 614 (1931), 5; Sarrasani Zeitung, 34. Jg., Nr. 1 (1938), 3. **8** Zur Definition von Völkerschauen vgl. den einleitenden Beitrag von Hilke Thode-Arora in diesem Band. **9** Zu sehen u. a. in: Mit Sarrasani in Südamerika, Heft 2 (1930), ii, 26, 29. **10** GÜNTHER: Sarrasani (Anm. 4), 27. **11** Zu den Perspektiven der Darsteller:innen aus dem Pine-Ridge-Reservat vgl. CHLADIUK, FRANCOIS/FRIESEN, STEVE: Lakota performers in Europe. Their culture and the artifacts they left behind, Norman 2017. **12** PENNY, GLENN H.: Kindred by Choice. Germans and American Indians since 1800, Chapel Hill 2013, 136. **13** GÜNTHER: Sarrasani (Anm. 4), 25.

NAYO BRUCE

John Calvert Nayo Bruce (1859–1919) wurde in der Stadt Aného in Togo geboren. Als »Prinz Nayo« kam er 40 Jahre später auch nach Dresden, wo er ein »Togo-Dorf« auf der Vogelwiese organisierte.

Nayo Bruce besuchte als Kind eine Missionsschule und ließ sich mit 16 Jahren taufen. Wie sein einflussreicher Vater arbeitete er als Händler, später als Dolmetscher für die Deutsche Togogesellschaft. Mit deren Chef Ernst Henrici reiste er Ende der 1880er-Jahre nach Deutschland. Bruce trat selbstsicher auf und glänzte mit seinen Sprachkenntnissen und weltmännischen Umgangsformen. Später wechselte er zur deutschen Kolonialverwaltung. Als die erste deutsche Kolonialausstellung in Berlin-Treptow 1896 »afrikanische Dörfer« präsentierte, übernahm Bruce die Rolle eines Vorstehers. Auf der Bühne trat er als »Prinz Nayo« auf. In einem Zeitungsinterview kritisierte er selbstbewusst die deutsche Kolonialherrschaft in Togo. So sei es nicht genug, einheimischen Kindern Lesen und Schreiben beizubringen: »Wir wollen schwarze Advokaten und Ärzte haben.«

    Nayo Bruce beschloss, im Showbusiness zu bleiben – in den Kolonien sah er für sich und seine Familie keine Perspektive. 1898 kam er erneut nach Europa, wo er sich einer Schautruppe von Albert Urbach anschloss. Das »Dahomey-Togo-Dorf« gastierte im August 1900 auf der Dresdner Vogelwiese. Hier eskalierte der Streit Bruces mit seinem Chef: Weil dieser den Truppenmitgliedern den Lohn verweigerte, zeigte ihn Bruce bei der Dresdner Polizei an. Nach zweijährigem Rechtsstreit konnte er sich von Urbach befreien. Bruce führte die Tournee selbstständig weiter, ab 1904 als reinen Familienbetrieb. 20 Jahre lang reiste er mit seiner Truppe durch Europa. Er verstarb am 3. März 1919 in Russland. Sein Sohn, der Pianist Kwassi Bruce (1893–1964), setzte sich später für die Rechte schwarzer Menschen im nationalsozialistischen Deutschland ein.
Volker Strähle, basierend auf Texten von Rea Brändle

Sophie Döring

Das Kino als Erbe der Menschen-schauen?

Zwei frühe Weimarer Filme und ihre Zensur

1
Aufnahme von den Dreharbeiten für den Kinofilm »Die Rache der Afrikanerin« im Dresdner Zoo. Unbekannte:r Fotograf:in, 1921

2
Werbeanzeige des Dresdner Zoos für John Hagenbecks »Afrikanisches Dorf« in den Dresdner Neuesten Nachrichten vom 15. September 1921

Anmerkung: Im Beitrag werden Quellenzitate mit rassistischen Begriffen wiedergegeben sowie Bildmaterial mit rassistischen Stereotypen abgebildet.

Das Kino hatte sich in Dresden – wie insgesamt im Kaiserreich – seit Mitte der 1890er-Jahre etabliert. Ähnlich wie die Menschenschauen hatten verschiedene kleine Kinobetriebe zunächst ambulant in der Stadt gastiert, bevor ab 1913 auch große ortsfeste Lichtspielhäuser in Dresden betrieben wurden, die sich allesamt in der inneren Altstadt zwischen Augustusbrücke und Hauptbahnhof befanden. Die beiden vor dem Ersten Weltkrieg existenten Kinobauten »U.T.-Lichtspiele« und »Kammer-Lichtspiele« lagen nur etwa 600 Meter Luftlinie voneinander entfernt, das »Prinzeß-Theater« eröffnete während des Krieges ebenfalls in unmittelbarer Nähe. Ein eigenständiges Lichtspielhaus außerhalb des Stadtzentrums kam erst 1923 mit dem »Faun-Palast« hinzu. Ab den 1920er-Jahren fielen beinahe 70 Prozent aller belegbaren Dresdner Erstvorstellungen auf die fünf großen Lichtspielhäuser der Stadt. Mit der Hinwendung der großen Lichtspielhäuser zu einem relativ statischen Publikum, das darüber hinaus über eine zunehmende Seherfahrung verfügte, war bereits Mitte der 1910er-Jahre eine Umstellung von eher kurzen dokumentarischen Streifen zu monumentalen narrativen Spielfilmen einhergegangen. Doch auch diese erzählerischen Filme profitierten noch immer von der »Lust am Sehen« und nutzten dafür die Anziehungskraft des als »fremd« Wahrgenommenen, welche bereits die Menschenschauen so populär gemacht hatte.

Kolportagehafte Abenteuerfilme mit »exotischen« Schauplätzen projizierten Orte und Personen auf die Leinwand, die für den Großteil der Bevölkerung sonst nicht erfahrbar waren. Das Kino reihte sich damit neben Völkerschauen, Zirkusvorführungen und »exotischen« Tanzvorführungen in eine unterhaltende Erfahrungswelt des so dargestellten »Fremden« ein, welche den weißen Blick auf nichtweiße Akteur:innen richtete. Im Kino wurde darüber hinaus großer Wert auf das Set-Design gelegt, denn das Publikum war an eine Detailgenauigkeit und Vielfalt der Kulissen gewöhnt: Sein Verständnis von der »authentischen« Abbildung fremder Völker und Kulturen war durch die Völkerschauen bereits vorgeprägt. Mitunter fanden die Dreharbeiten aus diesem Grund sogar in den Ausstellungen selbst statt, wie etwa 1921 im Dresdner Zoo, als Filmaufnahmen in John Hagenbecks (1866–1940) »Afrikanischem Dorf« für den Film »Die Rache der Afrikanerin« (1921/22, dir.[1] Ernst Wendt, 1876–1946) entstanden.[2]

Dass die Aneignung von Darstellungsweisen aus den Menschenschauen trotz »echter« Requisiten problematisch für das frühe Weimarer Kino sein konnte, zeigen die Zensurentscheidungen gegen zwei Filme, welche auch in Dresdner Kinos vorgeführt wurden: »Die schwarze Schmach« (1921, dir. Carl Boese, 1887–1958) sowie »Die Herrin der Welt« (1919, dir. Joe May, 1880–1954, Josef Klein, 1862–1927, Uwe Jens Krafft, 1878–1929, Karl Gerhardt, 1869–1931). In diesem Beitrag sollen anhand dieser beiden Filme Entwicklungslinien zwischen Völkerschau und Kino aufgezeigt und exemplarisch auf deren zeitgenössische Wirkung und Problematisierung eingegangen werden.[3]

DIE RHEINBESETZUNG UND »DIE SCHWARZE SCHMACH«

»Die schwarze Schmach« wurde nachweislich vom 2. bis zum 8. August 1921 in den Vaterland-Lichtspielen in Dresden aufgeführt,[4] nachdem der Film reichsweit ab dem 14. März 1921 zugelassen worden war. Die heute verschollene Produktion war im Kontext der Rheinbesetzung nach dem Ersten Weltkrieg entstanden und Teil einer bürgerlich-nationalistischen Protestkampagne gegen angebliche Verschleppungen und Vergewaltigungen weißer deutscher Frauen durch die im Rheingebiet stationierten Schwarzen[5] Kolonialtruppen Frankreichs.[6]

Die Bilder des Films rekurrierten auf gut lesbare und leicht wiedererkennbare Stereotype sowie Narrative, die das Publikum unter anderem aus Populärliteratur und -kunst, aber auch aus den Völkerschauen kannte.[7] Besonders das Bild der Verschleppung weißer Frauen bot sich als Motiv an, da es sowohl den männlichen als auch weiblichen Teilen des weißen Publikums ein charakteristisches Narrativ bot. »Die schwarze Schmach« reizte dieses bekannte Thema mit einer beinahe pornografischen Abbildung der sexualisierten Gewalt weiter aus und verband die Wirkmacht der Bilder mit einer politischen Aussage: Die Verschleppung und Vergewaltigung weißer Frauen sei unabänderlich, solange die Kolonialtruppen Frankreichs im Rheingebiet stationiert seien. Anders als die verwandten Inszenierungen der Menschenschauen war der Film aber auch eine nationalistische Reaktion auf die Besetzung selbst, denn sie setzte die Inbesitznahme der Rheingebiete allegorisch als Vergewaltigung deutscher Frauen durch französische Truppen in Szene. Der Film rekurrierte auf die existente Vorstellung von der unbedingten sexuellen Anziehungskraft weißer Frauen auf Schwarze Männer, der vorgeblichen Zügellosigkeit der »schwarzen Rasse« und Schwarzer Männer im Besonderen sowie auf die weiße Angst vor dem Verlust weißer Frauen als »Besitz« des weißen Mannes.[8]

3
Werbeanzeige der Dresdner Vaterland-Lichtspiele für den Kinofilm »Die schwarze Schmach« in den Dresdner Neuesten Nachrichten vom 3. August 1921

4
Fassade der Dresdner Vaterland-Lichtspiele am Freiberger Platz 20. Verlag A. und R. Adam, Dresden, um 1920

REAKTION DER FILMZENSURSTELLE

Doch bereits wenige Tage nach der ersten Aufführung in Dresden wurde der Film am 13. August 1921 von der »Film-Ober-Prüfstelle« in Berlin verboten. Anders als in der von den Vaterland-Lichtspielen veröffentlichten Anzeige als »urkundenmäßig belegt« angekündigt, hatte das Auswärtige Amt in Berlin festgestellt, dass »[…] niemals ein deutsches Mädchen zwangsweise und gegen ihren Willen in ein Bordell verschleppt wurde«. Die im Film erhobenen Vorwürfe wurden infrage gestellt, da die Anzahl der stationierten Soldaten für die angegebenen Vergewaltigungen schlicht nicht groß genug sei. Beinahe zynisch bemerkte die Zensurakte, dass es ohnehin bekannt sei, dass »die Besatzung des Rheinlandes […] nicht aus schwarzen Truppen sondern aus farbigen Truppen, nämlich aus Araber [sic] und Madagasken« bestehe. Und »[w]ie gross die Zahl der von farbigen Truppen an deutschen Frauen und Mädchen verübten Vergewaltigungen ist, hat bisher nicht festgestellt werden können«. Von einer wie im Filmtitel genannten »Schwarzen Schmach« könne also nicht ausgegangen werden. Stattdessen sorgte sich das Auswärtige Amt um die diplomatischen Beziehungen zu Frankreich, welche durch die Rheinbesetzung ohnehin bereits angespannt waren, sodass die Oberprüfstelle in Berlin das reichsweite Verbot im August 1921 schließlich damit begründete, dass »nach § 1 des Lichtspiel-Gesetzes die Zulassung eines Bildstreifens zu versagen« sei, »wenn die Prüfung ergibt, dass der Bildstreifen geeignet ist, die Beziehungen Deutschlands zu auswärtigen Staaten zu gefährden.«[9] Den im Film inszenierten Charakterisierungen, ihren grundlegenden rassistischen Annahmen und den daraus folgenden entmenschlichenden Stereotypen wurde hingegen nicht grundsätzlich widersprochen.

DIE ABENTEUERREIHE »DIE HERRIN DER WELT«

Ähnlich schwierig gestaltete sich der Umgang mit »Die Herrin der Welt«. Der 1919 erschienene Film erzählt in insgesamt acht Teilen die Geschichte der Abenteurerin Maud Gregaards auf ihren Reisen unter anderem nach China und Zentralafrika. Kolportage-Elemente wurden dabei zu einem monumentalen Abenteuerplot verbunden, welcher sich nicht zuletzt durch seine ebenfalls monumentale Vermarktung zu einer publikumswirksamen Filmreihe entwickelte. Besonderes Augenmerk wurde beim Dreh auf die »exotischen« Kulissen gelegt, welche für das Publikum Faszinosum und Angstort zugleich waren und somit eine große Wirksamkeit versprachen. Um die Szenen in China und Zentralafrika möglichst »authentisch« wirken zu lassen, wurde südöstlich von Berlin eine künstliche Filmstadt errichtet. Zu sehen waren dort sowohl eine »chinesische« Straßen- und Stadtszenerie als auch ein »afrikanisches« Dorf und »afrikanische« Tempelanlagen, welche mit ethnografischen Objekten ausgestaltet wurden. Diese beschaffte Heinrich Umlauff (1868–1925), ein Neffe Carl Hagenbecks (1844–1913), unter anderem aus dem Kolonial- und Völkerkundemuseum in Bremen.[10] Bemerkenswert war für Zeitgenoss:innen aber vor allem die Gleichzeitigkeit der Drehorte in der »Filmstadt«: »[...] Die geografischen Begriffe verwirren sich vollständig, denn links von Afrika liegt China und direkt neben China erhebt sich, echt berlinerisch, eine Kantine mit den üblichen Bier- und Limonademarken«, so die Fachzeitschrift »Der Film«.[11]

Die Kulissen der Reihe wurden dabei allerdings vielmehr den bereits existenten Vorstellungen des Publikums als der Realität angepasst. Der Set-Designer stellte fest, dass man sich trotz aller »sogenannten Echtheit im Film« vor allem nach den Erwartungen des Publikums richten müsse: »Wenn ich z. B. in Kanton [gemeint ist hier die in der Kanton-Provinz gelegene Stadt Guangzhou] Aufnahmen machte und man nachher hier den Film sähe, so würde man mir es kaum glauben, daß ich wirklich Kanton dazu benutzt habe. Das Publikum würde geradezu enttäuscht sein, daß es sozusagen nichts zu sehen bekommt.« Er resümierte: »Man muß vor allem bei außereuropäischen Bauten darauf Rücksicht nehmen nicht das zu zeigen, was wirklich ist, sondern das, was der Zuschauer sich z. B. unter Kanton vorstellt und was er auch mit einem gewissen Recht zu sehen erwartet.« Ganz im Stil der Völkerschauen wurden in dieser »chinesisch«-»afrikanischen« Filmstadt und den anliegenden Behausungen auch nicht-weiße Komparsen untergebracht, welche trotz aufgestelltem Sichtschutz bereits während der noch laufenden Dreharbeiten durch Kritiker und Interessierte beim Dreh beobachtet wurden.[12]

REAKTIONEN DER CHINESISCHEN STUDENTENVEREINIGUNG

Nachdem »Die Herrin der Welt« im Dezember 1919 in Berlin uraufgeführt worden war, kam der Film im Januar 1920 in den U.T.-Lichtspielen in das erste Dresdner Kino.[13] Doch obwohl der Film besonders aufgrund seiner »exotischen« Kulissen positiv durch das Publikum aufgenommen wurde, erfuhr die Filmreihe aufgrund ihrer rassistischen Darstellungen ähnlich wie »Die schwarze Schmach« nach ihrer Veröffentlichung eine langwierige Zensurdebatte. Während die »afrikanischen« Teile der Reihe aufgrund der relativ geringen Anzahl an Schwarzen Deutschen sowie deren unterschiedlichen Lebensverhältnissen und Wohnorten weniger Widerspruch hervorriefen, positionierte sich die in Berlin zentrierte chinesische

5
Filmplakat für den ersten Teil der »Herrin der Welt«-Filmreihe: »Die Freundin des gelben Mannes« (Deutschland 1919, dir. Josef Klein). Entwurf von Theo Matejko, Druck der Waldheim-Eberle A.G., Wien, 1920

Studentenschaft deutlich gegen die Darstellung der chinesischen Charaktere im Film und versuchte, für eine Völkerverständigung in der Filmbranche einzutreten.[14]

In einem Schreiben an das Auswärtige Amt vertrat die chinesische Studentenvereinigung die Auffassung, dass »der Film in hohem Masse dazu beitragen [kann], Sitten und Gebräuche anderer Völker kennen zu lernen«, stellte gleichzeitig allerdings klar, dass es »auch Schattenseiten« in der Branche gäbe. Sie kritisierte besonders die »unmenschliche Grausamkeit, aussergewöhnliche Unsittlichkeit, tief eingebürgerte Fremdenfeindlichkeit und volkstümliche Unehrlichkeit«, welche die chinesischen Charaktere in der Reihe auszeichne. Die Studentenvereinigung prangerte damit das zeitgenössische Stigma der »gelben Gefahr« an, welches dazu führte, dass die chinesischen Charaktere wahlweise als grausame Verschlepper weißer Mädchen, korrupte Beamte oder skrupellose Betrüger dargestellt wurden. Dass selbst der treue chinesische Freund der Protagonistin, welcher sie wiederholt aus brenzligen Gefahrensituationen rettet, wiederum der unbedingten Anziehungskraft der weißen Frau verfallen ist und letztlich von ihrem weißen »Verehrer« gar als Lügner und Dieb entlarvt wird, sorgte für besondere Irritationen. Eine solche vorurteilsbelastete Darstellung, so die Argumentation der Studentenschaft, sei für die Verständigung Deutschlands mit China mehr als hinderlich, was sicherlich nicht im Interesse der »neuen deutschen Regierung« sein könne.[15] Tatsächlich zeigte der Protest Wirkung: Das Auswärtige Amt verhängte im Januar 1920 ein teilweises Ausfuhrverbot des Films, um einer weiteren Schädigung internationaler Beziehungen vorzubeugen.[16]

6
Zuschauersaal des Dresdner U.T.-Lichtspielhauses mit Blick zur Bühne. Abbildung aus: Das neue Lichtspielhaus in Dresden, in: Deutsche Bauzeitung 47, Nr. 63 (1913), 557

Anders als »Die schwarze Schmach« wurde »Die Herrin der Welt« allerdings nicht komplett verboten. Stattdessen erarbeiteten sowohl der chinesische Studentenverein als auch Vertreter des »Verbands für den fernen Osten« gemeinsam mit der Produktionsfirma weitreichende Veränderungen aus, um den so betitelten »gelb-weißen Rassengegensatz«[17] zu entschärfen. Unter anderem wurden mithilfe weiterer Zwischentitel Schuldverhältnisse umgekehrt oder modifiziert, und der Nachdreh zweier Szenen mit eigens dafür geschriebenen »ehrenwerten« chinesischen Charakteren umgesetzt. Damit wurde der Weg für die zuvor untersagte Ausfuhr der Filmreihe freigemacht, sodass sie in gekürzter und veränderter Form 1922 unter anderem auf dem US-amerikanischen Markt gespielt wurde.[18] Auch in Dresden lässt sich eine Wiederaufführung im gleichen Jahr im »Prinzeß-Theater« belegen, vermutlich in eben dieser geänderten Fassung.[19]

AUSWIRKUNGEN JENSEITS DER LEINWAND

Der während der Weimarer Republik vorherrschende Rassismus bedeutete für die Betroffenen aber ebenso abseits der Leinwand alltägliche Diskriminierung, welche mitunter in gewaltsamen Übergriffen mündete. Dies lässt sich unter anderem anhand von Vorfällen zeigen, die durch die wenigen überlieferten Aussagen der betroffenen nicht-weißen Zeitgenossen für Dresden belegbar sind: So sagte der am Dreh von »Die Herrin der Welt« beteiligte Schwarze Komparse Alfred Köhler 1922 gegenüber einem Polizeiassistenten in Berlin aus, dass er aufgrund der stetigen Spannungen rund um die Hetzkampagne der »schwarzen Schmach« schon »unangenehmsten Belästigungen« ausgesetzt gewesen sei, wenn er seine weiße Frau, mit der er eine dreijährige Tochter hatte, »mit auf Reisen genommen« habe. Unter anderem seien beide in Dresden »auch von Arbeitern« bespuckt worden.[20] Nach ebenfalls gewaltvollen Angriffen infolge der Dreharbeiten für »Die Rache der Afrikanerin« wandte sich einer der am Dreh beteiligten Schwarzen Komparsen in den Dresdner Nachrichten direkt an die Dresdner Bevölkerung und machte auf die schwierige Situation, die sich aus Vorurteilen der weißen Bevölkerung einerseits und ihrer Reaktion auf die Rheinbesetzung andererseits für die Komparsen ergab, aufmerksam:

»Wir Deutsch-Kameruner, die wir augenblicklich in einer Filmaufnahme bei der Firma Hagenbeck genötigt sind, unsern Aufenthalt hier in Dresden zu nehmen, möchten die Bevölkerung Dresdens darauf aufmerksam machen, daß wir Farbigen hier, wie unsere Landsleute daheim und jeder andere Deutsche, mit Mut und Blut für Deutschland gekämpft haben und nicht mit den Schwarzen vom besetzten Gebiet verglichen werden können. Hoffentlich schützt uns diese Aufklärung vor weiteren Beleidigungen, denen wir bisher, sobald wir uns in irgendeinem Lokal oder auf der Straße sehen ließen, ausgesetzt waren. Bedauerlich ist u. a. ein Vorfall, der sich vor einigen Tagen in der Prager Straße ereignete, wo einer von unseren Landsleuten bei einem harmlosen Spaziergang auf der Straße angehalten und geschlagen wurde. Wir bitten doch nicht vergessen zu wollen, daß wir aus den ehemaligen Kolonien, Deutsch-Kamerun, sind, und daß es uns augenblicklich [nach Ende der deutschen Kolonialherrschaft in Kamerun] nicht möglich ist, in unsere alte Heimat zurückzukehren.«[21]

Das Spannungsverhältnis zwischen den verschiedenartigen rassistischen Darstellungen in beiden Filmen sowie den unterschiedlichen politischen und gesellschaftlichen Reaktionen darauf zeigt die Brisanz der zensurtechnischen Interventionen in dieser Zeit. Zwar waren die auf der Leinwand gezeigten rassistischen Zuschreibungen aus bereits existenten Narrativen, Stereotypen und gesellschaftlichen Überzeugungen übernommen worden und fanden ihren Ursprung in gesellschaftlichen Vorstellungen, die unter anderem durch die Völkerschauen mitgeprägt worden waren. Dennoch blieben rassistische Darstellungen nicht nur auf propagandistische Hetzfilme wie »Die schwarze Schmach« beschränkt, auch in Unterhaltungsfilmen wie »Die Herrin der Welt« kamen menschenfeindliche Stereotype zum Einsatz und prägten das Bild der vermeintlich Dargestellten über die Kernzeit der Völkerschauen hinaus.

---

1 Die Angabe der im Beitrag aufgeführten Filme erfolgt über die Nennung von Filmtitel, Erscheinungsjahr sowie Regisseur:in mit Lebensdaten. Das Kürzel »dir.« steht in der internationalen Filmwissenschaft für »directed by«, und ordnet den nachfolgen Namen als Regisseur:in des Filmes ein, um ihn von weiteren Beteiligten wie etwa Drehbuchautor:innen abzugrenzen. **2** GENSCH, WINFRIED/HAIKAL, MUSTAFA: Der Gesang des Orang-Utans. Die Geschichte des Dresdner Zoos, Dresden 2011, 65. Um das Gezeigte noch authentischer wirken zu lassen, war außerdem eine Anzahl der im Film gezeigten Requisiten aus den ethnografischen Sammlungen des Museums für Tierkunde und Völkerkunde Dresden entliehen worden. Vgl. den Beitrag von Petra Martin in diesem Band. **3** Für eine ausführliche Darstellung beider Filme siehe NAGL, TOBIAS: Die unheimliche Maschine. Rasse und Repräsentation im Weimarer Kino, München 2009. **4** Institut für Sächsische Geschichte und Volkskunde: Artikel »Colosseum/Vaterland« (2018), in: Dresdner Kinokultur, Onlineausgabe: https://kino.isgv.de/dresdner-kinos/alle-kinos/kino-details?kid=178 (Zugriffsdatum: 19.11.2022). **5** Das zugrunde liegende Verständnis des Begriffes »Schwarz« und seine Großschreibung in diesem Beitrag ist unter anderem angelehnt an SCHEARER, JAMIE/HARUNA, HADIJA: Über Schwarze Menschen in Deutschland berichten, Onlineausgabe: https://isdonline.de/uber-schwarze-menschen-in-deutschland-berichten (Zugriffsdatum: 19.11.2022). **6** ROOS, JULIA: Artikel »Schwarze Schmach« (2015), in: International Encyclopedia of the First World War, Onlineausgabe: https://encyclopedia.1914-1918-online.net/article/schwarze_schmach (Zugriffsdatum: 19.11.2022). **7** So wurde in Dresden im August 1886 in einem etwa eineinhalbstündigen Programm neben einer Völkerschau auch ein »Überfall einer Emigrantenfamilie« sowie ein »Mädchenraub« gezeigt. Vgl. die Auflistung der Menschenschauen im Dresdner Zoo in diesem Band. **8** NAGL, TOBIAS: Die unheimliche Maschine (Anm. 3), 175. **9** Film-Ober-Prüfstelle Berlin: Niederschrift, betreffend den Bildstreifen »Die Schwarze Schmach« (1921), 1–5. **10** THODE-ARORA, HILKE: Herbeigeholte Ferne. Völkerschauen als Vorläufer exotisierender Abenteuerfilme, in: SCHÖNING, JÖRG (Hrsg.): Triviale Tropen. Exotische Reise- und Abenteuerfilme aus Deutschland 1919–1939, München 1997, 25f. **11** Zitiert nach NAGL: Die unheimliche Maschine (Anm. 3), 48. **12** Ebd., 55–60; 68f. **13** Institut für Sächsische Geschichte und Volkskunde: Artikel »U.T.« (2018), in: Dresdner Kinokultur, Onlineausgabe: https://kino.isgv.de/dresdner-kinos/alle-kinos/kino-details?kid=200 (Zugriffsdatum: 19.11.2022). **14** NAGL: Die unheimliche Maschine (Anm. 3), 129–131. **15** Zitiert nach ebd., 136–139. **16** Ebd., 41–44; 80f.; 132; 137–140. **17** Zitiert nach ebd., 140. **18** Ebd., 69; 138–142. **19** Institut für Sächsische Geschichte und Volkskunde: Artikel »Prinzesstheater« (2018), in: Dresdner Kinokultur, Onlineausgabe: https://kino.isgv.de/dresdner-kinos/alle-kinos/kino-details?kid=205 (Zugriffsdatum: 19.11.2022). **20** Zitiert nach NAGL: Die unheimliche Maschine (Anm. 3), 155f. **21** Dresdner Nachrichten, 27.9.1921.

»Die GRUND-BOTSCHAFTEN werden BLEIBEN«

Uwe Hänchen über die Frage, wie sich die Karl-May-Spiele in Bischofswerda ändern sollen

1
Uwe Hänchen. Foto: Peter Stürzner, 2021

Uwe Hänchen (*1962) ist Vorsitzender der Spielgemeinschaft »Gojko Mitić« Bischofswerda. Auf der Waldbühne von Bischofswerda führt der Verein unter Leitung des Lehrers jeden Sommer zu den Karl-May-Spielen ein Stück des Schriftstellers auf, jeweils mit einem Kinderensemble und einem Ensemble für Jugendliche und junge Erwachsene. Sein Sohn Ben Hänchen (*1987), ein MDR-Journalist, ist in einem Podcast der Frage nachgegangen, ob Karl-May-Spiele heutzutage noch vertretbar sind. Sein Vater sieht sich durch die Debatte herausgefordert. Er will nun einiges in seinen Stücken und Aufführungen ändern.

Das Interview führte Volker Strähle

Seit einiger Zeit gibt es Kritik, dass Karl May bedenkliche Klischees verbreitet hat. Fürchten Sie, dass Sie die Karl-May-Spiele bald ganz aufgeben müssen?
Uwe Hänchen: Ich hoffe nicht, dass es so weit kommt. Das wäre ganz sicher auch nicht angemessen. Es ist wichtig, dass wir uns in die Debatte einbringen und sensibler werden, was unsere Aufführungen und unser Textbuch angeht. Karl May ist unser Kulturgut, unser deutsches, ja sogar sächsisches Kulturgut. Allerdings geht es in den Stücken um Indianer – und deshalb müssen wir auch die heutigen Perspektiven der Nachkommen der Ureinwohner Nordamerikas berücksichtigen.

Wann haben Sie verstanden, dass Sie etwas ändern müssen?
Als mein Sohn im vergangenen Jahr den Podcast gemacht hat. Ben hat die grundsätzliche Frage aufgeworfen, ob man heute überhaupt noch Karl-May-Spiele aufführen kann. Er hat mich interviewt und viele andere Personen, darunter Indigene aus Nordamerika. Mir ist klar geworden, dass es Menschen gibt, die solche Vorführungen kritisch sehen. Was mich sehr verunsichert hat: In einer Umfrage kam heraus, dass 50 Prozent der Befragten glauben, die Karl-May-Spiele bilden reale Geschichte ab. Ich glaubte, alle wissen, dass wir Geschichten zeigen, die der Fantasie des Schriftstellers Karl May entsprungen sind.

Was wird sich nun bei Ihren Karl-May-Spielen konkret ändern?
Bereits in der letzten Saison haben wir damit aufgehört, Gesichter mit brauner Schminke anzumalen. Einige pseudoindianische Begriffe verwende ich in meinen Stücken schon lange nicht mehr – wie »Squaw« und »Manitou«. Wir wollen in Zukunft auch den Häuptlingen deutsche Namen geben, die indianischen Namen sind ja meist Fantasienamen. Karl May hat ja immer auch eine Übersetzung der Namen ins Deutsche mitgeliefert, die

verwende ich dann. Winnetou, Intschu-tschuna oder Nscho-tschi werden aber bleiben. Schwierig wird es bei den Stammesbezeichnungen, denn die gibt es ja wirklich. Und was die Tänze angeht, da möchte ich unseren Tänzern Workshops mit dem professionellen indigenen Tänzer Kendall Old Elk anbieten. Wir im Verein sind jetzt in der Diskussion, was wir künftig sensibler angehen und was Bestand haben soll.

Worum geht es Ihnen am Ende: den »echten« Karl May auf die Bühne zu bringen – oder zu zeigen, wie die indigenen Menschen »wirklich« gelebt haben?
Das ist ein Dilemma. Oft werde ich als Karl-May-Fan dargestellt, was nicht ganz stimmt. Ich habe eine typische DDR-Biografie. Bei mir hat alles mit den DEFA-Indianerfilmen begonnen, mit Gojko Mitić. Diese DDR-Produktionen hatten den Anspruch, authentischer zu sein als die Karl-May-Filme aus dem Westen. Deshalb wollte ich bei unseren Spielen auch immer, dass es halbwegs stimmt, was wir da spielen. So habe ich etwa Texte von historischen Indianerführern mitverarbeitet, die zum Beispiel den Umgang der Weißen mit der Natur, mit der Mutter Erde, zum Inhalt haben. Und dann kam mein Sohn und sagte: Das ist kulturelle Aneignung, das kannst du nicht machen. Bisher dachte ich, das ist gerade das, was uns auszeichnet, dass wir uns bemühen, authentisch zu sein. Jetzt muss ich ein anderes Argument verwenden und sagen: Leute, was wollt ihr? Wir spielen Karl May, das ist unsere Kultur. Der hat das ethnologisch ungenau beschrieben, das wissen wir, aber die Texte sind 150 Jahre alt. Mir ist nicht wohler auf diesem Weg und ich beschäftige mich nach wie vor sehr intensiv damit.

Sie haben also kein Rezept, das Dilemma aufzulösen?
Es gibt nicht die eine Lösung. Wir werden einige Dinge in den Stücken ändern und der historischen Realität anpassen. Ich lasse auch bestimmte Figuren weg, schreibe Texte um. Denn aus heutiger Sicht ist klar, dass es in Karl Mays Romanen Inhalte gibt, die als rassistisch interpretiert werden können. Gleichzeitig werden die Grundbotschaften erhalten bleiben, die für mich das positive Erbe von Karl May ausmachen: Sein Einsatz für Völkerverständigung und für die Rechte der Indianer. Manche Sachen werden wir auch nicht aus den Stücken herausnehmen. Dann erklären wir im Programmheft und im Vorprogramm: Was hat uns Karl May erzählt und was war Realität. Kendall Old Elk sagt zum Beispiel, dass die Trommel nur Männern vorbehalten war. Wenn unsere Trommelgruppe mal wieder etwas aufführt, werde ich aber sicher nicht sagen: Die Mädchen und Frauen dürfen nicht mitmachen.

Welche Reaktionen erhalten Sie darauf, dass Sie sich der Debatte stellen?
Im Wesentlichen wird es positiv gesehen, dass wir uns hinterfragen und bereit für Veränderungen sind. Die jüngere Generation, die allmählich die Verantwortung übernimmt, ist insgesamt sehr offen. Manche Leute verschreckt aber die harte Infragestellung. Sie lesen die Überschrift in der Zeitung: Ist Karl May rassistisch? Und lesen dann gar nicht mehr weiter, obwohl der Text oder das Interview dann differenzierter ist. Es gab auch Reaktionen unter unseren Sponsoren, die gesagt haben: Also, wenn ihr hier jetzt alles ändert, dann gibt's kein Geld mehr. Dann sind wir raus.

2
Szene aus dem Karl-May-Spiel »Old Surehand« der Jugendbesetzung von 2022.
Foto: Peter Stürzner, 2022

BEGEGNUNGEN
AUSTAUSCH
MISSBRAUCH

»Indianer«-Darsteller aus dem Zirkus Sarrasani besuchen 1928 den Flugplatz Dresden-Heller. Wollten die indigenen Besucher aus den USA tatsächlich das Flugzeug besteigen oder wurden sie für Marketingzwecke instrumentalisiert? Begegnungen zwischen Teilnehmenden von Menschenschauen und dem Dresdner Publikum fanden selten auf Augenhöhe statt. Vor allem weniger priviligierte Teilnehmende sahen ihre Würde verletzt, erlebten Gewalt und Missbrauch.

Bodhari Warsame

SOMALI-VÖLKER-SCHAUEN in DRESDEN: ein ÜBERBLICK

Über Völkerschauen, ihre Impresarios und ihre Inszenierungspraktiken ist viel geschrieben worden, doch gibt es bislang nur wenige Veröffentlichungen zu einzelnen ethnischen Gruppen von Teilnehmenden.[1] Dieser kurze Artikel befasst sich mit verschiedenen Somali-Völkerschaugruppen,[2] die von den frühen 1880er-Jahren bis 1930 durch Europa und darüber hinaus tourten. Im Mittelpunkt der Betrachtung stehen die Somali-Gruppen, die während ihrer Tourneen in Dresden auftraten. Dresden war dabei nicht der Ausgangspunkt der somalischen Völkerschau-Tourneen, sondern eher ein Zwischenstopp auf dem Weg zwischen Orten wie Hamburg und Basel. Einige der folgenden Informationen werden hier zum ersten Mal veröffentlicht.[3] Eine ausführlichere Darstellung des Autors über Somali-Schauen ist 2021 in englischer Sprache erschienen.[4]

SOMALI-SCHAUEN ALS TEIL DER KOLONIALGESCHICHTE

Die Geschichte der Somali-Völkerschauen ist im Kontext der modernen Globalisierung zu betrachten, die während der Kolonialzeit auf der somalischen Halbinsel Einzug gehalten hat. Im ausgehenden 19. Jahrhundert bestand das heutige Somalia aus den Kolonien Britisch-Somaliland (im Norden) und Italienisch-Somaliland (an der Westküste von Norden nach Süden). Hinzu kam Französisch-Somaliland, das später ein eigenständiger Staat wurde – das heutige Dschibuti. Im Gegensatz dazu blieb das benachbarte Abessinien (Äthiopien) von der europäischen Kolonialherrschaft verschont, abgesehen von fünf Jahren unter italienischer Herrschaft (1936–1941).

Seit den 1880er-Jahren öffnete sich das somalische Territorium unter kolonialer Fremdherrschaft gegenüber der Außenwelt. Im Zuge der Völkerschauen zogen erstmals größere Gruppen von Somali nach Europa, die meisten von ihnen kehrten danach in ihre Heimat zurück. Auf den Spuren dieser frühen Völkerschau-Teilnehmenden begründeten andere Somali – darunter diejenigen, die den Kolonialmächten während der beiden Weltkriege in verschiedenen Funktionen gedient hatten – eigene Diaspora-Communities in der ganzen Welt. Heute lebt ein Großteil der Somali aus unterschiedlichen Gründen, vor allem aber wegen des anhaltenden somalischen Bürgerkriegs, über die ganze Welt verstreut.

Die frühen Somali im Völkerschau-Geschäft waren herausragende Pioniere, die der Kolonialisierung, dem Imperialismus, dem Orientalismus, dem Rassismus und der Globalisierung ins Auge geblickt hatten. Sie überlebten nicht nur den für viele Menschen tödlichen Kolonialismus, sie kehrten sogar gestärkt zurück – mit dem Entschluss, ihre gewonnene unternehmerische Erfahrung in ihrer Heimat zu nutzen. Einige Völkerschau-Teilnehmende gründeten eigene Unternehmen und brachten es nach dem Ende der Tourneen zu eigenem Wohlstand. Andere arbeiteten als Anführer und Leiter von Forschungsexpeditionen. Wieder andere zogen sich still und leise in ihre nomadische Gesellschaft zurück oder brachen zu neuen Abenteuern in der ganzen Welt auf.

1
Titelbild der Begleitbroschüre zu »J. Menges' Ost-Afrikanische Karawane aus dem Somalilande«. Druck: Adolph Friedländer, Hamburg, um 1889

HAGENBECKS ZOO WIRD STÜTZPUNKT DER SOMALI-GRUPPEN

Der bekannteste Völkerschau-Unternehmer, der regelmäßig Somali in Deutschland und in anderen Ländern ausstellte, war Carl Hagenbeck (1844–1913).[5] Dessen Zoo in Hamburg-Stellingen wurde nach seiner Eröffnung 1907 sogar zu einem saisonalen Stützpunkt für die Somali-Gruppen. Hagenbeck, der als Tierhändler begonnen hatte, scheint früh erkannt zu haben, dass die Rekrutierung von Menschen etwas ganz anderes war als das massenhafte Einfangen von Wildtieren. Er lernte rasch, dass er bei der Auswahl der Menschen für die Schaustellungen sehr überlegt vorgehen musste, um schlechte Presseberichterstattung in Europa zu vermeiden und um nicht in finanzielle Schwierigkeiten zu geraten.

Hagenbeck musste kolonialpolitische Minenfelder umschiffen und sich durch kostspielige Regularien und Vorschriften manövrieren, um am Ende die besten Schaugruppen rekrutieren zu können. Waren europäische Kolonialverwaltungen oder die Interessen von Unternehmern betroffen, musste er für deren Genehmigungen zahlen. Für die Honorare und Reisekosten der Mitglieder der Völkerschau-Gruppen wurden weitere Zahlungen fällig. Sich direkt mit europäischen Kolonialbehörden auseinandersetzen zu müssen, war nicht unbedingt in seinem Interesse. Dies erklärt, warum einige Somali-Truppen, die an den Kolonialbehörden vorbei im damaligen Französisch- oder Britisch-Somaliland rekrutiert worden waren, als »Abessinier« oder »Äthiopier« nach Europa verschifft wurden, um dort wieder als »Somali« aufzutreten. Da das abessinische Königreich eigenständig geblieben war, umgingen die Anwerber die französische oder britische Kolonialverwaltung, wenn sie dort Somali und andere eng verwandte ethnische Gruppen rekrutierten.

Hagenbeck und weiteren Völkerschau-Impresarios gefielen an den Somali insbesondere ihre physischen und kulturellen Eigenheiten. Das europäische Publikum fand die Somali attraktiv und faszinierend zugleich, ließen sie sich doch kaum direkt in eine der geläufigen »Rassen«-Kategorien einordnen. Ihre hohe und schlanke Statur und ihre traditionelle Kleidung entsprachen nicht dem vorherrschenden rassistischen Klischeebild von Afrikaner:innen.[6]

2
Somali-Gruppe auf Pferden mit Hersi Egeh Gorseh (vierter von links) im Angriffsmodus. Unbekannte:r Fotograf:in, 1927/28

Straußenreiten der Somali-Neger im zoologischen Garten zu Dresden. Originalzeichnung von E. Limmer. (S. 223)

3
Illustration zum Straußenreiten der Somali im Dresdner Zoo. Holzschnitt von Emil Limmer aus: Das Buch für Alle. Illustrirte Monatsschrift zur Unterhaltung und Belehrung. Für die Familie und Jedermann 21, Heft 10, (1886), 225

»SOMALI« AUS NUBIEN?

Die erste bekannte »Somali«-Gruppe besuchte Dresden im Jahr 1885, wo sie von Ende August bis Anfang September im dortigen Zoologischen Garten Station machte. Die Gruppe trat unter dem Namen »Carl Hagenbeck's Somali-Expedition« auf und tourte von 1885 bis 1899 durch Deutschland und andere europäische Länder. Eine genaue Untersuchung der erhalten gebliebenen Bilder von den Gruppenmitgliedern zeigt allerdings, dass es sich keineswegs um Somali, sondern möglicherweise um Menschen aus dem Sudan handelte. Dies erstaunt wenig, da es im Rahmen der Völkerschauen üblich war, einzelne Gruppen absichtlich falsch zu bezeichnen und ihnen auf diese Weise eine andere ethnische Identität zu geben. Den Völkerschau-Unternehmern ging es dabei insbesondere darum, die Neugier des zahlenden Publikums zu wecken und es in möglichst großer Zahl in die Schaustellungen zu locken. Eine Variation der ethnischen Kennzeichnung der zur Schau gestellten Gruppen war in vielen Fällen wirtschaftlich lukrativ. Im Völkerschau-Geschäft stießen »noch nie gezeigte Völker« häufig auf ein großes Interesse des Publikums, so war es auch bei den Somali der Fall. Der Erfolg dieser Schauen veranlasste dann allerdings andere Unternehmer dazu, ähnliche Gruppen zu rekrutieren und vorzuführen – bis das Publikumsinteresse nachließ. Und so mussten andere »Neuheiten« geboten werden. Grundsätzlich galt:

Je glaubwürdiger eine ethnische Gruppe andere ethnische Gruppen imitieren konnte, desto besser. Die Voraussetzung war allerdings, dass es physische und kulturelle Ähnlichkeiten gab. Aus europäischem Blickwinkel passten »Nubier« und »Somali« gut zusammen – trotz ihrer Unterschiede.

Für Hagenbeck war Nubien als Teil des ägyptischen Sudans bis in die frühen 1880er-Jahre die wichtigste afrikanische Region, in der seine Agenten teure Wildtiere fingen. Dementsprechend gehörten die Nubier zu den ersten ethnischen Gruppen in Hagenbecks Völkerschauen. In den meisten Fällen wurden sie als Nubier vermarktet: Allein im Dresdner Zoo zeigte Hagenbeck zwischen 1878 und 1889 drei »Nubier«-Schauen.[7] Nach den Mahdi-Aufständen im Sudan (1881–1899) begann Hagenbeck allerdings am Horn von Afrika (Äthiopien, Britisch-Somaliland, Französisch-Somaliland, Eritrea), Gruppen für seine »anthropologischen Ausstellungen« zu rekrutieren.

Ein Agent Carl Hagenbecks, der zunächst in Nubien und dann in den unterschiedlichen Kolonialgebieten der somalischen Halbinsel Geschäfte machte, war Josef Menges (1850–1910). Er war es, der die erste Verbindung zwischen den Somali und Hagenbecks Unternehmen herstellte. »Mr. Mungus«, wie ihn die Somali später nannten, schloss sich 1874 der Nil-Expedition von General Charles Gordon (1833–1885)[8] an, verließ sie aber, als Krankheiten und andere Schwierigkeiten die Expedition erschwerten.[9] Anschließend bereiste Menges die weitere Region und wurde um 1876 Mitarbeiter Hagenbecks innerhalb eines ausgedehnten Gebiets, das sich vom ägyptischen Sudan bis nach Somalia erstreckte. Zwischen 1876 und 1906 reiste Menges mehrmals in die nördlichen Somali-Gebiete. Die Etikettierung nubischer Gruppen als »Somali« könnte als Vorab-Werbung für die Somali-Gruppen interpretiert werden, die in den späten 1880er-Jahren eintrafen.

INSPIRATION FÜR KARL MAY

Eine dieser somalischen Völkerschauen dieser Jahre muss den Schriftsteller Karl May (1842–1912) zu einer kurzen Erzählung inspiriert haben, die unter dem Titel »Straußenreiten der Somal« erstmals 1886 und in leicht veränderter Form erneut 1889 veröffentlicht wurde.[10] Nach einer kurzen Einleitung zur Bedeutung der Völkerschauen für die neue Kolonialmacht Deutschland zeichnete May darin ein »ethnografisches« Bild der »Somali«. Die Schilderungen hatte er offensichtlich – teils wortwörtlich – aus dem Katalog von »Menges Ost-Afrikanischer Karawane« übernommen.[11] Anschließend beschrieb May die einzelnen Teile der jeweiligen Schau: Er erzählte von Reiterdarbietungen, Waffenspielen und Tänzen und ging ausführlich auf die »Bettelkünste« der Darsteller:innen ein, darunter auch von Kindern und Frauen. Erst in einem letzten, kurzen Abschnitt widmete er sich tatsächlich dem »lustigen« Straußenreiten, das auch auf der dazugehörigen Abbildung zu sehen ist (siehe Abb. 3). Diese stammt wahrscheinlich vom Künstler Emil Limmer (1854–1931).

Im August/September 1889 kam eine Somali-Schaugruppe unter dem Namen »Die ostafrikanische Karawane« für zwei Wochen in den Dresdner Zoo. Sie war von Menges angeworben worden und umfasste etwa 27 Mitglieder, darunter Männer, Frauen und Kinder. Sieben Jahre später, im Mai 1896, führte Menges eine weitere Somali-Truppe mit etwa 30 Mitgliedern im Dresdner Zoo vor, dieses Mal unter dem Namen »Afrikanische Karawane aus Somaliland«. Dresden war der erste Auftrittsort dieser Schaugruppe.

4 und 5
Somali-Schau im Dresdner Zoo, vermutlich »Gallas«. Unbekannte:r Fotograf:in, um 1908

HERSI EGEH GORSEH UND DIE »GALLA«

Es vergingen erneut einige Jahre, bis im Mai/Juni 1908 eine große, etwa 40 Mitglieder starke Gruppe mit Somali in den Zoo kam. Ihr Besuch in Dresden war Teil einer größeren Tournee, welche die Gruppe bis nach Frankreich führte. Die Teilnehmenden präsentierten sich aber nicht als »Somali«, sondern als angebliche »Gallas« (Oromo) aus Abessinien (Äthiopien). Die angebliche Zurschaustellung einer »Galla« genannten Gruppe, die heute mit den östlichen Oromo aus Ogaden in Äthiopien gleichgesetzt werden können, versprach offenbar eine größere Aufmerksamkeit. Angeführt wurde sie von dem somalischen Völkerschau-Leiter und späteren Impresario Hersi Egeh Gorseh (um 1856 – um 1938).[12] Die erste von Hersi geleitete Gruppe war im damaligen Britisch-Somaliland angeworben worden. Unter verschiedenen Namen tourten Hersis Gruppen bis 1929 durch zahlreiche Länder. Dabei waren sie eng mit den Unternehmungen Hagenbecks in Europa und Südamerika verbunden.

Hersi Egeh Gorseh war ursprünglich von Menges angeworben worden, um, mithilfe von Fallenstellern aus seinem Clan und der engen Verwandtschaft, Wildtiere an der Nordküste Somalias und im Landesinneren zu fangen und nach Abessinien zu verschiffen. Nach einigen erfolgreichen Wildtiertransporten, bei denen Hersi sein Können unter Beweis gestellt hatte, überzeugte ihn Menges, seine Somali-Arbeitskräfte für Völkerschauen nach Europa mitzunehmen. Von 1907 an arbeitete Hersi direkt für Hagenbeck und leitete für ihn mehrere Somali-Gruppen. Im Laufe der jahrelangen Zusammenarbeit wurde Hersi ein enger Geschäftsfreund Hagenbecks. Aus mündlichen Überlieferungen aus der Region und aus wissenschaftlichen Untersuchungen geht hervor, dass Menges als Geldgeber fungierte, während Hersi für die Rekrutierung und das logistische Management vor Ort zuständig war. Er richtete an verschiedenen Orten Basislager ein und warb lokale Tierfänger und Transporteure an. Mündlichen Berichten zufolge verdiente Hersi außerordentlich gut. In seiner Gemeinschaft genoss er hohes Ansehen.

DIE INTERNATIONALE HYGIENE-AUSSTELLUNG 1911

Für die Somali-Völkerschauen war 1911 ein außerordentlich wichtiges Jahr. Anlässlich großer Ausstellungen waren in verschiedenen europäischen Ländern Somali-Gruppen zu sehen. In London traten Somali während des »Festival of Empire« auf, das anlässlich der Krönung Georgs V. (1865–1936) veranstaltet wurde. Weitere Auftrittsorte waren die Internationale Kunstausstellung in Rom und die Internationale Ausstellung für Industrie und Arbeit in Turin.

Auch in Dresden fand in jenem Jahr eine bemerkenswerte Ausstellung statt: Zwischen Mai und Oktober 1911 besuchten fünfeinhalb Millionen Menschen die erste Internationale Hygiene-Ausstellung auf dem erweiterten Areal des Städtischen Ausstellungspalasts.[13] Die dort auftretende Somali-Gruppe, die mit etwa 80 Personen das »Abessinische Dorf« bevölkerte, wurde im »volkstümlichen« Teil der Ausstellung gezeigt, in dem es auch einen Vergnügungspark, Imbissstände, Musiktribünen und andere Unterhaltungsangebote für die Besucher:innen gab.

6
Werbepostkarte der Internationalen Hygiene-Ausstellung Dresden mit Teilnehmenden des »Abyssinischen Dorfs«. Unbekannte:r Fotograf:in, 1911

7
Kolorierte Fotografie von Teilnehmenden und Publikum der »Somalischau im Zoo zu Dresden«. Unbekannte:r Fotograf:in, vermutlich 1928

Bei der Somali-Gruppe der Internationalen Hygiene-Ausstellung 1911 handelte es sich wahrscheinlich um Veteranen der Menschenschauen aus dem damaligen Britisch- und Französisch-Somaliland, die von 1905 bis zum Beginn des Ersten Weltkriegs ununterbrochen auf Tournee waren. Wie bereits dargestellt, konnten sich die Zusammensetzung und die Anzahl der Mitglieder von einer Ausstellung zur anderen oder von einer Saison zur anderen ändern. Allerdings lässt eine eingehende Betrachtung von Ansichtskarten und schriftlichen Berichten den Schluss zu, dass einige Gruppenmitglieder von 1904 bis zur Dresdner Hygiene-Ausstellung 1911 auf Tournee waren. Die meisten Somali und die Angehörigen von anderen, mit den Somali eng verbündeten Gruppen wie die Afar (Danakil), stammten aus Französisch- oder Britisch-Somaliland. Es ist jedoch anzunehmen, dass einige Mitglieder der Gruppe auch aus Orten der somalischen Halbinsel stammten, die von den Kolonialbehörden noch nicht erreicht worden waren.

DIE LETZTEN SOMALI-SCHAUEN IN DRESDEN

Im Dresdner Zoo trat 1926 noch einmal eine große Somali-Gruppe mit etwa 60 Mitgliedern unter dem Namen »Somalisches Dorf aus Abessinien« auf. Sie war ursprünglich von Otto Müller (1887–1950), dem Direktor des Zoos in Hannover, aus dem damaligen Französisch-Somaliland (dem heutigen Dschibuti) rekrutiert worden. Müller war persönlich nach Abessinien und anschließend nach Dschibuti gereist, um zusammen mit John Hagenbeck (1866–1940), dem Bruder von Carl Hagenbeck, und dem Tierhändler Ludwig Ruhe (1828–1888) die Mitglieder der Völkerschau anzuwerben. Müller verfasste später ein kleines Buch über seine Reisen zum Horn von Afrika, in dem er die Rekrutierung der Menschen beschrieb.[14]

Im Sommer 1928 kam die letzte bekannte somalische Völkerschau-Gruppe nach Dresden. Sie wurde offenbar im Rahmen der 7. Dresdner »Jahresschau Deutscher Arbeit« (»Die technische Stadt«) dem Publikum präsentiert.[15] Es gibt Hinweise darauf, dass die Gruppe möglicherweise auch im Rahmen des Sommerfests des Dresdner Zoos auftrat.[16] Bei der Gruppe handelte es sich um die berühmte Truppe von Hersi Egeh Gorseh aus Britisch-Somaliland, die von ihrem Standort in Hagenbecks Hamburger Tierpark aus entsandt worden war. 1928 und 1929 bereiste die Gruppe auf einer ausgedehnten Tournee Deutschland und andere europäische Länder, darunter die Niederlande und Schweden. Mit dieser Tournee endete 1929 die lange Völkerschau-Karriere der Gruppe, die um 1895 begonnen hatte.

1 Zu den Samoa-Schauen im Kaiserreich vgl. THODE-ARORA, HILKE: From Samoa with Love? Samoa-Völkerschauen im Deutschen Kaiserreich. Eine Spurensuche, München 2014; zu den Kalmücken-Schauen vgl. RADAUER, CLEMENS: Hagenbeck's anthropologisch-zoologische Kalmücken Ausstellung (unveröffentlichte Diplomarbeit), Universität Wien 2011; zu den Sami-Schauen vgl. BAGLO, CATHRINE: På ville veger? Levende utstillinger av samer i Europa og Amerika, Tromsø 2011, https://munin.uit.no/handle/10037/3686 (Zugriffsdatum: 12.12.2022). **2** In diesem Text ist von »Somali-Schauen« die Rede. Darunter werden Völkerschauen mit (überwiegend) Angehörigen der Somali verstanden, welche die größte Bevölkerungsgruppe auf der somalischen Halbinsel bilden. Diese setzt sich allerdings aus vielen ethnischen Untergruppen zusammen. **3** Dieser Beitrag wurde von Bodhari Warsame in englischer Sprache verfasst und von Irmgard Hölscher ins Deutsche übersetzt. **4** WARSAME, BODHARI: A Brief History of Staging Somali Ethnographic Performing Troupes in Europe, 1885–1930, in: DEMSKI, DAGNOSŁAW/CZARNECKA, DOMINIKA (Hrsg.): Staged Otherness. Ethnic Shows in Central and Eastern Europe 1850–1939, Budapest 2021, 77–100. **5** Vgl. DITTRICH, LOTHAR/RIEKE-MÜLLER, ANNELORE: Carl Hagenbeck (1844–1913). Tierhandel und Schaustellungen im Deutschen Kaiserreich, Frankfurt am Main 1998. **6** Vgl. THODE-ARORA, HILKE: Für fünfzig Pfennig um die Welt. Die Hagenbeckschen Völkerschauen, Frankfurt am Main 1989, 62–63. **7** Vgl. die Übersicht zu Menschenschauen im Dresdner Zoo in diesem Band. **8** MACKAL, ROY: A Living Dinosaur? In Search of Mokele-Mbembe, Leiden 1987, 12. **9** MOORE-HARELL, ALICE: Egypt's African Empire: Samuel Baker, Charles Gordon and the Creation of Equatoria, Brighton 2010, 96–100. **10** Karl Mays kurze Erzählung »Das Straußenreiten der Somal« erschien 1889 ohne Nennung des Autors in der Zeitschrift »Der Gute Kamerad«, vgl. Der Gute Kamerad 10 (1886), 271–273. Dass May der Verfasser ist, ergibt sich aus dem erhaltenen Abrechnungszettel. Vgl. Karl-May-Wiki, https://www.karl-may-wiki.de/index.php/Das_Strau%C3%9Fenreiten_der_Somal (Zugriffsdatum: 12.12.2022). **11** J. Menges' Ost-Afrikanische Karawane aus dem Somalilande, Hamburg, um 1898. **12** Vgl. WARSAME: A Brief History (Anm. 3), insb. 89f. **13** Vgl. den Beitrag von Julia Bienholz-Radtke und Kathryn Holihan in diesem Band. **14** MÜLLER, OTTO: Rings um den Tschertscher: Wanderfahrten in Abessinien, Hannover 1926. **15** Vgl. Dresdner Arena, 23.7.1928. **16** Auf Fotografien einer Somali-Schau in der Sammlung von Clemens Radauer ist vermerkt: »Sommerfest Zoo Dresden 1928«, https://humanzoos.net/?page_id=3967 (Zugriffsdatum: 12.12.2022).

»Für HERSI war es eine GUTE ERFAHRUNG«

Samatar Hirsi über seinen Urgroßvater, den Völkerschau-Unternehmer Hersi Egeh Gorseh

1
Samatar Hirsi. Foto: Samatar Hirsi, 2022

Samatar Hirsi (*1978) wuchs in Mogadischu, der Hauptstadt von Somalia, auf. Seit zehn Jahren wohnt er im bayerischen Bayreuth. Der somalische Völkerschau-Unternehmer Hersi Egeh Gorseh (um 1856 – um 1938) war sein Urgroßvater mütterlicherseits. Samatar Hirsi kontaktierte Clemens Radauer, um über eine potenzielle Kooperation mit in Planung befindlichen Museen in Somaliland zu sprechen, die das Phänomen der Völkerschauen als Teil ihrer Geschichte behandeln möchten. Somaliland (ehemaliges Britisch-Somaliland) ist eine völkerrechtlich zu Somalia gehörende autonome Region, die 1991 ihre Unabhängigkeit erklärt hat.

Das Interview führte Clemens Radauer

Wurde in Ihrer Familie viel von Hersi Egeh Gorseh erzählt?
Samatar Hirsi: Ja, wobei viele Leute, die ihn und seine Geschichte kannten, schon gestorben sind. Aber es ist immer ein Thema in der Familie, wie er damals ein Vermögen hier in Europa gemacht hat. Hersi Egeh Gorseh war ein bekannter Name im Völkerschauen-Geschäft, er war ja Leiter von Somali-Schauen, hat alles organisiert. Er hat gute Kontakte zu Herrn Hagenbeck aus Hamburg gehabt. Oft wird erzählt, dass er hier in Deutschland Nähmaschinen gekauft hat und diese nach Somalia transportieren hat lassen. Ich glaube, damals hat er die erste Nähmaschine überhaupt in mein Heimatland gebracht. Das war Anfang des 20. Jahrhunderts. Und er hat auch in großem Stil Geschäfte gemacht – wie später seine Kinder auch. Mit Klamotten im Großhandel, über Jemen, den Nahen Osten, Indien. Später haben seine Kinder dieses Geschäft weitergeführt.

Ist denn Hersi Egeh Gorseh in seiner Heimatstadt Berbera noch ein bekannter Name?
Nein, diese Geschichte ist verloren und vergessen. Nur die Familie und die Nachbarsleute kennen sie. In Somalia weiß auch kaum jemand, dass es in Europa Völkerschauen gegeben hat. Nur wenige Leute, die dazu recherchiert und nachgeforscht haben, kennen die Geschichte.

Wissen Sie, wie Hersi Egeh zu den Völkerschauen gekommen ist?
Unser Stamm heißt Habar Awal. Und auch Hersi Egeh Gorseh gehörte mit seiner Familie in Berbera dazu. Das waren Kaufleute, sie haben in Berbera und Zeila an der Küste gelebt und waren zivilisierter als der Rest der Bevölkerung von Somaliland. Als Kaufleute hatten sie über den Handel gute Kontakte nach Arabien und nach Indien.

2
»Somali«-Gruppe mit Hersi Egeh Gorseh und Carl Hagenbeck (beide stehend in der Mitte). Unbekannte:r Fotograf:in, um 1895

Und wahrscheinlich kamen sie als Händler auch mit Carl Hagenbeck in Kontakt?

Genau. Und es gibt noch eine wichtige andere Person: Sein Name war Josef Menges. Menges ist 1881 oder so nach Berbera gekommen und hat Kontakte mit diesen Leuten in Berbera geknüpft. Hagenbeck selbst war nämlich nie in Berbera, Menges hat die Völkerschauen für ihn organisiert. Menges war wie Hagenbeck Tierhändler, er wurde ein guter Freund von Hersi Egeh Gorseh. Ja, so hat das alles mit den Völkerschauen aus Somalia angefangen.

Wie sehen Sie das Schicksal von Hersi Egeh Gorseh? Betrachten Sie seinen Lebensweg eher positiv oder eher negativ?

Ehrlich gesagt kann ich nicht beurteilen, wie es für andere einfache Leute aus Somalia war, die mit den Völkerschauen hierher nach Deutschland gekommen sind. Einige sind auch, wie ich gehört habe, hier in Deutschland an Krankheiten gestorben. Aber Hersi war der Leiter, er hat alles organisiert und er hat gutes Geld gemacht. Später hat er hier Nähmaschinen gekauft und damit in Somalia Geschäfte gemacht. Und das war großartig. Für Hersi und seine Familie war es eine gute Erfahrung, das kann ich sagen. Weil er in der Machtposition war. Er war der Leiter all dieser Dinge.

Wie bewerten Sie das Phänomen von Völkerschauen allgemein?

Die Leute aus Somalia waren nicht zwangsrekrutiert, die sind ja freiwillig nach Europa gekommen und die haben auch, glaube ich, ein bisschen Geld verdient. Aber die Völkerschauen insgesamt sehe ich nach all dem, was ich gelesen oder recherchiert habe, kritisch. Es gibt dazu viele Bilder im Internet oder auf Webseiten. Einige Menschen – etwa Leute aus dem Kongo – sind nackt fotografiert worden oder hinter einem Zaun. Das finde ich nicht in Ordnung. Diese Bilder sind meiner Meinung nach unmenschlich. Und die Leute sind auch wie Tiere betrachtet worden. Für die Zuschauer waren das exotische Leute. Das ist Rassismus.

TE'O TUVALE

Te'o Tuvale (1855–1919) aus Faleasiu auf der samoanischen Insel Upolu führte die zweite Samoa-Schau, die im Juni 1901 in den Dresdner Zoo kam.

Schon als junger Mann war ihm durch Wahl der hohe Häuptlingstitel Te'o verliehen worden. Te'o Tuvale arbeitete nacheinander für alle drei Kolonialregierungen auf Samoa. Klug bewegte er sich zwischen beiden Lebenswelten. Nach dem Krieg dreier Häuptlingsfraktionen wurde Westsamoa 1900 eine deutsche Kolonie. Te'o, Unterstützer der unterlegenen Seite, nahm das Angebot an, als Autoritätsperson eine Samoa-Völkerschau nach Deutschland zu begleiten. Wie viele Samoaner:innen fasste er dies als *Malaga* auf: als Reise eines Häuptlings mit Entourage in fremdes Gebiet, wo sie sich bei ihren Gastgeber:innen mit in Samoa hoch geschätzten protokollarischen Tätigkeiten bedanken, etwa Musik, Tanz und Redekunst.

Te'o hoffte, deutsche Würdenträger kennenzulernen und mit ihnen Geschenke zu tauschen, die in Samoa wichtige Beziehungen begründen und bestätigen. Nicht die Impresarios, sondern er wählte die Völkerschau-Teilnehmer:innen aus: Söhne und Töchter von Häuptlingen, die gut singen, tanzen und angemessen repräsentieren konnten, darunter seine spätere Frau Naitua (1886–1958). Er überwachte die Vorstellungen, nahm aber selbst nicht an ihnen teil. Te'os Rechnung ging auf: Kaiser Wilhelm II. (1859–1941) empfing die Samoaner:innen in Kiel, wo ihm zeremoniell Geschenke übergeben wurden und Te'o eine geschliffene Rede hielt. Der Kaiser revanchierte sich mit Gegengaben: Schmuck für die Frauen, Uhren für die Männer. Dieser Geschenkaustausch vermehrte wie erhofft Te'os Prestige in Samoa. Die goldene Taschenuhr mit seinem eingravierten Namen wird noch heute von seinen Nachfahr:innen bewahrt. Te'o Tuvale ist als Verfasser mehrerer Schriften zur samoanischen Geschichte und Kultur bekannt.

Hilke Thode-Arora

HINGESCHAUT!

Andrea Rudolph

Das Afrikanische Restaurant in Dresden

Eine Postkarte zeigt einen Schankraum mit zahlreichen Gästen und Angestellten: eine Werbeansicht, wie sie für Gaststätten, Cafés und Restaurants für die Zeit um 1900 typisch war. Die Ladeneinrichtung unterscheidet sich nicht von anderen zeitgenössischen Lokalen in Dresden. Auch die Gäste entsprechen in ihrem äußeren Erscheinungsbild dem damaligen einheimischen Publikum bzw. der in Dresden Anfang des 20. Jahrhunderts gängigen Mode. Auf den ersten Blick verweist die Postkarte also auf eine »normale« Dresdner Schankwirtschaft und die in ihr arbeitenden wie konsumierenden Menschen. Doch ein zweiter Blick lässt erkennen, dass alle drei Kellner Schwarze sind, was für Dresden zur vorigen Jahrhundertwende ungewöhnlich war. Der Umstand erklärt sich durch den aufgedruckten Namen des Lokals: Die Karte warb 1901 für ein »Afrikanisches Restaurant« in Dresdens Großer Brüdergasse. Was aber war »afrikanisch« an dem Restaurant?

Das noch nach seinem Vorgängerbetrieb offiziell »Zum Chinesen« heißende Lokal wurde seit 1899 von dem in Freetown (heute: Sierra Leone) geborenen Johannes Glatty (1872–1910) gemeinsam mit seiner deutschen Ehefrau betrieben, der Kellnerin Johanne Marie, geb. Köhler (*1863). Bereits 1895 hatten sie in der Moritzburger Straße die Schankwirtschaft »Zum Afrikanischen Bierhaus« eröffnet. Darüber hinaus war Glatty zwischen 1898 und 1902 auf der Vogelwiese mit einer »Afrikanischen Bierhalle« bzw. einem »Afrikanischem Bierzelt« vertreten. Alle Lokale bezeichnete er als »afrikanisch«, was sich jedoch nur auf das Schwarze Personal bezog, das als Attraktion vermarktet wurde. Glatty verwies 1897 in Konzessionsanträgen selbst auf die Anziehungskraft seiner eigenen Zurschaustellung »in Dresden[s] einzig dastehende[m] Restaurant mit einen schwarzen Wirth«: »zahlreiche Gäste aus allen Bevölkerungsklassen beehrten mich, [um] den in Dresden etablirten schwarzen Restaurateur kennen zu lernen«. Eine Werbeanzeige in den Dresdner Nachrichten vom 16. Februar 1902 warb mit dem Aufruf: »Kommt alle zu den Schwarzen!« Sie lud bei »echt afrikanische[r] Bedienung« zu täglicher Musik mit »Trompetensolis, Burenlieder[n] und Märsche[n]« ein. Inwieweit die musikalischen Darbietungen nur auf den Zweiten Burenkrieg in Südafrika (1899–1902) reagierten oder allgemein auch afrikanische Klänge im 1902 zum »Afrikanischen Konzerthaus« umbenannten Etablissement ertönten, ist nicht bekannt.

Das Restaurant schloss 1903. Nach Stationen in Zürich, Wien und Breslau betrieb Johannes Glatty ab 1906 in Leipzig das Lokal »Zum Afrikaner«. Er starb 1910 in der Städtischen Irrenanstalt in Frankfurt am Main, nachdem kurz zuvor sein Restaurant verkauft und die Ehe mit Marie geschieden worden war. Ob der Blick auf die angestellten Schwarzen Kellner, Büffetdamen und Musiker einziger »afrikanischer« Bestandteil seines Gastronomiekonzepts war, bleibt ungeklärt, würde aber dem verwendeten Werbebild auf der Postkarte entsprechen.

Werbepostkarte »Gruss aus dem Afrikanischen Restaurant Johannes Glatty«. Fotografie von Martin Görtz, Dresden, 1901

Hartmut Rietschel

INDIANER und »INDIANER« im RAUM DRESDEN

Eine lange Tradition haben die Aufführungen mit Indianern und amerikanischen Nordlandbewohnern in unserer Stadt. Der Beitrag möchte exemplarisch Schlaglichter auf diese Auftritte in Dresden und der näheren Umgebung werfen, die dem Autor aufgrund seiner langjährigen Beschäftigung mit der Thematik und aus seiner Sammeltätigkeit heraus besonders beachtenswert erscheinen. Aber auch Besuche dieser Menschen – im Folgenden Indianer genannt – und die sich daraus ergebenden Ereignisse sollen nicht ausgeklammert werden. Gestützt auf historische Berichte, Beschreibungen in der Dresdner Presse und Ankündigungen in der zeitgenössischen Reklame, wurde so eine Chronologie wesentlicher Völkerschauen, Wild-West-Shows, Empfänge und anderer Begegnungen von und mit Indianern seit Beginn des 18. Jahrhunderts bis in die Mitte des 20. Jahrhunderts zusammengestellt.

Ergänzend zu den Auftritten von Indianern sind Beispiele dafür aufgeführt, wie die Menschen in Dresden und Umgebung das ihnen vermittelte Indianerbild in ihre Lebenswelt übernahmen. Handelt es sich um Personen, die sich für Kostümfeste oder für die Beteiligung an Schauen in der Art von Indianern verkleideten, werden sie im Text als »Indianer« (in Anführungszeichen) bezeichnet.

Über 300 Jahre Kulturgeschichte liegen zu diesem Thema hinter uns und bekommen eine Erwähnung, aber auch eine Prüfung. Nicht alles ist mit der Brille des 21. Jahrhunderts zu verstehen und zu begreifen. Es waren und sind Menschen, die die Aufführungen verantworteten oder anschauten – und diese können Fehler machen, auch wenn sie es selbst in ihrer Zeit anders sahen oder sehen.

1722 Creek-Indianer am Dresdner Hof
August der Starke (1670–1733) kaufte 1722 zwei »Americanische Printzen« für den Dresdner Hof.[1] Diese waren stark tätowiert und kamen mit dem englischen Captain John Pight (um 1670–1726) nach Europa. Hier wurden sie an den Fürstenhöfen, in Gaststätten und Hotels als Kuriosität zur Schau gestellt. Beide wurden in der Dresdner Kreuzkirche getauft.

1746 Grönländer auf dem Weg nach Herrnhut
Durch Dresden bewegte sich 1746 eine Gruppe von Grönländern auf dem Weg nach Herrnhut in der Oberlausitz. Zwei der Reisenden verstarben dort und wurden auch dort beigesetzt.

1825 Inuit in Dresden
Zusammen mit einer Gruppe Inuit um George Niakunêtok (1798–1825) kam im März 1825 Captain Samuel Hadlock (1792– um 1830) nach Dresden. Hier überreichte König Friedrich August I. (1750–1827) Niakunêtok eine goldene Schnupftabakdose.[2] Dokumentiert ist auch die den Besuch illustrierende Lithografie »Der Eskimo in Moritzburg« von Friedrich Daniel Reichel (1733–1844).

1878 Grönländer von Hagenbeck im Dresdner Zoo
Es handelte sich bei der im April 1878 im Dresdner Zoo auftretenden Truppe um drei Männer, eine Frau und ihre beiden Kinder.[3] Sie kamen aus Westgrönland und wurden von Adrian Jacobsen (1853–1947) angeworben, der ab 1893 für eine Zeit lang im Dresdner Zoo auch als Restaurant-Chef angestellt war.

1879 Patagonier im Dresdner Zoo
Diese von der Firma Hagenbeck organisierte Truppe wurde in der Presse während ihres Aufenthalts im Mai/Juni 1879 mit aus heutiger Sicht teils herablassender Kritik beschrieben, die von »etwas eintönig« bis »viel interessanter als die Lappländer« reichte, aber auch mitfühlend auf das Heimweh eines Teilnehmers einging.[4]

1879 Indianer aus Kanada im Dresdner Zoo
Die Firma Reiche aus Alfeld vermittelte im Juli 1879 eine Truppe von neun Männern und zwei Frauen. Einer der Männer war ein Comanchero und erzählte die Geschichte, er wäre bei der Erschießung von Kaiser Maximilian I. von Mexiko (1832–1867) dabei gewesen. Gezeigt wurde neben dem Ballspiel und den üblichen Wild-West-Einlagen auch das Kanufahren auf dem Ententeich. Laut Pressebericht sorgten die Auftritte dafür, dass Schüler in den Pausen »statt Räuber und Soldaten nur ›Indianer‹«[5] spielten.

1885 Bella-Coola-Indianer im Dresdner Zoo
Vom 15. Oktober bis zum 2. November 1885 trat eine Gruppe von Bella-Coola-Indianern von der amerikanischen Nordwestküste im Zoo auf. Der aus neun Personen bestehende Trupp wurde von Adrian Jacobsen begleitet und von Hagenbeck organisiert. Die Vorführungen fanden – den Pressekommentaren nach – recht wenig den Geschmack des Publikums, welches lieber Indianer sehen wollte, die dem Typ »Federn und Kriegsgeschrei« entsprachen. Schnell bildete sich die Meinung: »Diese Indianer sind falsch«.

1886 »Sitting Bulls Sioux« im Dresdner Zoo
Vom 28. Juli bis zum 16. August 1886 trat eine 15 Personen große Truppe der Sioux-Indianer auf. Dabei waren auch sechs Mustangs und eine Gruppe von »Cowboys« und »Mexikanerinnen«. Das Publikum war begeistert und die Vorstellungen waren gut besucht. Besonders gut kam das Bogenschießen vom Pferd über die Köpfe der Zuschauer bei einer Entfernung von 180 Metern an. Die Truppe trat unter dem werbewirksamen Namen »Sitting Bulls Sioux« auf. Der Maler Rudolf Cronau (1855–1939) begleitete sie und verkaufte dabei seine Bücher. Am 14. August besuchte die Truppe in Dresden das Historische Museum und die Gemäldegalerie.

1886 Die amerikanische Kolonie in Dresden veranstaltet einen »Phantasiebasar«
Um die Innenausstattung der neuen Dresdner American Church auf St. John zu finanzieren, wurde im Hotel de Saxe am 15./16. Dezember 1876 ein Wohltätigkeitsbasar organisiert. Dessen Stände, Waren und das kostümierte Verkaufspersonal repräsentierten verschiedene Volksgruppen und Nationen, dabei »Indianer« und »Indianerinnen«, welche einen »schwungvollen Handel« trieben, plus eine Ausstellung von indianischen Gegenständen. Nicht einmal die »Friedenspfeife rauchende Rothaut« soll gefehlt haben.[6]

1
Titelbild des Show-Begleitbuchs »Buffalo Bill's Wild West. Nationale Gebräuche und Sitten der Indianerstämme sowie der amerikanischen Hinterwäldler im Anschluß an die Schaustellung von Buffalo Bill's Wild West in Europa«. Verlag von G. Roßberg, Dresden, 1890

1890 »Buffalo Bills Wild West« in Dresden

Vom 1. bis zum 15. Juni 1890 gastierte »Buffalo Bills Wild West« im damaligen Dresdner Ausstellungsgelände, wo sich heute die Gläserne Manufaktur der Firma Volkswagen befindet. Mehr als 10 000 Menschen waren zur Eröffnung gekommen, um dem Programm zu folgen. Zu Ehren des Besuchs des sächsischen Königshauses trugen alle Beteiligten der Schautruppe grün-weiße Schleifen. Laut Eigenwerbung bestand die Truppe aus »200 Indianern, Cowboys, Hinterwäldlern, Jägern, mexikanischen Vaqueros, Lassowerfern, Scharfschützen, Gewehr und Pistolenvirtuosen und Virtuosinnen, Reiter und Reiterinnen auf wilden Pferden, 200 Pferden, Büffeln, Maultieren u.s.w.«

1892 Indianerfest im Großen Garten

Der Kompositionsverein »Mappe«, eine Dresdner Studentenvereinigung mit ihrem Vorsitzenden Erich Hösel (1869–1953), veranstaltete im Großen Garten ein »Indianerfest«. Ob auch Ernst Barlach (1870–1938) als Mitstudent von Hösel unter den »Indianern« war, sollte einmal geprüft werden.

*2
Werbepostkarte mit den Sioux der Rosebud Reservation, die im Dresdner Zoo auftraten, mit den Unterschriften von Yellow Hawk, Short Bull, Never Miss, Small Belly und Miss Marie. Unbekannte:r Fotograf:in, 1899*

1892 Guayana-Indianer im Dresdner Zoo

In Dresden trat vom 28. Juli bis zum 16. August 1892 eine Gruppe von Guayana-Indianern aus Südamerika auf. Das Königliche Anthropologisch-Ethnographische Museum erwarb eine Reihe von Artefakten dieser Truppe, welche sich auch jetzt noch im heutigen Museum für Völkerkunde Dresden befinden.[7]

1899 Sioux von der Rosebud Reservation im Dresdner Zoo

Vom 26. August bis zum 19. September 1899 gastierten diese Indianer zusammen mit Captain Shaw und Miss Winona (wahrscheinlich Kunstschützin Lilian Frances Smith, 1871–1930) im Dresdner Zoo. Die Gruppe umfasste etwa zwölf Personen, der Häuptling wurde Spotted Tail genannt (vermutlich William Spotted Tail, um 1859–1931). Das Programm bestand aus Wild-West-Vorführungen und Tänzen. Vorgestellt wurde das Programm als »Leben und Treiben im Indianerdorf«. Berühmt war auch ihr Wettreiten zu Pferde.

1902 Texas-Cowboys im Zirkus Sarrasani

Mit allergrößter Wahrscheinlichkeit war hier nichts »echt«. Die »Cowboys« waren Zirkusangestellte, und falls es Indianer in der Aufführung gab, so waren dies »Indianer«.

1906 »Buffalo Bills Wild West« in Dresden

Vom 17. bis zum 20. August 1906 wählte die Truppe »Buffalo Bills Wild West« das Dresdner Ostragehege als Schauplatz ihrer Aufführungen. Damit ist Dresden neben Köln und Straßburg eine der Städte, in der sie zwei Mal war.

1907 Dresdner Presseball »Wild-West«

Der jährliche Presseball des Vereins der Dresdner Presse fand am 1. Februar 1907 im Dresdner Ausstellungspalast unter dem Motto »Wild-West« statt. Das Plakatmotiv zeigte das Bild eines Indianers zu Pferd. Zum Fest erschienen die Gäste in Cowboy-Kostümen und als »Indianer«, um in den beiden Nord- und Südamerika repräsentierenden Sälen zu feiern. Das Kulturprogramm enthielt unter anderem ein »indianisches Ballett« unter Leitung des Hofballettmeisters Augustin Berger (1861–1945) und die Aufführung eines Indianerüberfalls auf eine Postkutsche durch den Künstlerverein »Hans Holbein«.[8]

1907 Der Indianer Black Elk beim Dresdner Zirkus Sarrasani

Bei den Wild-West-Aufführungen im Zirkus Sarrasani hatte das Unternehmen seinen ersten echten Indianer unter Vertrag: Schwarzer Hirsch (Black Elk bzw. Tanka Gsab, †1907).[9] Dieser wurde als »Lassowerfer« bezeichnet. Ebenfalls führte er einen »Ringkampf zu Pferde ohne Sattel zu zwei Personen« auf. Laut seinem Totenschein kam er aus Kanada und hat sich wahrscheinlich in Europa von einer Wild-West-Truppe abgesetzt.

1910 Irokesen der Deer Family im Dresdner Zoo

Im Juli dieses Jahres gastierte die Deer Family, ein Familienverband der Irokesen, zusammen mit einer Gruppe Cowboys im Dresdner Zoo. Ebenfalls zur Truppe gehörte ein Sioux, welcher ehemals Mitglied der Sioux-Truppe von 1886 gewesen und in Europa geblieben war. Das Programm bestand aus artistischen Darbietungen und indianischen Tänzen. Hauptattraktion war der Auftritt der 19 Jahre alten Esther White Deer (1891–1992) in der Konzerthalle des Zoos.[10] Mit Gesang und Tanz begeisterte sie das Publikum. Ebenfalls zur Truppe gehörte John Brant Sero (1867–1914), welcher sich in der Presse mit Karl May anlegte und Kritik an dessen vermitteltem Indianerbild übte.[11]

3
Werbepostkarte zur Wild-West-Show mit der Irokesentruppe der Deer-Familie im Dresdner Zoo, in der Mitte auf dem Schimmel White Deer. Unbekannte:r Fotograf:in, 1910

1910 Indianer-Konzert-Kapelle mit Kapellmeister David Russell Hill im Dresdner Zoo

Vom 21. bis zum 23. Juli 1910 trat im Dresdner Zoo die aus 22 Indianern bestehende Kapelle in voller »indianischer« Bekleidung auf. Das Musikprogramm bestand zum großen Teil aus amerikanischen Stücken wie »My Old Kentucky Home«. Gespielt wurden aber auch Strauss und Wagner. Hervorzuheben ist zudem die Fürstenhymne »Den König segne Gott«. Der größte Teil der Musiker waren Irokesen, daneben gab es noch einige indianische Musiker aus der Pueblo-Region.

1913/14 Sioux-Indianer beim Zirkus Sarrasani

Am 15. März 1913 ritt Sarrasanis erste Indianer-Truppe, vermittelt durch die Gebrüder Miller der »101 Ranch«, im Triumphzug vom Hauptbahnhof zum Zirkusgebäude. 18 Sioux waren gekommen, Männer, Frauen und Kinder. Ihr Häuptling war Edward Two-Two (1859–1914). Ein Teil seiner Familie begleitete ihn. Kurz vor Ausbruch des Ersten Weltkriegs verstarb der Chief und wurde in Dresden beigesetzt.[12]

1920 Wild-West-Spiele beim Zirkus Sarrasani

In Ermangelung von Indianern wurden Angestellte aus dem Zirkusbestand zu »Indianern« kostümiert.

1922 »Jim Staley Wild West« im Dresdner Zoo

Eine Truppe aus »Cowboys« und »Indianern« machte im Dresdner Zoo Wild-West-Vorführungen. Zu den »Indianern« gehörte auch ein Chemnitzer mit dem Namen »Old Buffalo«.

4
Werbepostkarte der »Nord-Amerikanischen Indianer-Konzert-Kapelle«.
Unbekannte:r Fotograf:in, 1910

5
Darstellung der Wild-West-Spiele im Zirkus-Sarrasani 1913/14. Rückseite eines Sarrasani-Briefumschlags. Druck: Hugo Bestehorn, Magdeburg, 1916

1926 Bei Sarrasani wieder Sioux

Im Januar 1926 bekam der Zirkus Sarrasani seine erste Indianer-Truppe in Europa nach dem Ersten Weltkrieg. Chief Daniel Black Horn (1862–1937?) führte die Sioux an. Dabei war auch Lena Two-Two, Edwards Witwe. Am Grab ihres Mannes wurden ein Grabstein gesetzt und ein Baum gepflanzt. Am 12. Februar des Jahres besuchten die Indianer den Dresdner Oberbürgermeister Dr. Bernhard Blüher (1864–1938) und überreichten ihm eine Pfeife mit einem bestickten Beutel.[13]

1926 Wild-West-Show im Dresdner Zoo

Leider gibt es hierbei keine Angaben, ob es sich um Indianer oder »Indianer« gehandelt hatte.

1927/28 »Sioux«-Indianer mit Häuptling Big Snake beim Zirkus Sarrasani

Es waren nicht nur Sioux-Indianer, welche durch Vermittlung von Robert Wilschke (1874–1950), einem Zirkusagenten bei Sarrasani, unter Vertrag standen. Auch Angehörige der Irokesen und vom Acoma Pueblo gehörten zur Truppe, die aus Männern, Frauen und Kindern bestand. Ihre Tournee begann mit einem Triumphzug durch Berlin zusammen mit Billy Jenkins (1885–1954). Werbewirksam wurden die Indianer nicht nur im Zirkusprogramm eingesetzt, sondern auch am 17. Januar 1928 bei einer Karl-May-Ehrung in Radebeul. Big Snake, der bürgerlich Jim Hawkins hieß, hielt dabei an Mays Grab »seine« (wahrscheinlich vom Zirkus vorbereitete) Rede zu Ehren des Verstorbenen.[14] Ebenfalls wurden Mitglieder der Truppe auf dem Flughafen in Dresden-Klotzsche neben einem Flugzeug, anderweitig neben Lokomotiven oder auch beim Autofahren fotografiert.[15]

1928 Eröffnung des Karl-May-Museums in Radebeul

Als am 1. Dezember 1928 das Karl-May-Museum öffnete, stand dieser Einrichtung ein Mann vor, der in seiner Lebenszeit immer wieder mit Indianern im Showgeschäft zu tun hatte – Patty Frank (1876–1959). Angefangen als Pferdejunge bei Buffalo Bill, sammelte er indianische Objekte auch bei den Indianern im Zirkus. Ebenfalls erhielt er »wertvolle indianische Andenken« von seinen Besuchern und von Sarrasani selbst.

6
Postkarte mit Aufnahme von u. a. Patty Frank, Big Snake, Klara May und Hans Stosch-Sarrasani vor dem Wild-West-Blockhaus in Karl Mays Garten anlässlich der Karl-May-Ehrung am 17. Januar 1928. Karl-May-Verlag, Radebeul, 1928

1928 bzw. 1931 Gründung des 1. Dresdner Indian-Cowboy-Club »Manitou«
Diese »ethnographische sportliche Vereinigung« konnte auf die Nähe zum Karl-May-Museum aufbauen, hatte sie doch in Patty Frank einen Fachberater. Ebenfalls war es nicht weit zu den »echten« Indianern bei Sarrasani. In der »indianerlosen Zeit« im Zirkus dienten sie als eingearbeitete Doubles und brauchbarer Ersatz.

1928–1935 Truppe »White Buffalo Man« mit wechselnder Besetzung
Diese Sioux-Indianer, vermittelt durch die »101 Ranch« in Oklahoma, gilt als die wohl beste Indianer-Truppe, die bei Sarrasani auftrat. In jährlich wechselnder Zusammenstellung waren ein Teil der Indianer Veteranen von »Buffalo Bills Wild West«. Prominenteste Mitglieder waren Sam Lone Bear (1878–1940) und White Buffalo Man (Thomas Stabber, *1874).

1929 Der »Big Chief White Horse Eagle« beim Zirkus Sarrasani
Eine besondere Attraktion war 1929 das Arrangement mit Big Chief White Horse Eagle (um 1822– nach 1930). Er fiel nicht nur durch sein hohes Alter auf, sondern auch durch seinen gewaltigen Alkoholkonsum. Selbst den Indianern missfiel sein Verhalten. White Buffalo Man, als Chief der Sioux bei Sarrasani, sagte gar, dass White Horse Eagle überhaupt kein Indianer sei, sondern ein Schwarzer, und nicht zu seinem Land gehöre.[16] Ein Besuch am Karl-May-Grab war selbstverständlich.

1930er-Jahre Billy Jenkins zusammen mit Harry Morche und Os-Ko-Mon
Der Artist Billy Jenkins nahm in Ermangelung von »echten« Indianern Dresdner »Indianer« in sein Programm auf. Harry Morche (1900–1956) und seine sächsischen »Stammesgenossen« mimten bei ihm und auch im Zirkus Sarrasani »echte« Western-Romantik. Ebenfalls im Gefolge von Jenkins: der »Indianer« Os-Ko-Mon (1897– nach 1960).

1937 Irokesen-Truppe im Zirkus Sarrasani
Durch die Vermittlung von Robert Wilschke nahm der Zirkus Sarrasani seine letzte Indianer-Truppe unter Vertrag. Es waren alles Irokesen, welche reichlich Erfahrung im Wild-West-Spiel hatten. Sie kamen von der Seneca Reservation bei Buffalo. Die Truppe bestand aus zehn Männern und drei Frauen. Als am 17. Oktober 1937 diese Menschen das Karl-May-Museum besuchten, stand auch ein Gang zu Mays Ruhestätte auf dem Plan.[17]

1938 Os-Ko-Mon, der »Hakima-Indianer«, im Regina-Varieté auf der Waisenhausstraße
Der »Indianer« Os-Ko-mon sang und tanzte in seinem neuesten Sketch »Der Indianer von gestern und heute«.

1938 Os-Ko-Mon und Bill Geronimo bei den Karl-May-Spielen
Einige Jahre arbeiteten diese beiden »Indianer« auf der Felsenbühne Rathen. Der eine war so wenig ein Sioux oder Yakima, wie der andere ein Nachkomme des Apatschen Geronimo (1829–1909) war. Als Indianer wurden deutsche Statisten genommen, aber auch Mitglieder von Indianerklubs traten teilweise in der typischen Kleidung ihrer Vorbilder auf.

1956 Indianer-Schau im Dresdner Zoo
Es waren »Indianer« des neu gegründeten Radebeuler Indianerklubs »Old Manitou«, welche durch Auftritte mit artistischem Inhalt für den Wiederaufbau des im Zweiten Weltkriegs schwer beschädigten Dresdner Zoos Geld sammelten.

Diese Aufstellung erhebt keinen Anspruch auf Vollständigkeit, sondern stellt nur das Wissen des aktuellen Jahres dar. Ich wäre sehr glücklich, wenn noch mehr Indianer und »Indianer« nebst amerikanischen Polarbewohnern in der Geschichte Dresdens gefunden werden.

---

1 Vgl. den Beitrag von Christina Ludwig in diesem Band. **2** Vgl. die biografische Skizze zu George Niakunêtok in diesem Band sowie FEEST, CHRISTIAN F.: »Ich bin Niakunêtok: Ja, gewiss.« Ein Labrador-Eskimo in Europa, in: Kleine Beiträge aus dem Staatlichen Museum für Völkerkunde Dresden 15 (1996), 40–45. **3** Vgl. die Übersicht zu Menschenschauen im Dresdner Zoo in diesem Band. Es handelte sich bei der Grönländer-Schau von 1878 um die erste Völkerschau im Zoologischen Garten Dresden. **4** Vgl. die Berichte in den Dresdner Nachrichten vom 29.5. und 1.6.1879; siehe auch die biografische Skizze zu Pichocho in diesem Band. **5** Dresdner Nachrichten, 11.7.1879. **6** Vgl. Dresdner Nachrichten, 16.12.1886; Illustrirte Zeitung 88, Nr. 2271 (1887), 37. **7** Vgl. den Beitrag von Petra Martin zu Völkerschau-Objekten in diesem Band. **8** Vgl. Dresdner Salonblatt 2, Nr. 6 (1907), o. S. **9** Vgl. den Beitrag von Sabine Hanke in diesem Band. **10** Vgl. den Beitrag von Robin Leipold zu Esther White Deer in diesem Band. **11** Vgl. u. a. Neues Wiener Journal 18, Nr. 5994 (1910), 6; Obermosel-Zeitung 30, Nr. 52 (1910), 2. **12** Vgl. den Beitrag des Autors zu Edward Two-Two in diesem Band. **13** Der Besuch und die Geschenke wurden fotografisch dokumentiert und u. a. von Sarrasani in seinen Eigenpublikationen vermarktet. Vgl. Mit Sarrasani in Südamerika, Heft 2, 6. Aufl., Dresden ca. 1930, 29–30. **14** Vgl. den Beitrag von Robin Leipold zu indigenen Besuchen in diesem Band. **15** Vgl. zum Auftritt auf dem Flughafen Dresden-Klotzsche die doppelseitige Abbildung zum Kapitel »Begegnungen – Austausch – Missbrauch« in diesem Band. **16** Vgl. LEIPOLD (Anm. 14). **17** Vgl. ebd.

Hartmut Rietschel

Ein INDIANER in SÄCHSISCHER ERDE: GEDENKEN an CHIEF EDWARD TWO-TWO

Die Sonne ist – so wie der Mond – das gleiche Gestirn, das auch über seiner Heimat zu sehen ist, der Pine Ridge Reservation in South Dakota. Auch die Gaben von Blumen und Tabak ähneln sicher den Aufmerksamkeiten, die sein Grab im Indianerreservat schmücken würden. Nur die Besucher der letzten Ruhestätte von Chief Edward Two-Two sind in der Mehrheit Deutsche und nicht Lakota-Indianer. Das ist nicht verwunderlich, denn das Grab des Mannes, an den hier erinnert werden soll, befindet sich nicht in den USA, sondern mitten in Deutschland: auf dem Neuen Katholischen Friedhof an der Bremer Straße in Dresden.[1]

Die Familie der Two-Twos gehört zu den westlichen Sioux, den Teton. Als Untergruppe waren sie Oglala der Oyuhpe-Gruppe von Little Wound (um 1835–1899), dem Sohn von Bull Bear (†1841). In dieser Gemeinschaft stellten sie einen Teil der Makaha, der Stinktier-Pelzbande, dar. Der Name ihres Häuptlings war in der Zeit, als sie in den Wounded Knee District (Cankpe opi) der Pine Ridge Reservation zogen, »Nupala«, der heute mit Two-Two wiedergegeben wird. Den englischen Vornamen »Edward« nahm er damals an wie viele Sioux, um sich besser identifizieren zu lassen.

Geboren wurde Edward Two-Two 1859, obwohl auf dem Grabstein das Jahr 1851 geschrieben steht. Sein Name bedeutet ins Deutsche übertragen so viel wie »Ein Mann wie zwei«. Es ist also ein wahrlich großer indianischer Name. Bei dem auf dem Grabstein stehenden weiteren Namen »Sungila Cigala« (»Kleiner Fuchs«) handelt es sich wahrscheinlich um einen Spitznamen des Chiefs, denn seine Nachkommen hatten diesen noch nie gehört. Zu seinen Lebensdaten gehört, dass die Two-Two-Familie sich 1877 in Fort Robinson zusammen mit Crazy Horse (um 1840–1877) und seinen Anhängern ergab. Sie gehörte also zum kämpfenden Teil der Lakota gegen die US-Armee. Verheiratet war Edward Two-Two zwei Mal,

1
Sarrasanis Sioux-Indianer am Grab von Edward Two-Two, rechts neben dem Grabstein Edwards Witwe. Schaukastenbild des Zirkus Sarrasani. Unbekannte:r Fotograf:in, 1926

2
Werbepostkarte von Carl Hagenbecks Tierpark, Stellingen-Hamburg, mit Edward Two-Two, seiner Ehefrau Lina und Enkelin Therese. Unbekannte:r Fotograf:in, 1910

im Jahr 1896 hatte er zehn registrierte Kinder. Es ist nicht belegt, ob es sich bei all diesen Kindern um leibliche Nachkommen gehandelt hat oder ob dabei auch angeheiratete und adoptierte Kinder zu finden waren.

Edward Two-Two gilt als der letzte Sonnentänzer der Familie. Stolz zeigte er bei den Wild-West-Unternehmungen später die Abzeichen, die ihn als solchen auswiesen. Zusammen mit seinem Sohn Alex (um 1875–1945) ließ er sich 1891 zur Company »I« – Indian Contingent für Fort Omaha (Omaha Barracks) – rekrutieren. Er selbst diente hier als normaler Soldat, wogegen Alex seinen Dienst als Musiker versah. 1893 beendete Edward Two-Two seine Militärzeit und wurde für mehrere Jahre Polizist im Reservat.[2] Dort arbeitete er auch über Jahre als Kuhhirte. In seiner Beurteilung aus dieser Zeit steht: »Dieser Two-Two war Abstinenzler, ein vorbildlicher Indianer, er war im Gesamten ein guter Vater und Bürger und hatte einen guten Einfluss auf seine Landsleute, mit denen er in Kontakt kam.«

1910 ließ sich Edward Two-Two zusammen mit seiner Frau Lena und ihrem zweiten Sohn George Joseph (* um 1879) von Adrian Jacobsen (1853–1947), dem Agenten von Hagenbecks Tierpark in Hamburg, für eine Wild-West-Völkerschau anwerben. Mitgenommen wurde auch Therese (1904–1989), die Tochter von George Joseph, da dessen Ehefrau Jessie Short Horn (* um 1881) kurz zuvor verstorben war. Über den Erfolg der Indianer-Schau in Hamburg muss hier nicht die Rede sein. Entscheidend war, dass Edward Two-Two nach kurzer Zeit das Amt des Häuptlings übernahm. Denn Thomas American Horse (* um 1869), der anfangs der Chief dieser aus 36 Indianern bestehenden Gruppe war, wurde wegen des Vorwurfs der Unzuverlässigkeit nach Hause geschickt.

Zurück in den USA, arbeitete Edward Two-Two unter anderen bei der »Kit Karson Buffalo Ranch Wild West Show« und versuchte von hier aus, über Jacobsen ein Arrangement als Wild-West-Darsteller in Deutschland zu bekommen. 1913 ging dieser Wunsch in Erfüllung. Zusammen mit einigen Familienmitgliedern Edward Two-Twos erhielten insgesamt 22 Lakota-Indianer durch Vermittlung der »101 Ranch« aus Oklahoma einen Vertrag beim Dresdner Zirkus Sarrasani. Ihre Ankunft in der sächsischen Hauptstadt gestaltete sich zu einem wahren Ereignis: Die Kinder hatten schulfrei und viele Betriebe gaben ihren Beschäftigten frei, damit diese dem Zug der Indianer vom Hauptbahnhof zum Sarrasani-Gebäude auf der anderen Elbseite beiwohnen konnten. Nachdem die Indianer ein Publikumsrenner in der Saison 1913 geworden waren, wurden sie auch gleich für 1914 gebucht. Unter den prominenten Lakota-Teilnehmern in diesem Jahr waren Oliver (um 1887–1966) und Jenny La Pointe (um 1855–1947) und auch Holy Eagle. Diese zweite Tournee mit Sarrasani war ähnlich erfolgreich wie die im Jahr vorher, und es wurden schon große Pläne für die nächsten Jahre gemacht.

Es kam aber anders: Am 27. Juli 1914 wurde der amerikanische Konsul Eugene Eagen in Essen/Ruhr über den nahenden Tod Edward Two-Twos informiert. Der »alte Häuptling« hätte schon seit einiger Zeit über Unwohlsein geklagt, aber keiner hatte dies wohl ernst genommen. Am Abend dieses Tages gegen 17:15 Uhr verstarb Edward im Kreise der Familie. In seinen letzten Stunden ließ er ein Testament erstellen, in dem er erklärte, sein Leichnam solle auf einem katholischen Friedhof in Dresden begraben werden. Dies geschah wenige Tage später: Am 30. Juli wurde sein Sarg auf dem Neuen Katholischen Friedhof in Dresden beigesetzt. Seine Nachkommen respektieren auch heute noch den letzten Willen ihres Vorfahren und stellen keinen Antrag auf eine Rückführung.

Wahrscheinlich 1926, kurz vor dem Besuch der ersten Indianer-Truppe des Zirkus Sarrasani nach dem Ersten Weltkrieg, wurde dann endlich der Grabstein gesetzt. Unter den angereisten Lakota aus der Pine Ridge Reservation befand sich auch Two-Twos Witwe Lena, die am Grab ihres Mannes trauerte. Bei dieser Gelegenheit ist wahrscheinlich der Baum gepflanzt worden, der heute neben Two-Twos letzter Ruhestätte steht. Übrigens: Die Worte »wakan tanka kiela o gligle icimah piyacu« auf dem Grabstein sind Lakota und bedeuten übersetzt: »Großes Geheimnis, die Engel mögen kommen und ihn zu Gott in den Himmel bringen«.

In den folgenden Jahren kümmerte sich der »1. Indian-Cowboyclub Dresden Manitou« um den Erhalt der Grabstätte. Nach dem Zweiten Weltkrieg wurde die Pflege von dessen Nachfolger, dem Radebeuler Indianerklub »Old Manitou«, übernommen. Vor allem dessen Vorsitzender Johannes Hüttner (1914–2000), aber auch die Friedhofsverwaltung und der Bischof von Dresden-Meißen – insbesondere Joachim Reinelt (*1936) – setzten sich mit großem Engagement für die Erhaltung des Grabes ein.

Da der alte Grabstein immer unansehnlicher geworden war, wurde 1986 eine Kopie dieses Denkmals der deutsch-indianischen Geschichte in Auftrag gegeben und der alte Stein ausgewechselt. Mit dem Tod von Johannes Hüttner im Jahr 2000 übernahm eine Pflegegemeinschaft aus Dresden die Verantwortung für dieses wie auch für weitere Gräber von nordamerikanischen Indianern in Deutschland. Die Finanzierung der Pflege dieser Grabstätten wird komplett mit Spendengeldern bestritten. Der Bestand dieser Hinterlassenschaften aus einer Zeit, als Indianer im vollen Ornat über Deutschlands Straßen gingen, ist damit gesichert. Am 13. September 2014, dem 100. Todestag Two-Twos, fand auf dem Friedhof ein Gedenkgottesdienst statt. Etwa 100 Menschen hatten sich eingefunden, unter ihnen auch der Präsident des sächsischen Landtags, Matthias Rößler (*1955). Es sprach Pater Bernhard Venzke (*1959), und aus Prag kommend umrahmten die »Wanbli Ohitika Singers« die Zeremonie.

Was aber sagen die Sioux der Two-Two-Familie zu ihren Vorfahren und deren Betätigung in Wild-West-Shows und beim Zirkus? Therese Two-Two, die Enkelin des alten Chiefs, die drei Mal selbst in Deutschland bei der Show dabei gewesen war, sprach bis zu ihrem Tod 1989 positiv über diese Zeit. Ihre Enkel erzählten, dass die alte Dame bis zu ihrem Ende noch deutsche Kinderlieder sang und »Gummihopse« konnte. Bis zuletzt erzählte sie mit Begeisterung über Deutschland und seine Menschen.

Die jetzt lebenden Nachfahren des alten Häuptlings sagen, dass sie stolz auf ihren Urgroßvater sind, der den Mut hatte, in die Welt zu gehen und seine Familie zu ernähren, der erkannte, dass die alten Zeiten vorbei waren und man sich neuen Erfordernissen stellen muss. Er sei von einem Büffeljäger zu einem Wild-West-Darsteller geworden, einem »Askate Wicasa«. Großvater Edward Two-Two und alle Indianer, die sich diesem Problem gestellt haben, sind für die Nachkommen ein Vorbild. Wir hoffen, dass die Sonne, der Mond sowie der Rauch, der aus Pfeifen aufsteigt, über den Ozean geht und in der Heimat von Edward Two-Two von unserer Indianerehrung in Deutschland erzählt.

3
Clayton Graham (rechts), direkter Nachkomme von Edward Two-Two, mit Hartmut Rietschel, dem Autor dieses Beitrags, am Grab seines Urgroßvaters. Privataufnahme 2003

1 Der Beitrag spiegelt die persönliche Verbindung des Autors zur Familie Edward Two-Twos wider und beruht auf den Erfahrungen und Erkenntnissen, die durch das jahrelange Engagement zur Würdigung Two-Twos und zur Erhaltung seiner Dresdner Grabstätte gemacht wurden. Vgl. auch die Aufsätze des Autors: RIETSCHEL, HARTMUT: Ein Indianer in sächsischer Erde – Gedenken zum 100. Todestag von Edward Two-Two, in: AmerIndian Research 3 (2014), 170–171 und RIETSCHEL, HARTMUT: Ein Indianer in sächsischer Erde, in: Der Beobachter an der Elbe 25,12 (2015), 31–34. **2** Über die Rolle der Indianerpolizei in den Reservationen sollte einmal an anderer Stelle geschrieben werden. Ihren Vertretern wurde oft vorgeworfen, Verräter zu sein. Doch in der Mehrzahl waren es hoch geachtete Menschen, die als Vermittler zwischen der alten Kultur und der neuen Verwaltung agierten.

Katharina Steins und Andrea Rudolph

Die ZWEI PASTRANAS

Bühnenkünstlerinnen und Anschauungsobjekte

1
Julia Pastrana in ihrem typischen Bühnenkostüm. Unbekannte:r Fotograf:in, 1850er-Jahre

Eine mumifizierte, nackte Frau, die Arme vom Körper durch Unbekannte abgerissen, lag bis 2012 im Keller eines Osloer Krankenhauses, versehen mit einer Inventarnummer. Ihr Körper war schon seit über 150 Jahren tot. Der Leichnam des neugeborenen Sohnes, der mit ihr um die Welt gereist war, ist bis heute verloren. Keine Todesurkunde war für die junge Mutter ausgestellt worden, ihre Existenz als lebender Mensch ist nur durch Zeitungsausschnitte und zahlreiche Annoncen belegt, die von ihrer außergewöhnlichen Erscheinung berichten. Welches Schicksal verband sich mit dieser jungen Frau namens Julia Pastrana (1834–1860)? Was hatte es mit ihrer vermeintlichen Schwester Zenora Pastrana (1847–1903) auf sich, deren Leben und Wirken untrennbar mit dem Tod Julias verbunden war?

Das Dasein der Julia Pastrana war sowohl zu Lebzeiten als auch nach ihrem frühen Tod geprägt durch Ausbeutung und Entmenschlichung. 1834 in Mexiko geboren, litt sie vermutlich seit ihrer Geburt unter Hypotrichose und Hyperplasie, also genetischen Veränderungen, die zu starkem Haarwuchs auf ihrem gesamten Körper und einem besonders ausgeprägten Kiefer führten.[1] Sie soll laut zeitgenössischen Berichten den »Rootdigger Indians« aus dem Sierra-Madre-Gebirge angehört haben,[2] einem fiktionalen Stamm, der im 19. Jahrhundert von europäischen »Entdeckern« erfunden wurde, um verschiedene Gruppen zusammenzufassen.[3] Nach dem Tod ihrer Mutter zog sie nach Culiacán, um im Haus von Pedro Sanchez, 1836/37 Gouverneur von Sinaloa, als Dienstmädchen zu arbeiten.[4]

Mitte der 1850er-Jahre verkaufte Sanchez die junge Frau an den Mexikaner Francisco Sepulveda, über den sie an den amerikanischen Impresario Theodore Lent († 1884) gelangte.[5] Er organisierte zuerst in den USA und später in Eng1land erste Zurschaustellungen von Julia Pastrana, bei denen sie als »grand and novel attraction« (»großartige und neue Attraktion«), »nondescript« (»Unbeschreibliche«), »bear woman« (»Bärenfrau«) oder »Mexican ape woman« (»mexikanische Affenfrau«) beworben wurde.[6] Während ihrer Auftritte trug sie bunte Kleider, tanzte und sang Lieder für das Publikum (siehe Abb. 1). Die Presse dokumentierte in Zeitungen ihre Auftritte und schilderte das Erstaunen der Zuschauenden über ihre Erscheinung.[7]

JULIA PASTRANA 1858 IN DRESDEN

Julia Pastrana gehörte von nun an mit ihrem von der Gesellschaft als abnorm wahrgenommenem Äußeren zu dem Personenkreis, der in »Freakshows«, in Zirkussen, auf Jahrmärkten oder sonstigen Bühnen vorgeführt und ausgestellt wurde. Im Herbst 1857 debütierte sie in Deutschland auf der Krollschen Bühne in Berlin, wechselte danach zum Circus Renz.[8] Als sie mit Renz zwischen dem 4. und 17. April 1858 in Dresden gastierte, kündigte der Zirkus sie in den Dresdner Blättern als »Miss Julia Pastrana aus der mexikanischen Wüste«[9] an und machte auf ihr besonderes Äußeres in Verbindung mit ihren künstlerischen Darbietungen aufmerksam: »Diese seltenste Naturerscheinung, welche je lebend vorgeführt wurde, wird heute und täglich nach Beendigung der Reitvorstellung ihre Nationalgesänge vortragen und ihre Tänze produciren.«[10] In den Dresdner Nachrichten wurde ihr eine mehrteilige Serie zur Beschreibung »ihrer Art« gewidmet. Dort hieß es: »Wir halten es für unsere publicistische und kritische Pflicht, dieses dem Vernehmen nach sehr gutmüthige, harmlose und der christlichen Liebe sehr würdige Wesen vor dem Verdachte zu bewahren, Tochter eines Pavians zu sein, und werden demgemäß unsere, diesem Verdachte zuwiderlaufende Ansicht über die Entstehung dieses abnormen Individuums, sobald es uns der Raum gestattet, gründlicher motiviren. Jedenfalls ist Julia Pastrana eines der größten physiologischen Phänomene, die je gesehen und öffentlich gezeigt wurden. Dieselbe producirte sich in der Montagsvorstellung als Sängerin und Tänzerin auf einem eigens dazuerrichteten [sic!] Podium.«[11]

Entgegen vieler Zeitgenoss:innen vertraten die Dresdner Nachrichten nicht den Standpunkt, dass Julia Pastrana die Tochter eines Affen sei. Dabei handelte es sich um ein Erklärungsmodell für ihr ungewohntes Erscheinungsbild, das sich für viele Menschen nicht mit dem eigenen Weltbild in Einklang bringen ließ und auch in der Wissenschaft für Diskussionen sorgte. So wurde Pastrana während ihres Dresden-Aufenthalts zum Gegenstand der Forschung und Anschauung, als sie »im Zwinger-Salon von Aerzten und Naturforschern bewundert wurde«[12] und

2
Zu Julia Pastranas Gesangsrepertoire gehörte das von G. F. Taylor für sie komponierte Lied »Miss Julia's Own«, dessen Druckfassung bei ihren Auftritten verkauft wurde. Text aus: Die seltsame Geschichte der Julia Pastrana bekannt unter dem Namen: die Unbeschreibliche, Berlin, um 1857, 47

im Vortragsprogramm der Naturwissenschaftlichen Gesellschaft ISIS zu Dresden Aufnahme fand. In den Berichten der Gesellschaft wurde rückblickend für das Jahr 1858 zu den gehaltenen Vorlesungen vermerkt: »Herr Hofrath Reichenbach über die Menschenraçen bei Anwesenheit der Miss Julia Pastrana in der Versammlung, und über die ähnlichen Affenarten.«[13] Der Zoologe und Botaniker Ludwig Reichenbach (1793–1879), Professor für Naturgeschichte an der Chirurgisch-Medizinischen Akademie Dresden und Direktor des Königlichen Naturhistorischen Museums, war langjähriger Direktor der ISIS und einer der Gründerväter des Dresdner Zoos. Als Teil seiner wissenschaftlichen Forschungen verfasste er eine mehrbändige Naturgeschichte, die zwischen 1845 und 1863 erschien. Den Schluss bildete »Die vollständigste Naturgeschichte der Affen«, in deren Vorbereitung Reichenbach offenbar mehrfach Referate zur Thematik bei der ISIS hielt und in deren Kontext die Betrachtung Pastranas wohl einzuordnen ist. Erschreckend erscheint dabei aus heutiger Sicht die gleichartige Behandlung des »Vortragsgegenstands« auf einer Stufe mit einem Menschenaffen, wenn im bereits zitierten ISIS-Bericht für das vorherige Jahr 1857 auf einen vom selben Referenten gehaltenen Vortrag verwiesen wird: »Herr Hofrath Reichenbach über die neueren literarischen Erscheinungen im Gebiete der philosophischen Naturanschauung, über den anwesenden Orangutang und die Bezoarböcke und mit denselben verwandte Arten«.[14]

3
*Werbeanzeige für die
»Ausstellung der einbalsamirten
Julia Pastrana nebst ihrem
Kinde« im Dresdner Belvedere.
Dresdner Nachrichten vom
24. November 1864*

JULIA PASTRANA 1864 IN DRESDEN

Julia Pastrana tourte nach ihrem Dresden-Gastspiel weiter durch Deutschland und Österreich. Im Jahr 1860 reiste sie mit ihrem »Manager« Theodore Lent, der sie 1857 geheiratet haben soll, nach Russland, um dort ein neues Publikum anzusprechen. Zur gleichen Zeit war sie mit ihrem ersten Kind schwanger, das sie 1860 in Moskau zur Welt brachte. Der wohl ebenfalls am Gendefekt leidende Sohn verstarb kurz nach der Geburt. Julia Pastrana überlebte ihr namenlos gebliebenes Kind nur um wenige Tage. Nach dem Tod von »Ehefrau« und Sohn verkaufte Theodore Lent beide Leichen an den Moskauer Anatomieprofessor Iwan M. Sokolow, der die Körper einbalsamierte und mumifizierte.[15] Zunächst gelangten sie in die Ausstellung des Anatomischen Museums der Universität Moskau. Doch wenige Jahre später verlangte Lent die Leichen zurück, nachdem er die »sehr gelungene« Präparation seiner Frau und seines Sohnes zu sehen bekommen hatte. Er plante, mit ihnen weiter um die Welt zu reisen und sie nun als Tote statt als Lebendige vorzuführen. Nachdem Lent wieder in den Besitz der beiden Leichname gekommen war, wurden Mutter und Kind in den folgenden Jahren in einem verglasten Käfig unter anderem in Großbritannien, Schweden, Deutschland und Österreich der Öffentlichkeit präsentiert. Im November 1864 reiste Lent mit den menschlichen Präparaten nach Dresden. Für mehrere Tage konnte das Dresdner Publikum die Mumien im Rheinischen Hof auf der Seestraße bestaunen, anschließend im Königlichen Belvedere auf der Brühlschen Terrasse.

Die Naturwissenschaftliche Gesellschaft ISIS zu Dresden erinnerte sich an den früheren »Gast« und machte Pastrana erneut zum Gegenstand des Interesses. Der Sitzungsbericht vom 17. November 1864 hielt fest: »Miss Julia Pastrana, welche vor mehreren Jahren den Mitgliedern der Isis als eine individuell abnorme menschliche Gestaltung vorgeführt worden war, wurde in dieser Versammlung als einbalsamierte Leiche von ihrem jetzigen Inhaber vorgezeigt. Hofrath Reichenbach gab hierbei eine übersichtliche Charakteristik der verschiedenen Menschenraçen in ihren äusseren Erscheinungen und schloss hieran Notizen sowohl über die abnormen Formen des Körpers der Pastrana, als auch über ihren Lebensgang.«[16] Vielen der Anwesenden war Julia Pastrana noch zu Lebzeiten begegnet. Sie nun als leblose Figur hinter Glas zu sehen, schien ihnen zu gefallen.[17] Mit dieser Form der Präsentation wurde ihr im Tod schließlich das letzte Stück menschlicher Würde genommen. Die beiden Mumien wechselten bis in das 20. Jahrhundert hinein mehrfach die Besitzer:innen und wurden von ihnen immer wieder in der Öffentlichkeit gezeigt, zuletzt wohl 1970 in Malmö auf der »Expo Valand«. Es sollte noch bis zum Jahr 2013 dauern, bis die sterblichen Überreste Julia Pastranas nach Mexiko überführt und beigesetzt wurden.[18]

4
*Zenora Pastrana im Atelier
des Dresdner Fotografen
Hermann Krone, 1860*

Feen-Palast,
19 Scheffelstraße, **Dresden,** Scheffelstraße 19.
Heute **Abschiedsfeier** der
Riesen Bart-Dame,
genannt **die schöne Pastrana.**
Concert von der **Neapolitanischen Fischercapelle.**
Anfang 4 Uhr. Ende 11 Uhr.
Bedienung durch die schönsten Töchter des Neapolitanischen Reiches in National-Costüm.
Hochachtungsvoll **Ehrhard Krause.**

5
Werbeanzeige für die Abschiedsvorstellung von Zenora Pastrana im Dresdner Feen-Palast. Dresdner Nachrichten, 1. Mai 1892

ZENORA UND JULIA PASTRANA

Nach dem Tod Julia Pastranas heiratete Theodore Lent 1863 erneut. In Karlsbad war er der ebenfalls unter Hypotrichose leidenden Marie Pauline Henriette Bartels begegnet, eine aus Reichenbach im Vogtland stammende Tochter eines Fuhrwerksunternehmers. Lent vermarktete seine neue Ehefrau unter dem Namen »Zenora Pastrana« (manchmal auch »Senora«) und stellte sie aufgrund ihrer Physiognomie als die Schwester Julias dar. Sie begleitete Lent unter anderem 1871/72 auf dem später als »Schwimmender Rheinzirkus« in die Geschichte eingegangenen Zirkusschiff »Lent's American Swimming Circus«.

Zenora Pastrana etablierte sich später zusätzlich als Kunstreiterin, als die sie beispielsweise im März und April 1874 im Circus Renz in Berlin auftrat.[19] Anfang der 1880er-Jahre zogen sich Lent und Zenora Pastrana nach St. Petersburg zurück, wo Lent 1884 verstarb. Zenoras Vater sorgte dafür, dass die junge Witwe nach Deutschland zurückkehrte. Sie entzog sich jedoch schon bald dem Zugriff ihres Vaters auf sie und ihre Finanzen und lebte unter anderem in München. Von dort aus tourte sie 1888/89 mit dem Leichnam ihrer »Schwester« und deren Kind.[20] Schließlich siedelte sie sich um 1890 in Dresden an. Hier heiratete sie 1891 den wesentlich jüngeren Kaufmann Louis Max Frankenthal (*1863) und muss zumindest noch bis in das folgende Jahr hinein Vorstellungen in Dresdner Etablissements bestritten haben. Eine Werbeanzeige des Feen-Palasts kündigte am 1. Mai 1892 ihren letzten Bühnenauftritt an mit den Worten: »Heute Abschiedsfeier der Riesen Bart-Dame genannt die schöne Pastrana« (siehe Abb. 5).[21] Gemeinsam mit ihrem Ehemann lebte sie fortan in Dresden-Striesen. Angeblich soll sie sich nur abends auf die Straße getraut haben, das Gesicht bedeckt mit einem Schleier.[22] Sie starb 1903 in ihrer Dresdner Wohnung.

DIE PASTRANAS ALS SUBJEKTE UND OBJEKTE

Sowohl Julia als auch Zenora Pastrana erfuhren zu Lebzeiten eine Zurschaustellung in mehrfacher Hinsicht, nämlich gleichermaßen als von der Norm abweichende menschliche Wesen wie als Einzelkünstlerinnen mit individuellen Talenten in Gesang, Tanz und Reitkunst. Innerhalb dieser Art der beiden »Präsentationen« betrachteten sie die damaligen Zuschauer:innen sowohl als Kuriosum mit Unterhaltungswert wie auch als Faszinosum für naturwissenschaftliche Diskurse. In beiden Fällen wurden die Individuen zu Objekten degradiert, ihre künstlerischen Fähigkeiten als Nebensache behandelt. Zenora Pastranas Vermarktung stand darüber hinaus in einem direkten Abhängigkeitsverhältnis zur »Schwester« Julia, auf die regelmäßig in Werbeanzeigen, Pressemeldungen und Programmen Bezug genommen wurde.

Während Zenora sich zu ihrem Lebensende hin aus dem Showgeschäft zurückziehen konnte, fand Julia Pastrana bzw. ihr geschändeter Leichnam erst 150 Jahre nach ihrem Tod die letzte Ruhe. Die späte Beisetzung und die damit zusammenhängende öffentliche Diskussion verleihen dem Thema der Zurschaustellung »Andersartiger« wie auch ihrer Leichen(-teile) eine Relevanz und Brisanz in der Gegenwart. Debatten um den ethischen Umgang mit menschlichen Überresten einerseits und bildlichen Zeugnissen entmenschlichender Präsentationen andererseits sind gegenwärtig so präsent wie nie. Dementsprechend stellte sich auch für diesen Beitrag die Frage, welche Illustrationen an dieser Stelle wiedergegeben werden sollen. Es wurde folglich bewusst auf entwürdigendes Bildmaterial verzichtet, das Julia Pastrana während des Balsamierungsprozesses sowie als ausgestellte Mumie mit ihrem Kind zeigt.

1 Miles, Albert Edward William: Julia Pastrana: The Bearded Lady, in: Proceedings of the Royal Society of Medicine 67 (1974), 8–12, hier 8. **2** Garland-Thomson, Rosemarie: Julia Pastrana, the »extraordinary lady«, in: ALTER, European Journal of Disability Research 11 (2017), 36. **3** Stern, Rebecca: Our Bear Women, Ourselves. Affiliating with Julia Pastrana, in: Tromp, Marlene (Hrsg.): Victorian Freaks. The Social Context of Freaking in Britain, Columbus 2008, 200–233, hier 213. **4** Chronology, in: Barbata, Laura Anderson/Wingate, Donna (Hrsg.): The Eye of the Beholder. Julia Pastrana's Long Journey Home, Seattle 2017, 181–187, hier 181. **5** Chronology (Anm. 4), 181. **6** Handzettel für einen Auftritt Pastranas in London 1857, in: Stern: Bear Women (Anm. 3), 212. **7** Bereits zu Lebzeiten wurden internationale Pressemitteilungen über sie zusammengetragen und gesammelt veröffentlicht, u.a.: Die seltsame Geschichte von Julia Pastrana, bekannt unter dem Namen: Die Unbeschreibliche. Nach dem Ausspruche der Aerzte und Naturforscher das außerordentlichste Naturwunder, welches je gesehen wurde. Nach authentischen Angaben, Berlin [ca. 1857]. Auch in der populären Familienzeitschrift »Die Gartenlaube« wurde über sie berichtet: Julia Pastrana, ein Menschenungeheur, in: Die Gartenlaube 48 (1857), 657–659. **8** Dresdner Nachrichten, 7.4.1858, 3. **9** Dresdner Journal, 7.4.1858, 356. **10** Dresdner Nachrichten, 8.4.1858, 8. **11** Dresdner Nachrichten, 7.4.1858, 3. **12** Dresdner Nachrichten, 19.11.1864, 1. **13** Drechsler, Adolf: Kurzgefasste Geschichte der naturwissenschaftlichen Gesellschaft ISIS zu Dresden, in: Drechsler, Adolf (Hrsg.): Denkschriften der Naturwissenschaftlichen Gesellschaft ISIS zu Dresden. Festgabe zur Feier ihres fünfundzwanzigjährigen Bestehens, Dresden 1860, 69–102, hier 95. **14** Ebd. **15** Vladimirovich, Suslov Andrey: Ivan Sokolov and his post-mortem studies of the »Hairy Woman« Julia Pastrana and her son, in: Endeavor 45, 3 (2021), Artikel 100780. **16** Sitzungs-Berichte der Naturwissenschaftlichen Gesellschaft ISIS zu Dresden, 10–12 (1864), 227. **17** Dresdner Nachrichten, 19.11.1864, 1. **18** Márquez-Grant, Nicholas: The Repatriation of Julia Pastrana: Scientific and Ethical Dilemmas. in: Barbata, Laura Anderson/Wingate, Donna (Hrsg.): The Eye of the Beholder. Julia Pastrana's Long Journey Home, Seattle 2017, 101–124, hier 101. **19** In der Festschrift des Zirkus Renz heißt es in der Zeitleiste für 1874: »17. März. Erstes Debut der berühmten Zenona Pastrana, Schwester der Julia Pastrana, Bare-back-Reiterin.« und »2. April. Große Komiker-Vorstellung. Letztes Auftreten der Senora Zenona Pastrana.«, in: Raeder, Alwill: Der Circus Renz in Berlin. Eine Denkschrift. Mit vielen Portraits, Illustrationen und Beilagen. Zur Jubiläums-Saison 1896/97, Berlin 1897, 142. **20** Bondeson, Jan: A Cabinet of Medical Curiosities. Ithaca, New York 1997, 232–235; Kaldy-Karo, Robert: Miss Julia Pastrana. Ein Mensch als internationales Ausstellungsobjekt, in: Peter, Birgit/Kaldy-Karo, Robert (Hrsg.): Artistenleben auf vergessenen Wegen. Eine Spurensuche in Wien, Berlin 2013, 199–214. **21** Dresdner Nachrichten, 1.5.1892, 7. **22** Kaldy-Karo: Pastrana (Anm. 20), 206.

»KRAO FARINI«

»Krao Farini« kam um 1876 in Siam in Südostasien zur Welt. Schon bei ihrer Geburt hatte sie starken Haarwuchs am Körper, Hypertrichose genannt. Jahrelang wurde sie als »Körpersensation« vorgeführt – 1884, 1889, 1894 und 1901 auch im Dresdner Zoo.

Als Kleinkind wurde das Mädchen von einer Expedition der Forscher Carl Bock (1849–1932) und George Shelly nach Europa verschleppt. Ihre Entführer gaben dem Mädchen den Namen »Krao«, ihr früherer Name ist hingegen nicht mehr bekannt. Noch als Kind adoptierte sie der kanadische Impresario Guillermo Antonio Farini (1838–1929), dessen Nachnamen sie von da an trug. Gemeinsam mit Farini und einer englischen Gouvernante reiste »Krao Farini« 1883 mit etwa sieben Jahren nach Europa, um zunächst in London vor Publikum präsentiert zu werden.

In der Bewerbung ihrer Auftritte wurde sie als der »Missing Link« bezeichnet. Sie sollte die im 19. Jahrhundert populäre Idee eines evolutionären Verbindungsgliedes zwischen Menschen und Affen beweisen. 1884 wurde sie erstmals in Dresden vorgeführt. Als junge Frau kehrte sie unter die Aufsicht von Bock und Shelly zurück, die weitere Vorführungen in Europa und den USA arrangierten. Der Lebenslauf von »Krao Farini« hat viele Leerstellen. Auch lässt sich nicht sagen, was sie dabei empfand, über Jahre in der Öffentlichkeit vorgeführt zu werden.

Um 1900 zog »Krao« ohne ihre männlichen Begleiter zu einem deutschen Ehepaar nach New York. In Amerika trat sie in sogenannten Zirkus-Freakshows der »Ringling Bros.« und von »Barnum & Bailey« auf. 1926 starb sie im Alter von etwa 50 Jahren an der Grippe. Vorher hatte sie darum gebeten, eingeäschert zu werden. Sie wollte offenbar nach ihrem Tod nicht weiter zur Schau gestellt werden.

Katharina Steins

In der »Abteilung Polarvölker« des Königlichen Zoologischen und Anthropologisch-Ethnographischen Museums in Dresden wurden um 1915 »ethnografische Figuren« ausgestellt. Handelte es sich dabei um Völkerschauen hinter Glas? Künstler:innen, Museumsleute und Wissenschaftler:innen nutzten die Menschenschauen im Zoo als Inspirationsquelle, Einkaufsgelegenheit und Forschungsgegenstand. Inwiefern wirkt dieses koloniale Erbe in Kunst, Wissenschaft und musealen Sammlungen fort?

KUNST
MUSEEN
WISSENSCHAFT

Silvia Dolz

FREMD und VERTRAUT

Die Faszination von Menschen und Dingen aus ferner Welt im Werk der Künstlervereinigung »Brücke«

Als im Jahr 1905 in Dresden die vier jungen Architekturstudenten Ernst Ludwig Kirchner (1880–1938), Erich Heckel (1883–1970), Karl Schmidt(-Rottluff) (1884–1976) und Fritz Bleyl (1880–1966) die avantgardistische Künstlergemeinschaft »Brücke« gründeten, kam damit ihr ungestümer Wunsch zum Ausdruck, gesellschaftliche, aber auch künstlerische Konventionen ihrer Zeit infrage zu stellen. Sie wurden von einem geistes- und gesellschaftskritischen Prozess am Anfang des 20. Jahrhunderts getragen und nahmen, ohne sich dessen anfangs umfassend bewusst zu sein, intensiv daran teil.[1] Der Boden dafür war bereitet, denn um die Jahrhundertwende galt Dresden als ein verheißungsvoller Platz und hatte sich zu einer prosperierenden Großstadt entwickelt, in der zwei Herzen schlugen: das eine war das der ehrwürdigen, barocken und aristokratischen Residenz im Zentrum der Stadt, das andere das einer virulenten, bürgerlich-proletarischen Industriemetropole in den schnell wachsenden Randbezirken.[2]

Zu den sichtbaren Kennzeichen der pulsierenden Stadt gehörten prestigeträchtige Großbauten wie der 1896 eröffnete Ausstellungspalast am Großen Garten, der Dresden als Kunst- und Museumsstadt europaweit zu Geltung verhelfen sollte, aufsehenerregende Industriebauten, zum Teil im exotischen Stil, wie die weithin berühmt gewordene Dresdner »Tabakmoschee Yenidze« (1909), oder neue sachliche und reformierte Architektur- und Designströmungen, wie sie in dem künstlerisch neuartig ausgerichteten Festspielhaus in Hellerau (1911) nahe Dresden verwirklicht wurden. Längst offenbarten sich für viele Menschen ganz unmittelbar neue Werte des Lebens und andere Lebensentwürfe, wie verschiedene Jugend- und Lebensreformbewegungen, die Hygienebewegung oder kreative geisteswissenschaftliche und philosophische Denkräume, bei denen unter anderem die komplexen Lebens- und Kunstauffassungen von Friedrich Nietzsche (1844–1900) eine wichtige Rolle spielten.

Derartige Neuaufbrüche erfolgen zumeist aus Krisen heraus, deren Ursachen in Entfremdung und dem Verlust von Gewissheiten und tradierten Werten liegen. Die Herausforderungen und Kennzeichen jener Zeit bestanden in einer rasanten Industrialisierung mit Fortschrittsgläubigkeit, der Zuwanderung von Menschen anderer kultureller Prägung aus ganz Deutschland und vielen Nachbarstaaten auf der Suche nach Beschäftigung, einer zunehmenden Verstädterung und Verdrängung des Naturraums, aber auch in großer Neugier auf die Welt und einem erstarkenden Nationalgefühl. Für viele Zeitgenossen und Zeitgenossinnen waren die Dichte und Schnelligkeit der Veränderungen verwirrend und erzeugten Verunsicherung und Unbehagen. Dieser Zeitgeist am Anfang des 20. Jahrhunderts prägte in seiner Vielfalt und Komplexität auch das Lebensumfeld einer jungen Generation, die mithilfe der Kunst Antworten auf die neuen Herausforderungen suchte. Die jungen »Brücke«-Künstler blickten dazu nicht nur zurück in die Vergangenheit, um längst vergessene Ideen und Formen wiederzufinden, sondern nahmen fasziniert und begierig auch das auf, was die weite Welt in Form von neuen und fremden Eindrücken, Dingen und Menschen zu bieten hatte.[3]

SUCHE NACH DEM EINFACHEN UND URWÜCHSIGEN

Exotische Neugier haftete dem »Fremden« auch schon vor der Epoche der Moderne in Europa an. Die Dresdner Kunstkammer und weitere kurfürstliche Sammlungen am Dresdner Hof zeugen seit dem 16. Jahrhundert in beeindruckender und prestigefördernder Weise davon. In der zweiten Hälfte des 19. Jahrhunderts drang nun jedoch die ferne und fremde Welt ganz unmittelbar in die Wahrnehmung und das Leben der Menschen ein. Abenteuerlich und öffentlichkeitswirksam wurden die

1
Amateuraufnahme von Darsteller:innen aus Nordafrika zur Völkerschau »Das Sudanesendorf« im Zoologischen Garten Dresden. Unbekannte:r Fotograf:in, Frühjahr 1909

2
Ernst Ludwig Kirchners afrikanische Tänzerin. Öl auf Leinwand, 1910/11

»Entdeckung« und Erschließung auch der letzten Gebiete der Erde inszeniert. Eine wichtige Rolle spielten dabei Weltausstellungen und Völkerschauen in vielen europäischen Metropolen, so auch in Dresden, um ein Massenpublikum zu begeistern und mit der Fremde vertraut zu machen. Nebenher erfolgte eine kommerzielle Verbreitung von »Kolonialprodukten« mit einer stereotypen Werbung unter Nutzung von Fremdbildern.[4] Außer zu einem Gegenstand von exotischer Neugier und Mittel zum Zweck kolonialer Machtinteressen begann das »Fremde« jedoch auch, zum Vermittler und zum Inbegriff von alternativen, idealisierten Lebensmodellen zu avancieren, bei denen die Suche nach dem wieder Naturverbundenen, nach dem Einfachen und dem Urwüchsigen im Mittelpunkt stand.

Neugier, große Erwartungen und starke, gemischte Empfindungen erzeugten die seit 1878 in Dresden, zumeist auf der »Völkerwiese« im Zoologischen Garten inszenierten Völkerschauen. In der Dresdner Aufenthaltszeit von Ernst Ludwig Kirchner (1901–1911) fanden 14 Auftritte von Menschen aus Afrika, Asien, Ozeanien und Nordamerika statt. Durch Briefe, Skizzen und Gemälde ist belegt, dass Kirchner 1909 und 1910 eine ozeanische und zwei afrikanische Völkerschauen im Zoologischen Garten sah und Erich Heckel 1910 zumindest die ozeanische Schau besuchte.[5] Es handelte sich konkret um die Schauen »Sudanesendorf«, auch als »Carl Marquardt's große Sudanesen-Karawane« beworben (29.4.–23.5.1909), »Das afrikanische Dorf« (28.4.–18.5.1910) und »Samoa«, auch unter dem Titel »Fürst Tamasese mit Familie« geführt (23.8.–13.9.1910), beide ebenfalls von dem Impresario und Ethnografika-Händler Carl Marquardt (1860–1916) organisiert.

Von Beginn an und zeitlebens sind es die vielfältigen Begegnungen mit Menschen, die den »Brücke«-Künstlern Inspirationsquellen waren. Unter diesen Menschen gab es keine Ausnahmen, aber eine Vorliebe für das Individuelle und Besondere, zu dem schon früh auch außereuropäische Tänzer und Tänzerinnen sowie Artisten und Artistinnen aus Varietés und Zirkussen gehörten.[6] Herausfordernd für Kirchners Zeichenstudien war dabei die unmittelbare und unverfälschte Wiedergabe dessen, was den Künstler bewegt und anregt.[7] Hierzu gehörten die außergewöhnlichen artistischen Bewegungsabläufe, aber zugleich auch die fremd aussehenden, dunkelhäutigen Menschen.[8] Die auf Andersartigkeit in physischer Hinsicht, in Ausstattung und in Lebensweise – basierend auf scheinbar sonderbaren Riten und Bräuchen – ausgerichteten Menschenschauen im Zoologischen Garten Dresdens besaßen eine besondere Anziehungskraft. Der Hamburger Carl Hagenbeck (1844–1913), der sich als Erfinder der »zoologisch-anthropologischen Ausstellungen« sah, propagierte mit den Schauen das echte und unverfälschte Leben und Menschen, welche nicht durch die Zivilisation verdorben seien.[9] Auf den ersten Blick waren es ziemlich perfekte Darstellungen von vermeintlich ursprünglichem und natürlichem Leben aus fernen Weltgegenden. Die Schauen von 1909 und 1910 zeigten die Menschen mit ihren kunstvollen Handwerken, magisch-rituellen Praktiken und wurden von einem theatralischen Schauspiel gekrönt, was alles in eine Art Freilandmuseum mit nachgebauten Landschaften, landestypischen Behausungen und regionalspezifischem Tierbestand eingebunden war.

LEBENSRAUSCH UND EXOTISCHE TRAUMWELT

Auch Kirchner ließ sich offenbar wie viele andere begeisterte Besucherinnen und Besucher von der Atmosphäre der Schauen gefangen nehmen. Zeitgenössische Lokalberichte und Amateurfotografien offenbaren ein Bild von Neugier, Offenheit und Gastfreundschaft, zugleich auch von einer gewissen Ausgelassenheit auf Seiten der Akteure und Akteurinnen der Schauen (siehe Abb. 1 und 3).[10] Sie drücken eine positive Stimmung aus. In Zeichnungen und Ölgemälden, in deren Dynamik von übersteigerter Gebärde und heftiger Farbigkeit, fing Kirchner diese Faszination und Lebensfreude ein (siehe Abb. 2 und 4).[11] Diese Werke gingen aus einer Reihe von Skizzen hervor. In fesselnder Weise geben sie das Tempo und die Spontaneität der schnell wechselnden Szenerien wieder.[12] Es sind der bewegte Körper und die damit verbundene Sinnlichkeit, die für Kirchner das ursprüngliche Leben ausmachen und das Expressive seines Kunststils prägen sollten. Kirchner und seine Malerfreunde waren stets auf der Suche nach einem anderen, einem ungewöhnlichen und ganz individuellen Lebensausdruck, der auch die Art und Weise einschloss,

3
Amateuraufnahme von Darsteller:innen aus Nordafrika zur Völkerschau »Das afrikanische Dorf« im Zoologischen Garten Dresden. Unbekannte:r Fotograf:in, Frühjahr 1910

4
Ernst Ludwig Kirchner: Postkarte an Erich Heckel vom 15. Mai 1910 nach Dangast bei Varel mit Porträt einer Afrikanerin. Bleistift, Tuschfeder und farbige Kreide, 1910

das Lebensumfeld zu gestalten mit all den nützlichen und schönen Dingen, die die Akteurinnen und Akteure der Schauen in versierter handwerklicher Arbeit aus Naturmaterialien selbst herstellten. Vor allem Kirchner, der selbst keine großen Reisen unternahm, ging somit auf eine imaginäre Reise und tauchte dabei in eine exotische Traumwelt ein, die das gesuchte ursprüngliche und natürliche Leben greifbar machte. Es ist zu vermuten, dass es vielen anderen Besucherinnen und Besuchern ähnlich erging im Wunsch nach einer willkommenen Abwechslung, um den Mühen und Lasten des Alltags und ihrer Lebenswelt zu entfliehen.

Bei genauer Betrachtung entpuppen sich die Darbietungen mit Menschen aus aller Welt jedoch als romantisches Klischee, als fantasievolle und realitätsferne Zusammenfügung und groteske Interaktion von Gemeinschaften völlig verschiedener Regionen. So wurden bei den von Kirchner besuchten »afrikanischen« Schauen von 1909 und 1910 eine prachtvoll inszenierte Hochzeit einer berbersprachigen tunesisch-tripolitanischen Gruppe mit einer wilden Kampfszene berittener Krieger aus der Tausende Kilometer entfernten Tschadsee-Region und mit den religiös-rituellen Praktiken einer muslimischen Bruderschaft aus dem weit entfernten südlichen Marokko miteinander kombiniert und spektakulär vermarktet. Auch wenn in dieser späten Phase der Völkerschauen die angeworbenen Menschen offenbar angemessen entlohnt wurden und sich sogar wiederholt um die Teilnahme bewarben, weil ihnen in ihrer Heimat Ansehen und wirtschaftliche Vorteile sicher waren,[13] handelte es sich nicht um eine paritätische Vereinbarung und Unternehmung. Es ging den europäischen Veranstaltern um ein sehr einträgliches Geschäft, um Amüsement und Voyeurismus, und es ging bei der Darstellung der Andersartigkeit der »naturnahen« Kulturen im Grunde um die eigene vermeintliche zivilisatorische Überlegenheit und darum, die Besucher und Besucherinnen für die koloniale Idee einzunehmen. Wir wissen nicht, ob sich die avantgardistischen Künstler auf der Suche nach anderen Lebensentwürfen dieser Ambivalenz im politischen und gesellschaftlichen Gesamtgefüge ihrer Zeit bewusst waren. Der Irritation auslösende, andere Blick auf das, was einige der »Brücke«-Künstler wahrnahmen und in sowohl lebendiger wie sinnlicher Weise künstlerisch ausdrückten, offenbart vielmehr eine Unvoreingenommenheit und Sympathie für diese »fremden« Menschen. Die Künstler fühlten sich zu ihnen hingezogen, weil sie bei ihnen eine Unschuld und Unwissenheit über die sich beängstigend rasant verändernde Welt vermuteten, in der Kirchner und seine Künstlerfreunde lebten. Die Fremden hatten scheinbar das Privileg, nicht zu dieser Welt zu gehören.

EXPERIMENTIERFELD MUSEUM

Die produktive Inspiration, die die »Brücke«-Künstler um 1910 in der Begegnung mit dem »Fremden« in Varietés, Zirkussen und auf der »Völkerwiese« für ihre expressionistische Konzeption von Lebendigkeit und Bewegung aufnahmen, begann vermutlich einige Jahre zuvor mit Besuchen im damaligen Völkerkundemuseum Dresdens, dem Königlich Zoologischen und Anthropologisch-Ethnographischen Museum im Dresdner Zwinger.[14] Zeitgleich fanden sie weitere Anregungen in Publikationen mit Bildtafeln von Artefakten und künstlerischen Äußerungen aus der Geschichte der Welt.[15] Am Anfang ihrer Schaffensphase befassten sich die jungen Künstler mit ungewöhnlichen Darstellungen von Raum, Struktur und Perspektive. Die materielle Welt, vor allem neuartige Gebrauchsgegenstände »fremder« Kulturen im Museum und deren handwerkliche und künstlerische Formgebung, aber auch deren praktische Entstehung und oft bildliche Ausgestaltung stellten ein künstlerisches Experimentierfeld dar. Bei der Betrachtung dieses für die jungen expressionistischen Künstler wichtigen musealen Begegnungs- und Arbeitsraums empfiehlt sich – genau wie bei der Auseinandersetzung mit den Menschenschauen – eine differenzierte Herangehensweise und unvoreingenommene Annäherung an die vielfältigen Erkenntnismöglichkeiten und -horizonte der Menschen jener Zeit. Die heute oft einseitig als koloniale Institutionen betrachteten ethnografischen Museen spielen dabei eine weitaus komplexere Rolle: Die aus der europäischen Aufklärung erwachsene Idee zur Erforschung der Menschheit und ihrer kulturellen Entwicklung nahm mit einem enzyklopädischen Wissenschaftsverständnis und einem enzyklopädischen musealen Archiv Gestalt an, welches zugleich zum Ort allgemeiner Bildung wurde. Das trifft auch für das 1878 gegründete Dresdner ethnografische Museum zu, das am Anfang des 20. Jahrhunderts im wissenschaftlichen Diskurs der Zeit neuen Kulturtheorien Raum gab, um unter anderem die kulturprägende Wechselwirkung von Natur und Mensch deutlich zu machen. Jene damals fortschrittliche Betrachtung schloss die Vielfalt und Komplexität von Kulturentwicklung und die Würdigung von Kulturleistungen der Menschheit aller Erdteile ein,[16] was die jungen Künstler nicht unbeeindruckt gelassen haben dürfte. Eine am Vorabend des Ersten Weltkriegs zunehmende politische Instrumentalisierung von »völkerkundlicher« Wissenschaft und Museum im Interesse des nationalistischen Strebens um Vorherrschaft in Europa und in Teilen der Welt sollte jedoch schon bald für Jahrzehnte die humanistischen bildungsbürgerlichen Absichten verdrängen. Wissenschaft und Museum gerieten zunehmend in den Sog einer menschenverachtenden rassistischen Ideologie.

ZWIESPRACHE MIT DEN FREMDEN MEISTERN

Zur Zeit der Besuche von Kirchner und Heckel im damaligen Völkerkundemuseum, vermutlich schon ab 1906, trafen sie auf eine faszinierende Fülle von Kulturrepräsentationen aller Kontinente. Die Künstler stellten nicht die Frage, wie die Dinge ins Museum gekommen waren. Ein Teil der Objekte war im Ergebnis kolonialer Repression nach Europa gelangt. Viele andere hingegen waren

5
*Reliefplatte Königlicher Hornbläser.
Königreich Benin (Nigeria), Gelbguss,
15.–16. Jahrhundert*

6
*Reliefplatte Ernte von Opferfrüchten.
Königreich Benin (Nigeria), Gelbguss,
16.–17. Jahrhundert*

7
*Ernst Ludwig Kirchner:
Zeichnung nach Benin-
Bronzereliefs. Stift auf
Papier, um 1910*

von den Impresarios der Menschenschauen, die zugleich Reisende und Ethnografika-Händler waren und die zahlreiche Gegenstände sogar in Auftrag gegeben hatten, an die Museen verkauft worden.[17] In den kantig-verkürzten Figuren in Szenen von unverhüllter Sexualität auf den Dachbalken eines Männerhauses von der Insel Palau in Ozeanien genauso wie in den grafischen Mustern auf Keramiken der Pueblo-Kultur aus dem Südwesten Nordamerikas oder in den narrativen Reliefplatten aus Messing aus dem westafrikanischen Königreich Benin[18] entdeckte Ernst Ludwig Kirchner ungewöhnliche gestalterische Lösungen (siehe Abb. 5–7). Hier machte er sich erstmals mit der Prägnanz und kraftvollen Wirkung eines abstrahierenden Stils vertraut, der mit übersteigerten Formen, erstarrter Bewegung sowie Farbkontrasten neue Perspektiven schuf und woraus sich Stilkriterien des Expressionismus formten. Doch es ging Kirchner nicht nur um das Formale: In spontaner und unmittelbarer Begegnung versuchte er, das Wesentliche zu erfassen, vielleicht auch das Nichtoffensichtliche zu erkennen, Sinnlichkeit und Gefühle zu erspüren, um die gesuchte Verbindung zwischen Kunst und Leben zu finden. Intuitiv drang Kirchner zum Urgedanken und eigentlichen Beweggrund des fremden künstlerischen, aber fast immer symbolträchtigen Gegenstands oder einer Lebensszene vor und machte damit eine Erfahrung, die in geistiger oder emotionaler Hinsicht der des ihm unbekannten Schöpfers des Originals oder des Akteurs oder der Akteurin im Leben gleichkommt. Der Vergleich über geografische und kulturelle Grenzen hinweg ermöglichte es den »Brücke«-Künstlern, in universeller Weise das menschlich Verbindende in Gedanken, Wünschen und Bedürfnissen zu erfassen. Somit löste sich für sie das »Fremde«, Unbekannte und Unerklärliche auf, um als etwas Anderes, aber doch Vertrautes neu hervorzutreten.

1 Dalbajewa, Birgit: Erwünschte Opposition. Die BRÜCKE im Spiegel der zeitgenössischen Kritik 1905–1911, in: Dalbajewa, Birgit/Bischoff, Ulrich (Hrsg.): Die BRÜCKE in Dresden 1905–1911, Köln 2001, 314–319; Dalbajewa, Birgit: Die BRÜCKE in der Dresdener Galerie, Dresden 2006, 5–8; Karge, Henrik: Der emphatische Lebensbegriff im Kunstverständnis der BRÜCKE. Zum Wechselverhältnis von Vitalismus, Boheme und Jugendkultur am Anfang des 20. Jahrhunderts, in: 100 Jahre BRÜCKE – Neueste Forschung, Jahrbuch der Staatlichen Kunstsammlungen Dresden, Bd. 32, Dresden 2005, 13–19, hier 14–17. **2** Starke, Holger: Von der Residenzstadt zum Industriezentrum. Die Wandlungen der Dresdner Wirtschaftsstruktur im 19. und frühen 20. Jahrhundert, in: Dresdner Hefte 61 (2000), 3–15. **3** Ivanoff, Hélène: In der Widerspiegelung des Anderen: Ernst Ludwig Kirchner, der »Primitive«, in: Haldemann, Annick/Henze, Wolfgang/Nommsen, Martina: Kirchner neu denken, Davos 2018, 47–55. **4** Dolz, Silvia: Ernst Ludwig Kirchners Begegnung mit dem Fremden, in: Beisiegel, Katharina (Hrsg.): Ernst Ludwig Kirchner. Erträumte Reisen, Ausstellungskatalog Bundeskunsthalle Bonn, München 2018, 136–161, hier 140–141. **5** Dube-Heynig, Annemarie: Ernst Ludwig Kirchner. Postkarten und Briefe an Erich Heckel im Altonaer Museum in Hamburg, Köln 1984, 235, 244. **6** Ebd., 84, 238; Kirschnik, Sylke: Manege frei! Die Kulturgeschichte des Zirkus, Wemding 2012, 160; Dresdner Anzeiger, 1.4.1910, 3. **7** Kirchner, Ernst Ludwig: Programm der Brücke, 1906, in: Dalbajewa/Bischoff (Hrsg.): BRÜCKE in Dresden (Anm. 1), 13. **8** Strzoda, Hanna: Die Ateliers Ernst Ludwig Kirchners. Eine Studie zur Rezeption »primitiver« europäischer und außereuropäischer Kulturen, Petersberg 2006, 78. **9** Dreesbach, Anne: Gezähmte Wilde: Die Zurschaustellung »exotischer« Menschen in Deutschland 1870–1940, Frankfurt am Main 2005, 49. **10** Presseschau, insbesondere Dresdner Nachrichten, von 1909, 1910; Fotosammlung und Archivalien des Dresdner Zoos; Dolz, Silvia: Ernst Ludwig Kirchners Begegnung mit dem Fremden in Dresden um 1910, in: Haldemann, Annick/Henze, Wolfgang/Nommsen, Martina: Kirchner neu denken, Davos 2018, 136–161, hier 141–142. **11** Beisiegel (Hrsg.): Erträumte Reisen (Anm. 4), 110; Dolz: Kirchners Begegnung um 1910 (Anm. 10). **12** Werner, Gabriele: Tanz, Varieté, Zirkus, in: Dalbajewa/Bischoff (Hrsg.): BRÜCKE in Dresden (Anm. 1), 135–137, 146. **13** Dolz: Kirchners Begegnung um 1910 (Anm. 10), 140 und Fußnote 6. Mitteilungen aus dem Zoologischen Garten zu Dresden Nr. 6, 1911; Thode-Arora, Hilke: Für fünfzig Pfennig um die Welt. Die Hagenbeckschen Völkerschauen, Frankfurt am Main 1989, 160, 164f. **14** Dube-Heynig: Postkarten (Anm. 5), 235. **15** Strzoda: Ateliers (Anm. 8), 164–165. **16** Führer durch die Königlichen Sammlungen zu Dresden, hrsg. von der Generaldirektion der Königlichen Sammlungen, Dresden 1910. **17** Vgl. die Sammlungen von Josef Menges aus Somalia und Carl Marquardt aus Tunesien im Museum für Völkerkunde Dresden; siehe auch den Beitrag von Petra Martin in diesem Band. **18** Dube-Heynig: Postkarten (Anm. 5), 235.

Der »NUBIER JACOB«

Porträt eines uns Unbekannten

Petra Martin

Hoher Besuch fand sich am Nachmittag des 27. September 1880 im Zoologischen Garten Dresdens ein. Königin Carola von Sachsen (1833–1907) kam mit ihrer Entourage, um die »Nubier aus Toka« zu sehen. Ausführlich berichteten die Dresdner Nachrichten am Folgetag über dieses Ereignis. Wenig war dagegen über die bis heute namentlich nicht bekannten Menschen zu erfahren, derentwegen der königliche Besuch erfolgte. Aus Anzeigen, die die Schaustellung der Nubier:innen auf allen Stationen in Österreich und Deutschland begleiteten, geht lediglich hervor, dass neben seltenen Tieren acht Männer, drei Frauen, zwei Mädchen und drei Knaben aus der Region von Toka (heute Tawkar/Sudan) zur »Nubier-Karawane« des Alfelder Tierhändlers und Impresarios Carl Reiche (1827–1885) zählten. Doch einem der Nubier gab eine in Dresden lebende Künstlerin Namen und Gesicht.

Mit Vorführungen von »Sitten und Gebräuchen« zogen die Nubier:innen Tausende Schaulustige aus allen sozialen Schichten an. Sensationslust und Unterhaltungsbedürfnis paarten sich mit dem Wunsch nach Bildung und auch nach künstlerischer Inspiration. Letzteres mag die Baronin Auguste von Odkolek-Budinszky (1835–1926) zur »Nubier-Schau« geführt haben. Als Autodidaktin hatte sie sich der Pastellmalerei angenommen und in dieser Technik Kopien von Gemälden aus Dresdner und Wiener Sammlungen geschaffen. Ihr wurde Talent bescheinigt, was jedoch nicht zur Aufnahme ihrer Werke in Kunstmuseen führte.

Das Museum für Völkerkunde Dresden bewahrt ein Pastell, das die Künstlerin 1880 von einem damals 30-jährigen Teilnehmer der »Nubier-Schau« gemalt hat. Als »Porträt des Nubiers Jacob« schenkte sie es 1890 dem damaligen Königlichen Zoologischen und Anthropologisch-Ethnographischen Museum. Nichts ist zum Setting überliefert, in dem das Bild entstand. Saß der junge Mann der Künstlerin Modell? Skizzierte sie ihn im Zoologischen Garten und vollendete das Werk an der heimischen Staffelei? Auch an der Authentizität des Namens »Jacob« (wohl ein Alias-Name), vielleicht auch an der Altersangabe, lassen sich Zweifel hegen. Selbst die angebliche Herkunft aus Toka könnte vom Impresario strategisch gewählt worden sein, da man den dort lebenden Hadendoa, eine Gruppe der Bedja, nachsagte, besonders »kriegerisch« zu sein – ein Ruf, der das Schaugeschäft beleben konnte. Trotz vieler Ungewissheiten bleibt unbenommen: Am Rande der kritikwürdigen Menschenschauen kam es zu unvoreingenommenen Begegnungen. Nur so konnten Werke entstehen, die Wertschätzung des Anderen ausstrahlen, wie dieses »Porträt des Nubiers Jacob«.

Auguste Baronin von Odkolek-Budinszky: Porträt des Nubiers Jacob. Pastellmalerei, 1880

Christina Ludwig

»VÖLKER SCHAUEN« aus WACHS

Die Dresdner Werkstätten Zeiller/Pohl

Auf touristischen Reisen in die großen Metropolen der Welt ist bis heute ein Besuch im Wachsfigurenkabinett weit verbreitet. Dort besteht die Möglichkeit, berühmten oder berüchtigten, sonst unnahbaren Menschen direkt gegenüber zu stehen. Das ungenierte Betrachten der Repliken aus Wachs ist reizvoll und lockt viele Neugierige. Bereits vor 150 Jahren erfreuten sich Ausstellungen mit nachgebildeten Menschen aus Wachs großer Beliebtheit, vor allem in Europa. Unternehmer:innen gründeten zwischen 1850 und 1900 zahlreiche Panoptiken (griech. *pān*/gesamt und *optikós*/schauen) im Deutschen Kaiserreich, sie waren ein wichtiger Bestandteil der städtischen Populärkultur und konkurrierten mit anderen Unterhaltungsorten.[1]

Panoptiken standen – ebenso wie die parallel entstandenen Völkerkundemuseen – auch in Zusammenhang mit der sich ausbreitenden Wissenschaftsdisziplin der Anthropologie. Parallel entwickelten sich weitere populäre Unterhaltungseinrichtungen und -medien wie Welt- und Kolonialausstellungen sowie kommerzielle »Völkerschauen«, etwa in zoologischen Gärten. Alle diese Medien verfolgten das Ziel, »das Fremde« und »das Andere« für eine breite Bevölkerungsschicht abzubilden. Diese Unterhaltungsmedien – teilweise mit Bildungsanspruch – standen untereinander in engen Beziehungen und wirkten aufeinander ein.

Anfang der 1990er-Jahre erwarb das Stadtmuseum Dresden ein größeres Konvolut Objekte aus der Kunstanstalt des Dresdner Modelleurs Rudolf Pohl (1852–1926). Es handelte sich um Arbeitsutensilien, Dokumentationen sowie fragmentierte Einzelobjekte aus Wachs. Ein weiteres Konvolut befindet sich heute im Deutschen Hygiene-Museum Dresden. Bislang wurden vor allem die anatomisch-pathologischen Objekte des historischen Wachskabinetts beforscht und ausgestellt.[2] In beiden Sammlungen haben sich jedoch auch Hinweise erhalten, die zu ethnologischen Wachsobjekten mit der Darstellung »fremder« Menschen führen.

Der folgende Beitrag befragt die erhaltenen Objekte und Quellen aus der Sammlung des Stadtmuseums Dresden mit Provenienz aus der Werkstatt Zeiller/Pohl auf koloniale Anhaftungen sowie deren Verflechtung mit dem Medium der Völkerschau. Dafür wird exemplarisch der Spur der ethnologischen Wachsbüste »Sohn des Königs von Tschumbiri« gefolgt.

DIE MODELLEURE

Rudolf Pohl erlernte das Handwerk der Wachsbildhauerei durch Gustav Zeiller (1826–1904) in Breslau.[3] Der Lehrmeister Pohls hatte seine Kenntnisse und Fertigkeiten im Münchner Familienbetrieb erworben, wo er zunächst mit seinem Bruder Paul (1820–1893) zusammenarbeitete (Zeiller & Söhne, Theresiengasse 10). Ab 1853 betrieb Gustav Zeiller ein Atelier in Breslau. Parallel beteiligte er sich an größeren Ausstellungen, zum Beispiel 1854 an der »Ersten Allgemeinen Deutschen Industrieausstellung« in München mit pathologisch-anatomischen Detail-Modellen (»Präparate von sehr guter Ausführung, aber von mehr speziellem Interesse«).[4] Ostern 1873 ist sein Umzug nach Dresden (Herzogingarten 3) dokumentiert.[5] Im gleichen Jahr stellte Zeiller (wahrscheinlich unter Beteiligung von Rudolf Pohl) auf der Weltausstellung in Wien aus. Der Breslauer Gewerbeverein meldete für Zeiller »anatomische Präparate und 2 ethnologische Darstellungen in Wachscomposition [sic!]«.[6] Hier wird deutlich, dass die Werkstatt sich bereits in den 1870er-Jahren nicht nur auf anatomische Objekte spezialisierte, sondern auch auf ethnologische Darstellungen. Neben den Universitäten in München und Breslau als Abnehmerinnen rückten in- und ausländische Schausteller:innen, Panoptiken und Museen in den Fokus des Absatzes. Pohl war bereits in den 1880er-Jahren als

1
Rudolf Pohl (Mitte) in seiner Werkstatt in Dresden-Leutewitz. Unbekannte:r Fotograf:in, 8. August 1934

selbstständiger »Modelleur für Anatomie« in der Weinligstraße 1 (1883–1885) und in der Schäferstraße 56 (ab 1886) gemeldet.[7] Seine »Kunstwerkstatt für feine Wachsplastik« befand sich später in der Ammonstraße 71 und ab 1897 in der Weststraße 4 in Dresden-Leutewitz (siehe Abb. 1). Nach Zeillers Tod 1904 übernahm Pohl einen Teil von dessen Werkzeugen und Materialien und führte sein Unternehmen zusammen mit mindestens einem seiner Söhne.[8]

DIE AUSSTELLUNG

Die künstlerisch-anatomische Wachsbildnerei ist eines der frühesten bildgebenden Verfahren. Das Dreidimensionale stand im Fokus, es machte auch den besonderen Reiz aus. Hier konnten seltene, neue und fremd wirkende Gegenstände und Phänomene aus der Natur, Kunst und der Wissenschaft von allen Seiten und auf Augenhöhe bestaunt werden.

Bereits sehr früh zirkulierten die zunächst die menschliche Anatomie abbildenden Modelle nicht mehr nur an Ausbildungsinstituten wie Universitäten. Sie hielten Einzug in mobile Kabinette auf den europäischen Jahrmärkten. Die Schausteller:innen reisten mit ihren Figuren aus Wachs durch die Großstädte und zogen ein Massenpublikum an. Der Besuch eines Panoptikums gehörte ganz selbstverständlich zur städtischen Vergnügungskultur.

Zeiller und Pohl betätigten sich beide neben ihrer Produktionstätigkeit ebenfalls im Ausstellungsbereich. Die auf den Gewerbe- und Weltausstellungen erprobten Zeigepraktiken überführte Zeiller 1888 in die Gründung eines eigenen Museums für seine Wachsmodelle in Dresden. Das Format kannte er von seinem Bruder Paul Zeiller, der in Bayern ebenfalls ein Wachskabinett gegründet hatte und als Wachspräparator an der Königlichen Anatomischen Anstalt in München wirkte.[9]

Zeillers Schüler Rudolf Pohl erlebte 1888 die Eröffnung des Anthropologischen Museums für gesunde Anatomie und Völkerkunde in der Dresdner Herzogingasse. Die Wachsobjekte erforderten spezielle Exponierungspraktiken. Die Büsten bekamen Sockel und Accessoires, die Ganzkörperfiguren Glaskästen, die Dioramen Podeste (siehe Abb. 2). Die Besucher:innen betraten die Räume mit einer didaktischen Handreichung in Form eines Ausstellungsführers.[10] Im ersten Raum waren modellierte Brustbilder, Figuren, Gruppen und Fotografien mit ethnografischem Kontext zu sehen. Die Wachsfiguren standen aber nicht einfach im Raum, sie gruppierten sich um eine Weltkarte mit der Darstellung der europäischen Kolonien. Außerdem inszenierte Zeiller im gleichen Raum noch eine weitere Karte mit grafischer Darstellung der deutschen Kolonialgebiete in Afrika und kommentierte im Begleittext seines Ausstellungsführers die kolonialen Bestrebungen des Deutschen Kaiserreichs.[11] Diese Inszenierung zeigt deutlich, dass die Wachsfiguren auch figürliche Repräsentationen »des Fremden« im Sinne der europäischen Kolonialpropaganda sein sollten.

Zeillers Dresdner Objektschau war keine Neuerfindung. Sie verweist auf das große Unternehmen der Gebrüder Louis (1828–1908) und Gustave Castan (1836–1899). Bereits ab 1873 präsentierten diese in Berlin eine erhebliche Anzahl von Wachsmoulagen, lebensgroßen Figuren und Büsten unter dem Label »Panoptikum«. Die Unternehmer waren die ersten im Kaiserreich, die Sensationslust und Voyeurismus mit wissenschaftlichen Aspekten verquickten. Ein regelmäßiger Kontakt zu forschenden Anthropologen war durch Veranstaltungen mit lebenden Menschen in der Ausstellung gegeben. An diesem Beispiel wird die Verknüpfung zwischen (totem) Panoptikum und (lebendiger) Menschenschau sichtbar. Das Konzept war so erfolgreich, dass es in den Zweigstellen übernommen wurde. Eine davon befand sich am Postplatz in Dresden. Die Castans stellten hier im Jahr 1896 nachweislich das »Bärenmädchen« Alice Vance (*1874) zur Schau. Die junge Frau

2
Innenaufnahme eines Panoptikums mit Wachsobjekten von Rudolf Pohl in Vitrinen. Unbekannte:r Fotograf:in, um 1900

3
Zwei Wachs-Kopfplastiken (Kopf eines Schwarzen Mannes, Kopf einer weißen Frau) aus der Werkstatt Rudolf Pohl, um 1900

aus Amerika (wohl Texas) hatte deformierte Gliedmaßen und war kleinwüchsig.[12] Sie zeigte sich täglich von 11 bis 13 und von 16 bis 19 Uhr den neugierigen Blicken des Dresdner Publikums. Vor dem jungen Mädchen lag eine Geschichte mehrjähriger Zurschaustellung, 1894 wurde sie auf der Weltausstellung in Antwerpen und anschließend im Berliner Panoptikum der Castans ausgestellt.

DIE MODELLE

Rudolf Pohls Arbeiten sind ein Beispiel für die Rezeption der Völkerschauen, die ab den 1870er-Jahren auch in Dresden von vielen Tausenden Menschen gesehen wurden. Als Wachsbildhauer standen ihm Möglichkeiten der »Konservierung« lebendiger Menschen zur Verfügung, die Fotografien und Zeichnungen nur ansatzweise bieten konnten. Wachsobjekte ähneln der menschlichen Haut, sie fühlen sich weich an und schimmern leicht durchsichtig. Die besondere Haptik verleitet zum Anfassen. Die Wachskörper wurden wie die anatomischen Moulagen häufig mithilfe von Gipsformen modelliert. Mit diesen Negativformen wurden die einzelnen Teile des Körpers einzeln gegossen und anschließend zusammengesetzt.[13] Die plastischen Figuren Pohls sollten möglichst lebensecht aussehen, sie wurden mit Echthaar, real wirkenden Glasaugen und spezifischer Kleidung ausgestattet. Sie wirkten auf Betrachtende extrem realistisch. Der Modelleur erreichte diese Illusion vor allem durch gut gehütete Wachsrezepte und -einfärbungen. Einen Hinweis darauf geben die erhaltenen Pigmente Pohls, die er aus Zeillers Werkstatt übernahm. Mithilfe dieses umfangreichen Sets konnte der Modelleur jede Nuance einer Hautfarbe nachempfinden.[14] Neben einer filigran abgestimmten Hautmodellierung legte Pohl besonderen Wert auf die Augen. Für die verkaufsfördernde Nahbarkeit der Wachsplastiken gab er die Glasaugen – zusammen mit detaillierten Zeichnungen und Anweisungen – über mehrere Jahrzehnte in der Werkstatt Uri-Müller in Lauscha in Auftrag.[15] Ludwig Uri-Müller (1811–1888) war ein Pionier der Okularistik. Ab 1835 experimentierte er mit Schmelzfarbenmalerei. Das Verfahren ermöglichte besonders realistisch wirkende Kunstaugen. Reinhold Uri-Müller (1845–1900) übernahm 1888 das väterliche Geschäft und erhielt direkt nach Übernahme Aufträge von Pohl.

Ebenso, wie er es von Zeiller gelernt hatte, konzentrierte sich Pohl auf die Herstellung von anatomischen und pathologischen Wachsobjekten. Zunehmend baute er sein Angebot aus. Die im Stadtmuseum Dresden erhaltenen Abzüge verschiedener Referenzmodelle zeigen Porträtbüsten, halbe Figuren und Köpfe (teils mit Vermerk des ausgeübten Berufs), Dioramen, zerlegbare weibliche Körper, Friseur-Büsten, ganze Figuren, Wahrsagerinnen, Krankheiten und Anatomie,

Automaten, liegende Figuren, Schaufenster- und Reklamepuppen sowie völkerkundliche Modelle. Letztere arrangierte Pohl mittels Fotografien zu Collagen und versah sie handschriftlich mit der zugeschriebenen Ethnie (siehe Abb. 4). Damit hatten potenzielle Kund:innen einen Überblick über die kolonisierte Welt: Nordamerika, Sudan/Ägypten (»Nubien«), Kongo (oben); Papua-Neuguinea, Südafrika, Australien (mittig); Äthiopien/Eritrea (»Abessinien«), Afrika (unten). Die Auswahl der Weltregionen korrespondiert in großen Teilen mit den Ethnien der Völkerschauen, die parallel in Europa gezeigt wurden.

4
Collage mit neun verschiedenen, auf Karton montierten und beschrifteten Fotografien ethnologischer Modelle aus dem Nachlass Rudolf Pohls. Oben rechts »Sohn des Königs von Tschumbiri« (Profilansicht). Unbekannte:r Fotograf:in, um 1890

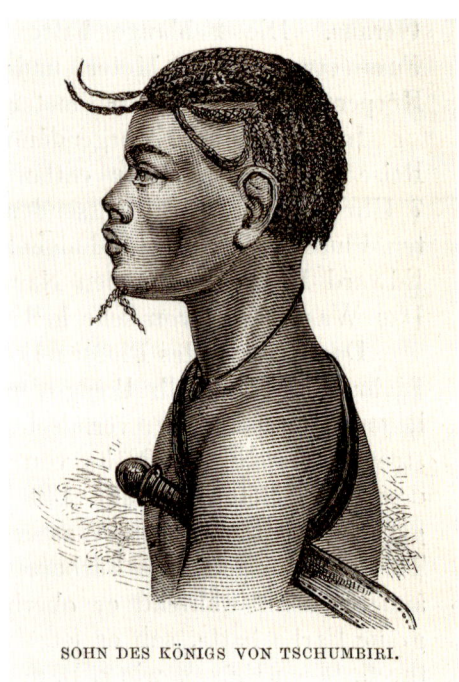

SOHN DES KÖNIGS VON TSCHUMBIRI.

Die Nachfrage nach diesen Modellen stieg vor allem um 1900 an, als das Schaustellungsgewerbe florierte und immer mehr wandernde Wachskabinette entstanden.[16] Auch Museen gaben Wachsfiguren und -büsten bei Pohl in Auftrag.[17] Die Objekte zirkulierten nicht nur im Deutschen Kaiserreich, sondern gingen auch nach Russland oder in die Vereinigten Staaten.[18] An einem exemplarischen Beispiel kann aufgezeigt werden, welche – auch kolonial behafteten – Vorlagen Pohl für seine Wachsmodelle nutzte. So belieferte dieser ab 1900 beispielsweise Carl Melich, der das mobile »Grand Musée en Panopticum« betrieb. Melich empfing Pohls Lieferungen auf Tour in Dortmund, Rotterdam oder Amsterdam.[19]

In einem 1904 veröffentlichten Katalog der Melich-Ausstellung ist eine Büste abgebildet, die sich im Modellkatalog Pohls wiederfindet (siehe Abb. 6).[20] Es handelt sich um den »Sohn des Königs von Tschumbiri« (heutiges Gebiet der Demokratischen Republik Kongo). Die Abbildung ist ungewöhnlich, da sie ein Seitenprofil zeigt und keine Frontalansicht. Pohl modellierte diese Figur nach einem Kupferstich, der auf die Afrika-Expedition von Henry Morton Stanley (1841–1904) zurückgeht (siehe Abb. 5). Der Journalist Stanley kolonialisierte ab 1878 für den machtorientierten belgischen König Leopold II. (1835–1909) den Kongo auf brutalste Art und Weise. In seiner Veröffentlichung »Durch den dunkeln Welttheil«[21] beschreibt er seine Begegnung mit der indigenen Bevölkerung. Abgesehen hatte

5
Kupferstich »Sohn des Königs von Tschumbiri« aus: Henry Morton Stanley: Durch den dunklen Welttheil oder Die Quellen des Nils, Reisen um die großen Seen des aequatorialen Afrika und den Livingstone-Fluß abwärts nach dem Atlantischen Ocean, Bd. 2, Leipzig 1878, 357

6
Fotografie der Wachsbüste »Sohn des Königs von Tschumbiri« (Frontalansicht) aus dem Nachlass Rudolf Pohls. Unbekannte:r Fotograf:in, um 1900

er es vor allem auf die Oberhäupter von unterschiedlichen Bevölkerungsgruppen, mit denen er im Namen Leopolds unfaire Verträge schloss und sie damit ihres Landes und der Herrschaftsrechte über die dort lebenden Menschen beraubte. Die Folgen für die Kongo-Region waren enorm: Versklavung, Zwangsarbeit und Ressourcenausbeutung. Aus einem einzelnen Menschen wird laut rückseitiger Beschriftung ein Stereotyp, der »Congo-N*«. Die Identität und das persönliche Schicksal der abgebildeten Person bleibt unsichtbar.

Diese Kontexte rund um die Hochphase der kolonialen Unterjochung mit all ihren Grausamkeiten sind durch die Verwendung der Stanley-Grafik als Vorlage auch in die Wachsplastik Pohls eingeschrieben. Für die Betrachtenden sind diese Bedeutungsebenen – wie zum Beispiel anthropologisch-rassenkundliche Überlegungen und Stereotypisierungen – zunächst unsichtbar. Es ist eine Aufgabe der bewahrenden Museen, diese kritischen Inhalte durch unterschiedliche Vermittlungsebenen sichtbar und zugänglich zu machen. Der entstehende Diskurs um diese Objekte kann für ein Museum des 21. Jahrhunderts nur ein Gewinn sein.

1 Zur Entwicklung stationärer Panoptiken aus den mobilen Wachskabinetten vgl. EßLER, HENRIK: Krankheit gestalten. Eine Berufsgeschichte der Moulagenbildnerei, Bielefeld 2022, 54–58. **2** Ein sehr großer Teil seines Œuvres (anatomisch-pathologisch) befindet sich in der Sammlung des Deutschen Hygiene-Museums Dresden. Vgl. MEYER-HERMANN, EVA (Hrsg.): Blicke! Körper! Sensationen! Ein Anatomisches Wachskabinett und die Kunst, Göttingen 2014; MÜHLENBEREND, SANDRA: Rudolf Pohl. Ein virtuoser Wachsbildner, in: FABER, MONIKA/NIERHAUS, ANDREAS/RICHTER, PEER-OLAF (Hrsg.): Herbert List. Panoptikum, Leipzig 2022, 66–81. **3** Zu Zeiller und Pohl vgl. FAKINER, NIKE: The spatial rhetoric of Gustav Zeiller's popular anatomical museum, in: Dynamis. Acta Hispanica ad Medicinae Scientiarumque Historiam Illustrandam 1 (2016), 47–72. **4** HERMANN, FRIEDRICH BENEDIKT WILHELM: Bericht der Beurtheilungs-Commission bei der allgemeinen deutschen Industrie-Ausstellung zu München im Jahr 1854, München 1855, 89. **5** Stadtarchiv Dresden, 2.3.9-Z.0339 (Gustav Zeiller 1872–1888); 2.3.9-P.3144 (Friedrich Rudolf Pohl, 1893–1927); Adreß- und Geschäfts-Handbuch der königlichen Residenz- und Hauptstadt Dresden, Bd. 19 (1873), 385. **6** Breslauer Gewerbeblatt: Organ des Breslauer und Schlesischen Central-Gewerbevereins, Bd. 18 (1872), 42. **7** Adreß- und Geschäfts-Handbuch der königlichen Residenz- und Hauptstadt Dresden, Bd. 29 (1883), 299; Bd. 32 (1886), 372; Absender-Angabe auf Briefumschlag (Rückseite) an R. Müller-Uri vom 9.1.1888, Deutsches Hygiene-Museum Dresden, Inv. DHMD 2011/418.1. **8** Friedrich Wilhelm Karl Pohl (1889–1915) wurde als »Bildhauer« im Totengedenkbuch Dresdens aufgenommen. Er fiel im Ersten Weltkrieg am 16.8.1915 bei Badonviller/Frankreich. Totengedenkbuch Dresden, 166298586X/43, https://des.genealogy.net/search/show/20782363 (Zugriffsdatum: 23.10.2022). **9** Die Ausstellung wurde von den Söhnen Paul jr. (1851–1923) und Robert (1846–1918) übernommen und auf Burg Grünwald gezeigt. Vgl. HOPWOOD, NICK: Artist versus Anatomist, Models against Dissection. Paul Zeiller of Munich and the Revolution of 1848, in: Medical History, 51 (2007), 3, 279–308. **10** Die folgende Beschreibung der Ausstellung basiert auf den Angaben des Ausstellungsführers: Catalog des Anthropologischen Museums für gesunde Anatomie und Völkerkunde von Gustav Zeiller, Dresden 1888. **11** »Wenn es auch viele Kämpfe und Zeit erfordern wird, das Verlorene wieder zu gewinnen, so können unsere Colonien doch mit den Jahren auch für uns ebenso nutzbringend werden, wie solche anderen Nationen zum Vortheil wurden«, ebd., 6. **12** URBAN, MAIK/KRÜGER, SANDRA: Alice Vance (»Das Bärenweib«): a historical case of Nievergelt syndrome, in: The American Journal of Medical Genetics 76 (1998), 145–149. **13** Im Stadtmuseum Dresden haben sich Negativformen für Hände und Köpfe aus der Werkstatt Pohls erhalten. **14** Farbkasten mit 11 Farbdosen mit Pulverfarben (Pigmente Blei-Weiß, Ocker, Braun, Zinnober-Rot, Chrom-Gelb, Schwarz, Ultramarin), um 1900, SMD_2012_00368; Karton mit 26 Dosen Pulverfarben zum Wachsfärben, SMD_2020_00132.01–27. Die Pigmente bezog Pohl vom Drogerie-Unternehmen Weigel & Zeeh in Dresden. **15** Siehe handschriftliche Briefe an Uri-Müller im Deutschen Hygiene-Museum Dresden, Inv. DHMD 2011/418.1 vom 9.1.1888; Inv. DHMD 2011/352 vom 28.11.1900, Inv. DHMD 2011/354 vom 23.8.1904. **16** Vgl. Pohls Geschäftsbuch 1901–1919, Deutsches Hygiene-Museum Dresden, Inv. DHMD 2009/657. **17** Für das Königlich Anthropologische Museum in Dresden modellierte er (nach einer Fotografie) den Kopf einer »Javanerin«, vgl. das Foto mit umseitiger Beschriftung, Stadtmuseum Dresden, SMD_Ph_2020_00853.187. **18** Geschäftsbuch (Anm.16). **19** Ebd. **20** Abbildung aus dem Melich-Katalog, humanzoos.net – the first online archive on human zoos, https://humanzoos.net/wp-content/uploads/2021/11/1904-Catalogus-Gran-Musee-en-Panopticum-Carl-Melich-4-495x800.jpeg (Zugriffsdatum: 20.10.2022). **21** STANLEY, HENRY MORTON: Durch den dunklen Welttheil: oder die Quellen des Nils, Reisen um die großen Seen des aequatorialen Afrika und den Livingstone-Fluss abwärts nach dem atlantischen Ozean, Leipzig/London 1878, Band 2, 352–357, Abb. des »Prinzen«, 357.

Steffen Förster

»INDIANERFREUND mit ORIENTALISCHER SCHWÄRMEREI«

Der sächsische Bildhauer
Erich Hösel

1
Skulptur »Entlaufener Sklave im Kampf mit einem Bluthund« von Erich Hösel im Zoologischen Garten Dresden vor der Installierung einer erklärenden Tafel 2018. Foto: Christian Gebhardt, 2018

Es waren Schriftsteller wie Friedrich Gerstäcker (1816–1872) und Karl May (1842–1912), die bei ihrem Publikum, wie dem Bildhauer Erich Hösel (1869-1953), die Vorstellungen von Nordamerika und dem Vorderen Orient prägten. Friedrich Gerstäcker streifte um 1840 noch selbst mit Indianern durch den Mittleren Westen, bevor auch dort die Landnahme und der Völkermord an den Ureinwohner:innen einsetzte. Später bereiste er den Orient und schöpfte daraus die Stoffe für seine Abenteuer- und Reiseliteratur. Der Bestsellerautor Karl May verfasste dagegen Ende des 19. Jahrhunderts aus seiner Vorstellungskraft heraus moralisierende Abenteuerromane, ohne die Orte der Handlung vorher gesehen zu haben. Welcher der beiden Schriftsteller den sächsischen Bildhauer Erich Hösel stärker geprägt hat, lässt sich nicht feststellen. Möglicherweise aber schuf Hösel nach einem Erzählstoff Karl Mays eine lebensgroße dramatische Figur, die heute im Zoologischen Garten Dresden steht. Wer war dieser Künstler, der seine Sujets auf Reisen, während des Besuchs von Völkerschauen und durch den Erwerb ethnografischer Objekte fand?

KINDHEIT, JUGEND, STUDIUM

Erich Oskar Hösel wurde am 5. April 1869 in Annaberg im Erzgebirge als Sohn von Julie Sophie und Johann Julius Hösel geboren. Der Vater war dort angestellter Kaufmann, 1871 gründete er die Firma »Carrara Marmor-Waaren Fabrik Julius Hösel Dresden«, weshalb die Familie nach Dresden zog. Dort besuchte sein

Sohn Erich Hösel ab 1875 die 3. Bürgerschule in der Friedrichstadt und ab 1880 das Wettiner Gymnasium. Darüber resümierte er um 1950 in seinen Lebenserinnerungen: »*Während meiner Schulzeit galt mein ganzes Denken dem Zeichnen und Malen. So kam es leicht, daß ich im Unterricht unaufmerksam war: Vom Zeichenunterricht der Schule war ich in den letzten Jahren befreit. Das Zeichnen nach Vorlagen und einfachen Gipsabgüssen war nicht nach meinem Geschmack. Ich beobachtete viel, namentlich Tiere und zeichnete sie aus dem Gedächtnis*«.[1]

Eigentlich wollte der jugendliche Hösel Medizin studieren, doch die Fürsprache des Vaters an der Dresdner Kunstakademie änderte das. Hösel verließ 1886 die Schule und trat in die Kunstakademie Dresden ein. Dort besuchte er zunächst den Malsaal von Leon Pohle (1841–1908) und wechselte 1889 zur Bildhauerei bei Johannes Schilling (1828–1910). Von dessen erster Kompositionsaufgabe zum Thema des barmherzigen Samariters aus dem Lukasevangelium berichtete Hösel: »*Ich faßte das Thema neuzeitlich auf und stellte einen Kamelreiter dar, der einem mit seinem Pferde in der Wüste verschmachtenden Beduinen zu Hilfe kommt.*« Lässt sich hier schon der Einfluss der eingangs genannten Schriftsteller erahnen, den neutestamentlichen Samariter als zeitgenössischen Beduinen darzustellen? Bei dieser Figur handelt es sich vermutlich um die heute verschollene Gruppe »In der Wüste«, für die Hösel 1891 eine Kleine Silbermedaille der Dresdner Kunstakademie erhielt.[2]

Als 1892 der Bildhauer Robert Diez (1844–1922) zum Professor an die Akademie berufen wurde, gehörte Hösel zu dessen ersten Schülern. Sein Kommilitone Ernst Barlach (1870–1938) schilderte in seiner Autobiografie, wie Hösel vor allen eine besonders schwierige Kompositionsaufgabe bewältigte und er schlussfolgerte: »Hösel war ein waschechtes Genie, das einzige von uns allen.«[3] Die Skulptur von 1894, die Hösel in seinen Lebenserinnerungen »Negersklave im Kampf mit einem Bluthund« nannte, erinnert an eine Szene in dem Fortsetzungsroman »Die Sklavenkarawane« von Karl May, der 1893 erschienen war.[4] In dem Kapitel »Der Sklaverei entronnen« verbergen sich die beiden Nubier Tolo und Lobo vor den arabischen Sklavenjägern, die ihnen hinterherjagen; schließlich ersticht Lobo den auf ihn gehetzten Bluthund.[5] Hier weicht die Plastik vom Roman ab, denn ein Messer kommt bei Hösels Darstellung nicht vor. Falls sich Hösel tatsächlich an Karl Mays Werk orientierte, diente ihm als Vorlage für Lobo offenbar ein Schwarzer, der als Modell an der Dresdner Kunstakademie arbeitete. Der »Bluthund« dieser Szene war Hösels Deutsche Dogge. Im Jahr 1902 wurde die Figur in Düsseldorf in Bronze gegossen und war als Hauptgewinn der Lotterie der dortigen Industrie- und Gewerbeausstellung vorgesehen. Nach der Dresdner Gartenbauausstellung 1906, wo sie eine Silbermedaille erhielt, wurde sie 1908 im Zoologischen Garten Dresden als Freilandplastik aufgestellt.

Mit der lebensgroßen »Reiterfigur eines Hunnen« errang er 1895 den ersten Platz im Wettbewerb um ein Reisestipendium der Dresdner Kunstakademie. Die Ausführung als Bronzeguss wurde zwei Jahre später von der Nationalgalerie Berlin erworben und ist inzwischen wieder im dortigen Kolonnadenhof aufgestellt. Mit dieser Plastik begann Hösels Ruhm.

Am 24. September 1896 heiratete Hösel seine langjährige Freundin Josephine Emilie Löser (1866–1944), die ihm häufig im Atelier Diez Modell gesessen hatte. Seine Einträge in die Studienmatrikel enden im Jahr 1896, doch wahrscheinlich blieb Hösel weiter an der Akademie und erteilte Unterricht. Er erhielt »*allerlei Aufträge*«, unter anderem erwähnt er das für die Deutsche Kolonialgesellschaft geschaffene überlebensgroße Bildnis des Reichskommissars von Togo, Ludwig Wolf (1850–1889), für einen granitenen Obelisken in Lomé.

IM VORDEREN ORIENT

Hösel trat 1898 eine Studienreise an, die er dank des gewonnenen Reisestipendiums in Höhe von 6 000 Mark finanzieren konnte. Eine solche Reise führte die Preisträger regulär zwei Jahre nach Italien, doch Hösel beantragte stattdessen, ein Jahr in den Nahen Osten zu reisen. Denn »[...] *ich versprach mir davon mehr, als wenn ich in Italien längere Zeit an einem Orte zur Ausführung einer größeren Arbeit seßhaft würde [...]. Meine Absicht war, möglichst viele Ausgrabungsstätten kennenzulernen und daneben Studien nach der Natur zu treiben.*« Hösel reiste über Wien, Budapest und Belgrad nach Saloniki und setzte am 4. Februar 1898 nach Smyrna (heute Izmir) über. In dem nahe gelegenen Dorf Burnabat mietete er sich in einem Haus ein und baute im Bad der Wohnung eine Dunkelkammer für die fotografische Entwicklung seiner Aufnahmen auf. Eines der Ergebnisse seiner Fotoarbeiten ist die Abbildung der beiden Ölringkämpfer, einer im Vorderen Orient populären Sportart.[6]

Spätestens hier wird klar, dass Hösel nicht als Vagabund mit Rucksack oder Koffer, sondern mit »großem Gepäck« reiste und welche Logistik eine solche Studienreise erforderte. Er ging systematisch vor. Hösel schrieb: »*Während des Sommers modellierte ich, wenn auch unter denkbar schlechten Verhältnissen eine Reihe von lebensgroßen Studienköpfen, Griechen, Türken, Armenier, sowie einige kleine Ganzfiguren.*« Er besuchte archäologische Grabungen und lernte den osmanischen Grabungskommissar, Maler, Archäologen und Museumsgründer Osman Hamdi Bey (1842–1910) kennen, der ihm für den Winter einen Arbeitsraum an der Kunstschule in Konstantinopel vermittelte. Dort hat Hösel dann seine »*Studienköpfe um einige interessante vermehrt. Allerdings habe ich auch mehrmals eine angefangene Arbeit aufgeben müssen, weil meine auf der Straße aufgelesenen Modelle mich einfach im Stich ließen. Sie strengten sich lieber als Lastträger körperlich an, als mir geduldig zu sitzen. Eine rühmliche Ausnahme machte ein*

2
Besuch in einer Teppichweberei in Kleinasien. Fotografie von Erich Hösel, 1898/99

3
Erich Hösel: Sänger mit Kürbislaute. Gips, Schellack, 1898/99

4
Erich Hösel: Nordamerika. Porzellan, Entwurf 1906

Arabermischling [sic! S. F.]*, der in seinem phantastischen Costüm mit seiner Kürbislaute in den Straßen von Stambul und Pera sang und tanzte. Von ihm gelang es mir zwei Büsten, eine davon lachend, sowie eine Kleinfigur in vollem Prunk fertig zu stellen.«* Die hier genannten Modelle befinden sich heute in der Skulpturensammlung der Staatlichen Kunstsammlungen Dresden sowie in der Modellsammlung der Staatlichen Porzellan-Manufaktur Meissen. Von der kleinen Ganzfigur des Straßenmusikanten entstanden Ausführungen in Porzellan sowie in Bronze. Auf der Rückreise nach Smyrna erkrankte Hösel an Malaria und musste schließlich den Aufenthalt in Kleinasien beenden, um sich in Deutschland behandeln zu lassen.

Nach Ende seiner Studienreise im September 1899 trat Hösel am 1. Oktober 1899 eine Lehrstelle an der Kunstakademie Kassel an, auf die er sich noch im Sommer während seines Stipendienaufenthalts beworben hatte. Im Jahr 1903

5
Gestaltungsdirektor Erich Hösel. Fotografie von Max Freitag, Meißen, um 1905

wechselte er nach Meißen, um fortan als Gestaltungsvorsteher an der Königlichen Porzellanmanufaktur Meißen zu wirken. Seine Bekanntheit gestattete es ihm, die Bedingungen seines Eintritts zu diktieren, wie zum Beispiel ein nach seinen Vorstellungen eingerichtetes Atelier.

NORDAMERIKA

Hösel hatte sich früh für Indianer begeistert: Bereits im Sommer 1892 hatte er ein Indianerfest der Künstlervereinigung »Mappe« im Großen Garten organisiert. Es ist anzunehmen, dass er als Kind und Jugendlicher einige der zahlreichen Völker- und Indianerschauen besucht hatte, die in Dresden gastierten. Ein Jahr, nachdem Hösel seine Tätigkeit in Meißen aufgenommen hatte, erhielt er nun die Möglichkeit einer Studienreise in die USA, bei der er seine Kenntnisse über

6
Für ein Kostümfest in Dresden stattete Hösel (hintere Reihe, 4. v. l.) eine Gruppe von Manufakturisten aus. Unbekannte:r Fotograf:in, 1912

die nordamerikanischen Ureinwohner erweitern konnte. Bei dieser zweieinhalbmonatigen Reise besuchte Hösel mit Paul Gesell (1842–1932), dem kaufmännischen Direktor der Porzellanmanufaktur, vor allem die Weltausstellung in St. Louis (Missouri). Vorher war er vom sächsischen König Georg (1832–1904) noch zum Professor und von der Allgemeinen Deutschen Kunstgenossenschaft zum Preisrichter für Bildende Kunst und Kunstgewerbe in die Jury zur Weltausstellung ernannt worden. Hösel traf am 25. August 1904 in New York und neun Tage später in St. Louis ein.

In seinem Tagebuch verzeichnete Hösel insgesamt acht Besuche des sogenannten Indianercamps auf dem Ausstellungsgelände, die jeweils nur wenige Stunden gedauert haben können. Das Indianercamp nahm auf dem Gelände der »Purchase exposition« die größte Fläche des »anthropological departments« ein. Hier wurden Vertreter der Völker der Arapahos, Apachen, Cheyenne, Navajo, Kickapoo, Klackwhat, Kwakwaka'wakw, Pawnee und Zuni, dazu Inuit aus Alaska und Labrador gezeigt. Sie präsentierten sich in Vorführungen vor Kulissendörfern. Am 28. September 1904 suchte Hösel beim Besuch des Indianercamps »Costüme« aus: »*Es sind drei Abteilungen: 1. zwei vollständige Männerkostüme und viele kleinere Dinge 2. ein weibliches Costüm 3. vollständiges Pferdegeschirr*«.[7] Dabei muss es sich um die ethnografischen Objekte handeln, die der Ethnologe Lothar Dräger (*1935) 1962 für das Leipziger Völkerkundemuseum erwarb.[8] Am 23. September war Hösels Direktionskollege Paul Gesell in St. Louis eingetroffen, der inzwischen in San Francisco die Möglichkeit einer Verkaufsniederlassung der Porzellanmanufaktur erkundet hatte. Beide gingen am 28. September zu den Indianern. Der Schilderung Hösels zufolge wurden die ethnografischen Objekte durch Gesell von der Porzellanmanufaktur erworben. Am 1. Oktober gingen sie noch einmal »[...] *zu den Indianern, wo ich das ganze Geschäft gut abwickeln kann, weil ein Mann da ist, der etwas deutsch spricht. Er führt mich auch in die anthropologische Abteilung und zeigt mir indianische Zimmer.*« Auf der Rückreise von St. Louis nach New York machte Hösel in Washington Station und besuchte dort das »*Nationalmuseum wo mich besonders die indianischen Costüme u. Gruppen fesselten*«.

Nach Meißen zurückgekehrt, schuf Hösel Kleinplastiken zu den nordamerikanischen Indianern in Porzellan. Die Plastik des reitenden und jagden Indianers zu Pferde von 1906 erhielt von Hösel den Namen »Gruppe Nordamerika, Indianer Büffel jagend«.[9] Sie stellt eine Ergänzung zu den Allegorien der Kontinente des Plastikers und Formgestalters Johann Joachim Kaendler (1706–1775) dar. Seinerzeit war vom amerikanischen Kontinent nur Lateinamerika mit Louisiana und Florida näher bekannt, weshalb bei ihm eine Mayafrau, auf einem Krokodil sitzend, den gesamten Kontinent verkörperte. Die Welt der Prärieindianer war damals in Europa fast unbekannt. Aus europäischer Perspektive ganz und gar unentdeckt war Australien mit Ozeanien. Die ergänzende allegorische Kleinplastik zur südpazifischen Welt schuf Hösel 1910. Sie zeigt eine Frau mit Attributen und Kleidung aus Australien und Ozeanien in einer Figur, da diese heute getrennt betrachteten Weltgegenden seinerzeit als ein Kontinent zählten.

Hösel entwarf 1907 noch die Kleinplastiken von zwei tanzenden sowie einem reitenden Indianer. Zwei Büsten aus Gips, die sich heute im Karl-May-Museum Radebeul befinden und laut Inschrift »nach dem Leben modelliert« wurden,[10] schuf Hösel 1910 nach dem Besuch der Sioux-Völkerschau im Tierpark Hagenbeck in Hamburg-Stellingen.[11] Danach wandte er sich konsequent der Tierplastik zu. Erst im Jahr 1944 entstand noch einmal eine Kleinplastik mit einem reitenden Indianer im Federschmuck, für die er vermutlich auf seine früheren Skizzen zurückgriff. Außerdem schuf er 1946 und 1953 zwei fast identische, unikale Plastiken eines kamelreitenden Nubiers, der von einem Löwen angegriffen wird[12] und die – ähnlich, wie die »Gruppe Nordamerika« und »Australien« – als Ergänzung zu Kaendlers Kontinent-Allegorien verstanden werden können.

Hösel war 1914 Gründungsvorsitzender des Meißner Zweigs der Schlaraffengesellschaft »Castellum misniense« gewesen. In seinem »Schlaraffenpass« findet sich unter der Rubrik »besondere Merkmale« der Eintrag »Indianerfreund mit orientalischer Schwärmerei«.[13] Diese Charakterisierung zeigt, wie präsent Hösels auf Reisen in Nordamerika und im Vorderen Orient erworbene Erfahrungen für seine unmittelbare Umgebung waren.

1 Hösel, Erich: Mein Lebenslauf (Handschrift), um 1950, Stadtarchiv Meißen, Nachlass Erich Hösel XXII a 8. Die kursiv gesetzten Zitate in diesem Beitrag stammen aus dieser Quelle. **2** Allgemeines Lexikon der Bildenden Künstler von der Antike bis zur Gegenwart (Thieme/Becker), Bd. XVII, Leipzig, 1924, 222. **3** Barlach, Ernst: Ein selbsterzähltes Leben, Kritische Textausgabe, herausgegeben von Ulrich Bubrowski, 2., durchgesehene Aufl., Hamburg 2006, 54. **4** May, Karl: Die Sklavenkarawane, Stuttgart 1893; Wagner, René: Fantasie in Blauen Schwertern, in: Der Beobachter an der Elbe 5 (2004), 32–36, hier 33. **5** May: Sklavenkarawane (Anm. 4), 146. **6** Fotografie zweier Ölringkämpfer, Nachlass Erich Hösel, Stadtarchiv Meißen, XXII a 8. **7** Erich Hösel: Tagebuch der Dienstreise, Staatliche Porzellan-Manufaktur Meissen, Werkarchiv AA III H 175. **8** Wagner: Fantasie (Anm. 4), 36. **9** Mitteilung von Formenarchivar Uwe Marschner, Staatliche Porzellan-Manufaktur Meissen. **10** Karl-May-Wiki, Beitrag zu Erich Hösel, https://www.karl-may-wiki.de/index.php/Erich_Hösel (Zugriffsdatum: 15.11.2022). **11** Rietschel, Hartmut: Prof. Erich Hösel und die Indianer (unveröffentlichtes Vortragsmanuskript), Dresden 2003. **12** Mitteilung von Sabine Kühne, Meissen Porzellan-Stiftung, und Dieter Keil, Lommatzsch. **13** Schlaraffenpass von Erich Hösel, Stadtarchiv Meißen, Nachlass Erich Hösel XXII a 8.

Petra Martin

VÖLKERSCHAU-OBJEKTE im MUSEUM für VÖLKERKUNDE DRESDEN

Eine Spurensuche

»Der Gelehrte hat heute gar nicht mehr nöthig große Reisen zu unternehmen, um die Racen und Völker zu beobachten und zu studiren – die Speculation hat voll Verständniß die Aufgabe der neuen Wissenschaft erfaßt und bringt jetzt Angehörige der entferntest wohnenden Nationen und Erzeugnisse ihrer Gewerbthätigkeit nach Deutschland [...] auch als Mittel zum Studium für den Fachgelehrten«.[1]

So euphorisch äußerte sich Richard Oberländer (1832–1891) – Forschungsreisender, Kartograf und Autor ethnografischer Schriften – über die Möglichkeit, Völkerschauen für die Wissenschaft zu nutzen. Seiner Zeit gemäß sprach er von »Rassen«, die es zu erforschen gelte. Und so begrüßte er die Zurschaustellung von drei Angehörigen der Aonikenk aus Chile als »wilde Patagonier« im Frühjahr 1879 im Zoologischen Garten Dresden durch Carl Hagenbeck (1844–1913).[2] Dem Impresario gebühre das Verdienst, führte er weiter aus, durch Herbeischaffung von Menschen und Kulturgütern aus fernen Ländern sowie durch großzügige Schenkungen an Museen die Forschungen der Völkerkunde zu unterstützen. Als erste Profiteure einer Symbiose von »Speculation« – damit meinte er das Schaugeschäft – und Wissenschaft erwähnte Oberländer die Völkerkundemuseen in Leipzig, Hamburg und Berlin.[3]

In Dresden war 1875 mit der Gründung eines ethnografischen Kabinetts am Königlichen Naturhistorischen Museum, das sich 1878 in Königlich Zoologisches und Anthropologisch-Ethnographisches Museum umbenannte,[4] ebenfalls eine Institution entstanden, die sich den anthropologischen Disziplinen widmete und sowohl Belege zum Studium der biologischen Variabilität des Menschen als auch der kulturellen Diversität von Menschengruppen zu sammeln begann. Inwieweit diese fachspezifischen Anliegen zu einer Kooperation mit den Akteuren des kommerziellen Schaugeschäfts führten, wurde bislang nicht systematisch untersucht. Der Beitrag begibt sich – überwiegend basierend auf den Erwerbsakten des Museums – auf eine erste Spurensuche nach den Schnittstellen zwischen Völkerschauen, Sammlungsakquise und wissenschaftlichen Studien.

Um es vorwegzunehmen: Die oben erwähnte direkte »Fürsorge« Carl Hagenbecks hat die Dresdner Institution nicht erfahren. Lediglich eine Schenkung, ein chinesischer Teeziegel (siehe Abb. 1), der einen Bezug zu der »Kalmücken-Ausstellung« im Jahr 1883 zu haben scheint, ist mit seinem Namen verbunden.[5] Dennoch finden sich zahlreiche Hinweise darauf, dass während der mehr als fünf Jahrzehnte währenden Phase kommerzieller Völkerschauen auch die beiden langjährigen Dresdner Museumsdirektoren in dem etablierten Netzwerk der Organisatoren und Veranstalter agierten. Die Art und Weise, wie sie es taten, war eng mit den musealen Anliegen und persönlichen wissenschaftlichen Interessen verbunden.

1
Teeziegel, im russischen Wolgagebiet erworben, vorn mit dem chinesischen Schriftzeichen 大 (»groß«). Das Etikett auf der Rückseite erläutert: »Geschenk von C. Hagenbeck, Hamburg, Ziegeltee der Kalmücken, Dec. 1884«. China, gepresste Teeblätter, vor 1884

ERWERBUNGEN AUS VÖLKERSCHAUEN UNTER ADOLF BERNHARD MEYER

Mit Adolf Bernhard Meyer (1840–1911), der das Königlich Zoologische und Anthropologisch-Ethnographische Museum begründet hatte, stand dem Museumsverbund bis 1905 ein Naturwissenschaftler mit kulturhistorischen Ambitionen vor, der sich in allen drei Fachbereichen profilierte. Seine primär auf das insulare Südostasien und den Pazifik gerichteten Interessen erklären,[6] dass erst die zehnte der in Dresden ausgerichteten Menschenschauen in sein Blickfeld zu geraten schien. Im August 1882 traten im Zoo die beiden Aborigines Panángĕra und Yúrunung des Manbara-Klans von Fraser-Island (K'gari, Ostküste von Queensland) auf, um das Publikum mit Waffenvorführungen, Spielen und Tänzen zu unterhalten. Ihr Anwerber war der als rücksichtslos geltende und in Fachkreisen wegen »Etikettenschwindels« verrufene Robert A. Cunningham (1837–1907).[7] Die »Vorführung« der beiden Aborigines-Männer verlangte offensichtlich nach der Expertise von Fachautoritäten. Gemeinsam mit dem erst 1881 in der ethnografischen Abteilung eingestellten Assistenten Max Uhle (1856–1944) – von Haus aus Sprachwissenschaftler – nahm Meyer linguistische und anthropologische Untersuchungen vor. Sie bestätigten die regionale Herkunft der Queensländer sowie die zeitgemäße Lehrmeinung, die – basierend auf kulturevolutionistischer Theorie – in den Aborigines Vertreter eines typologisch »tiefstehenden Volkes« sah.[8]

Die ersten Kulturzeugnisse aus Völkerschau-Kontext wurden im Januar 1883 von dem wenig bekannten Impresario Louis Müller erworben,[9] der als »Führer von 2 Australiern« zu jener Zeit in Berlin und nachfolgend – im Mai – in Dresden gastierte.[10] Die Art und die regionale Herkunft der Objekte – vier aus Australien und drei aus Neuseeland – sowie deren Erwerbung in Berlin lassen vermuten, dass diese nicht im »Schauprogramm«, sondern in einer begleitenden Ausstellung Verwendung fanden. Beim Inventarisieren wurden einige als »neu« oder »völlig ungebraucht« kommentiert,[11] worin sich die eher ablehnende Haltung eines Museums ausdrückt, dessen Anliegen es war, »authentisches«, von »zivilisatorischen« Prozessen unbeeinflusstes sowie möglichst aus dem Nutzungskontext erworbenes Kulturgut zu erwerben – Kriterien, die selten bei Völkerschau-Objekten zum Maßstab erhoben werden konnten. Konsequenterweise gingen vom Museum nachfolgend zunächst keine weiteren eigenen Initiativen zu Erwerbungen aus Schaukontexten aus.

In diese Bresche sprang jedoch Adolph Schoepf (1851–1909), Direktor des Dresdner Zoos, der regelmäßig die Wünsche des Museums nach Tierpräparaten (im Einzelfall auch nach Haarproben von vorgeführten Menschen) bediente.[12] Hin und wieder finden sich Ethnografika-Offerten im diesbezüglichen Briefwechsel, in dem Schoepf um deren Ankauf oder die Vermittlung an andere Museen bat.[13] Einige dieser Direktangebote des Zoos nahm das Museum in seine Sammlungen auf. Dazu gehören 21 »Somali«-Kulturzeugnisse des Afrika-Reisenden Josef Menges (1850–1910), der seit 1876 als Tierfänger und Anwerber für Hagenbeck tätig war, zeitweilig aber auch als selbstständiger Impresario wirkte, und der aus den Einnahmen seine Forschungen finanzierte.[14] Wohl aus dem Nachlass des hauptberuflichen Impresarios Willy Möller, der seit Ende der 1880er-Jahre im Menschenschau-Geschäft agierte, stammen 24 Afrikana, die Schoepf auf Wunsch von J. Möller – vermutlich der Witwe Möllers – dem Museum verkaufte. Auffallend ist, dass das Museum selbst bei notwendigen Rückfragen jedweden direkten Kontakt zur Einsenderin vermied.[15] In beiden Fällen fällt es schwer, die Konvolute tatsächlich auf Schaustellungen zurückzuführen, die im Dresdner Zoo ausgerichtet worden sind. Sie zeugen eher davon, dass die Organisatoren der Menschenschauen Zugang zum Netzwerk des Museums suchten.

Einen eindeutigen Bezug zu einer Menschenschau in Dresden hat dagegen ein Angebot des Zoos, das das Museum unmittelbar nach dem Ende der Vorführung von »Guiana-Indianern« im August 1892 erreichte. Eine Gruppe von 30 Kali'na – Männer, Frauen und Kinder – war zu Beginn des Jahres 1892 von einem gewissen M. F. Laveaux in Albina am Marowijne, dem Grenzfluss zwischen Suriname und Französisch-Guyana, angeworben worden.[16] Sie hatten Verträge für eine mehrmonatige Tour durch verschiedene europäische Länder unterzeichnet, deren Tragweite sie nicht einschätzen konnten. Bereits an ihrem ersten Auftrittsort im Jardin d'Acclimatation in Paris im Februar/März erkrankten einige der auf die winterliche Kälte unvorbereiteten Kali'na schwer. Acht von ihnen starben. Nach Auftritten in Brüssel und Berlin erreichten noch 21 Personen Dresden, die in der Lokalpresse mit zugkräftigem Vokabular – »primitiver« Ausstattung, »kriegerischer« Sinn – und der geplanten Vorführung von Sitten und Gebräuchen, Tänzen und Gesängen sowie einer interessanten ethnografischen Sammlung angekündigt wurden.[17] Nach dem Ende der Schau reisten die Kali'na über Amsterdam zurück nach Suriname. Nur zehn von ihnen sollten ihre Heimatdörfer wieder erreichen. Im Zoo verblieben mit Keramik, Waffen und Trommeln insgesamt 53 Kulturzeugnisse, die das Museum für 128 Mark erwarb.[18] Fotografien, die vor allem in Paris gefertigt worden sind, belegen den Einsatz von

2
Kulturzeugnisse der Kali'na (Trommel, Keule, Jagdpfeile, Fischspeer), genutzt bei Vorführungen im Dresdner Zoo. Suriname, Naturmaterialien (Holz, Haut, Rohr, Fell, Naturfaser), Eisen, vor 1892

Trommeln und Keulen bei den Vorführungen, was auch die starken Gebrauchsspuren zu bestätigen scheinen. Die Keramiken sind dagegen wohl als Requisiten oder Exponate der Begleitausstellung anzusehen (siehe Abb. 2 und 3).

Erst zum Ende der Amtszeit Meyers ging die Initiative zur Sammlungsakquise bei Völkerschauen wieder vom Museum aus, was unter anderem zum Erwerb von 19 Ethnografika während der 1896 im Dresdner Zoo ausgerichteten »Ost-Afrikanischen Karawane aus dem Somalilande« direkt von dessen Impresario Josef Menges führte.[19] Auch diese Kulturzeugnisse – Sattel, Hausrat, Schmuck und Schuhe – sind wohl der begleitenden Ausstellung entnommen, da die »Karawane« nach ihrem ersten Auftritt in Dresden weiterzog.

ERWERBUNGEN AUS VÖLKERSCHAUEN UNTER ARNHOLD JACOBI

Seit 1906 leitete der Zoologe und Ethnologe Arnhold Jacobi (1870–1948) den Museumsverbund und war damit zugleich für die weitere Profilierung der Bestände zuständig. Sein Ziel war es, die unter seinem Vorgänger vernachlässigten Regionalsammlungen zu stärken, wozu neben dem Aufbau einer Europa-Sammlung auch der Ausbau der Afrika-Sammlungen gehörte, ohne die bisherige Schwerpunktregion – Ozeanien – zu vernachlässigen. Unter finanziellen Gesichtspunkten befand sich das Museum jedoch in einer schwierigen Lage. Gönner, die dem in Ungnade ausgeschiedenen Direktor Meyer freundschaftlich verbunden waren, hatten sich abgewandt.[20] Zeitgleich war das Jahresbudget für Ankäufe auf 1 500 Mark reduziert worden.[21] Es galt, mit den geringen Mitteln zu haushalten und Anbieter vor allem auf Schenkungen zu orientieren. In diesem Zusammenhang sollte sich der Kontakt zu Carl Marquardt (1860–1916) – Schriftsteller, Hobby-Ethnologe, Sammler, seit 1896 Organisator von Völkerschauen, seit 1902 auch Ethnografika-Händler – als förderlich erweisen.[22] Dieser hatte gemeinsam

3
Keramikgefäße, als Requisiten und Exponate während der Kali'na-Vorführungen im Dresdner Zoo verwendet. Suriname, geformter, bemalter Ton, vor 1892

4
Kleine ungebrauchte Kawa-Schale (ein Souvenir?) aus der Sammlung Carl Marquardt, 1911 vom Museum akquiriert. Samoanische Kultur, Holz, Faserschnur, 1910

mit seinem in Samoa lebenden Bruder Fritz Marquardt (1862 – nach 1912) zunächst Menschenschauen mit Samoanern veranstaltet, bevor er sich diversen afrikanischen Regionen zuwandte. Die erste Erwerbung einer großen und sachkundig dokumentierten Samoa-Sammlung tätigte das Museum bei Carl Marquardt bereits im Jahr 1903. Ein Bezug zu der zwei Jahre zurückliegenden zweiten Samoaner-Schau kann wohl ausgeschlossen werden. Während der dritten »Samoaner-Vorführung« in Dresden, im August 1910, übergab Carl Marquardt ein Kaufangebot, das am Museum auf wenig Begeisterung stieß: Ein Mitarbeiter vermerkte in Randglossen, dass einiges neuwertig sei und daher für einen Ankauf nicht oder nur mit Preisreduktion infrage käme.[23] In der Tat stellt sich bei einigen Positionen der Liste – wie den Kawa-Schalen zum Beispiel – die Frage, ob diese nicht als Souvenirs an vorangegangenen Austragungsorten gefertigt worden sind (siehe Abb. 4).

5
Fotopostkarte »Marquardt's Beduinen-Karawane, Scheich Mohammed ben Aissa« mit der Darstellung eines Völkerschau-Teilnehmers. Unbekannte:r Fotograf:in, 1912

6
Prunksattel aus der Sammlung Carl Marquardt, 1915 als »Pferdeausrüstung eines hohen arabischen Scheichs mit Namen: Mohammed ben Mohammed ben Aissa in Boùarada« vom Museum akquiriert. Tunesien, Leder, Textil, Holz, Metall, Stickereien mit Goldfaden, vor 1912

Letztlich entschloss Marquardt sich zur Schenkung, wie er es von nun an ausschließlich tat. Von den mehr als 550 Kulturzeugnissen, die in der Dresdner Sammlung auf ihn zurückgehen, stammt etwa ein Fünftel aus Nordafrika, vor allem aus Tunesien. Erwerbung und Schenkungen stehen in zeitlicher Nähe zu den »Tunesen«- und »Beduinen«-Schauen. Die auf Werbematerialien (Fotografien und Fotopostkarten) erkennbare Ausstaffierung der Teilnehmenden weist große Parallelen zu dem im Museum bewahrten Objektbestand auf.[24] Ein aufwendig mit Goldstickereien verziertes Sattelzeug mit Trense, das Marquardt 1915 als »Pferdeausrüstung eines hohen arabischen Scheichs mit Namen Mohammed ben Mohammed ben Aissa in Bouarada« (Bou Arada, Būʿarāda, im Nordwesten Tunesiens) beschrieb, ist eindeutig auf einem der historischen Fotos erkennbar. Es zeigt den gleichnamigen Teilnehmer des »Beduinendorfs«, einer Schau, die in Dresden nicht ausgerichtet wurde (siehe Abb. 5 und 6).

Im Schriftverkehr mit dem Museum hatte Marquardt seine Planungen für das »Beduinendorf« im Dezember 1911 angekündigt. Zu diesem Zeitpunkt hatte er bereits Verträge mit den Zoos von Breslau und Leipzig geschlossen und stand in Verhandlung mit Köln und Frankfurt am Main. Nur Dresden hatte auf seine Anfrage nicht reagiert, was er folgendermaßen kommentierte: »Schade, ich war immer gern in Dresden und der Garten hat in schlechter Zeit viel durch mich verdient. Der neue Herr scheint andere Wege einzuschlagen, aber das Publikum wird es ihm nicht danken.«[25] Mit dem neuen Herrn ist Schoepfs Nachfolger, Gustav Brandes (1862–1941), gemeint, der von 1910 bis 1934 die Geschicke des Zoos lenkte. Während seiner Amtsjahre fanden die Menschenschauen allmählich ein Ende.[26] Kinos eroberten das Terrain, wo zunächst der Stummfilm, später der Tonfilm, sich auch des ethnografischen Genres anzunehmen wussten. Unter der Leitung des ehemaligen Völkerschau-Unternehmers John Hagenbeck (1866–1940) erfolgten 1921 im Dresdner Zoo Dreharbeiten zu dem Film »Allein in der Wildnis«, der in gekürzter Version auch unter dem Titel »Die Rache der Afrikanerin« in die Kinos gelangte.[27] Dem Museum kam damit eine neue Rolle zu: Es stellte aus dem Museumsbestand Requisiten als Leihgaben zur Verfügung. Es erweist sich als merkwürdige Koinzidenz, dass sich unter den Ausleihen auch ein Objekt befand, das 21 Jahre zuvor vom Dresdner Zoo an das Museum vermittelt worden ist.[28]

ZUSAMMENFASSUNG

Von den 76 Menschenschauen, die nachweislich zwischen 1878 und 1934 im Zoologischen Garten Dresdens ausgerichtet worden sind, gelangten nur sporadisch Objekte in das heutige Museum für Völkerkunde Dresden. In den Archivalien ließen sich bislang Bezüge zu 14 Schaustellungen sowie zu zehn Impresarios oder Unternehmen feststellen. Nach vorläufiger Erhebung gingen der anthropologischen Sammlung zwei Haarproben, der Bildsammlung mehrere (im Krieg verschollene) Fotografien und ein Pastellgemälde, der ethnografischen Sammlung möglicherweise bis zu 290 Kulturzeugnisse zu. Wie viele davon mit dem tatsächlichen Schauprogramm verbunden waren, ist ungewiss. Der überwiegende Teil wird auf die ethnografischen Begleitausstellungen, einiges vielleicht auch auf die Souvenirfertigung für den Verkauf an die Besuchenden zurückzuführen sein. Das wirft zugleich die Frage auf, ob sich nicht auch unter den teilweise kurz nach einer Menschenschau im Museum eingegangenen Ankaufs- oder Schenkungsangeboten von Dresdnern kunsthandwerkliche Erzeugnisse befinden, die beim Besuch der »Völkerwiese« erworben worden waren.

1 Oberländer, Richard: Die Patagonier, in: Die Gartenlaube 25 (1879), 423–427, hier 424. **2** Siehe auch die biografische Skizze zu »Pichocho« in diesem Band. **3** Oberländer: Patagonier (Anm. 1), 424. **4** Aus dem Museumsverbund, der seit 1921 den Namen Museum für Tierkunde und Völkerkunde führte, ging 1946 das selbstständige Museum für Völkerkunde hervor, dem 1949 auch die Sammlungen des früheren Anthropologischen Museums übereignet wurden. Seit 2004 gehört es zu den Staatlichen Ethnographischen Sammlungen Sachsen, die 2010 in den Verbund der Staatlichen Kunstsammlungen Dresden aufgenommen worden sind. **5** Da der Teeziegel dem Museum erst im Dezember 1884 geschenkt worden ist, kann er auch auf die nachfolgende »Kalmücken-Ausstellung« zurückgehen, die nicht in Dresden stattfand. Siehe: Wissenschaftliches Archiv des Museums für Völkerkunde Dresden (im Folgenden WA/MVD), Ethnographische Cladde, Zugänge 1884. **6** Nach den Worten seines Nachfolgers strebte Meyer den Aufbau einer Urkundensammlung zur Kulturgeschichte der Inselvölker des Indischen und Stillen Ozeans an. Siehe: Jacobi, Arnold: 1875–1925: Fünfzig Jahre Museum für Völkerkunde zu Dresden, Dresden 1925, 73. **7** Thode-Arora, Hilke: Für fünfzig Pfennig um die Welt. Die Hagenbeckschen Völkerschauen, Frankfurt am Main 1989, 41. **8** Meyer, Adolf Bernhard/Uhle, Max: Zur Dippil-Sprache in Ost-Australien, in: Jahresbericht des Vereins für Erdkunde Dresden, Bd. 4, 1883, 129–137, hier: 129 f. und 136. **9** Möglicherweise handelt es sich um den deutschen Auswanderer Heinrich Ludwig Müller (1863–1899), der seit 1881 bei Perth lebte und dort den Namen Louis Mueller führte. **10** WA/MVD, Cladde, Zugänge Januar 1883. **11** WA/MVD, Eingangskatalog, Einträge zu Nrn. 12345 und 12346. **12** Haarprobe eines Samojeden, siehe: WA/MVD, Cladde, Zugang 1883; Haarprobe eines Singhalesen, siehe: WA/MVD, Akte Schöpf/Menges, 14.10.1883. **13** WA/MVD, Akte Schöpf (Anm. 12). Laut handschriftlichem Vermerk Meyers ist das Angebot an das Naturhistorische Museum in Wien weitergeleitet worden. **14** WA/MVD, Akte Schöpf (Anm. 12). Ausführlich zu Menges siehe: Jung, Monika: Josef Menges. Forschungsreisender, Ethnologe, Naturforscher, Zoologe und Tierhändler, Limburg 2017; zu Völkerschauen siehe: Thode-Arora: Für fünfzig Pfennig (Anm. 7), 53–55. **15** WA/MVD, Akte Zoologischer Garten, Briefwechsel A. Schoepf, W. Foy, J. Möller vom 5.9.1900 bis 24.7.1901 **16** Alle Angaben zur Kali'na-Gruppe sind dem nachfolgenden niederländischen Museumsblog entnommen, der auch auf weiterführende Literatur sowie auf einen Film mit den Nachfahren der Beteiligten verweist: Toen te zien: 1892 Kalina, Suriname, http://www.toentezien.nl/mensvertoningen/1892-kalina-suriname/ (Zugriffsdatum: 15.11.2022). **17** Dresdner Nachrichten, 26.7.1892, 8f. Anzeige und Text erwähnen 24 teilnehmende Kali'na, was in Diskrepanz zu den ermittelten Todesfällen in Paris steht. Siehe Anm. 16. **18** WA/MVD, Akte Zoologischer Garten, Kauf 1892. **19** WA/MVD, Akte Menges, Kauf 1896. **20** Ausführlicher zu Meyer siehe Martin, Petra: Adolf Bernhard Meyer, in: Sächsische Biografie, hrsg. vom Institut für Sächsische Geschichte und Volkskunde e.V., http://www.isgv.de/saebi/ (Zugriffsdatum: 3.1.2023) **21** Jacobi: 1875–1925 (Anm. 6), 52. **22** Ausführlicher zu Carl und Fritz Marquardt vgl. Thode-Arora, Hilke: From Samoa with Love?, München 2014, 47–57. **23** WA/MVD, Akte Marquardt, Verzeichnis der am 25. August 1910 zur Ansicht übergebenen Gegenstände. **24** Siehe zum Beispiel die Fotografien, Fotopostkarten und Begleitbroschüren zu »Marquardt's Beduinen-Karawane« von 1912 der Sammlung Radauer des Online-Archivs zu Menschenzoos, https://humanzoos.net/?page_id=3258 (Zugriffsdatum: 2.1.2023) **25** Brief Marquardt an Jacobi vom 4.12.1911, in: WA/MVD, Akte Marquardt. **26** Siehe den Beitrag von Volker Strähle zu Menschenschauen im Dresdner Zoo in diesem Band. **27** Siehe den Beitrag von Sophie Döring zum Kino als Erbe der Menschenschauen in diesem Band. **28** WA/MVD, Akte Umlauff, Liste über die entliehenen Gegenstände aus dem Museum für Tierkunde und Völkerkunde für Filmaufnahme, 13.9.1921.

Clemens Radauer

Ein GELONG im MUSEUM

Wie ein Priester einer
»Kalmücken-Schau«
im Dresdner Zoo zum
»Experten« wurde

1 und 2
Zwei kalmückische Gelongs, aufgenommen im Jardin Zoologique d'Acclimatation in Paris. Cartes de Visite von Pierre Petit, Paris, 1883

3
Max Uhle, Atelieraufnahme. Unbekannte:r Fotograf:in, Bolivien (?), um 1895

Ende Juli 1883, kurz vor der Abreise einer Gruppe von Kalmück:innen, die im Dresdner Zoo aufgetreten war, kam es zu einer ungewöhnlichen Begegnung: Max Uhle (1856–1944), wissenschaftlicher Mitarbeiter des Königlichen Zoologischen und Anthropologisch-Ethnographischen Museums Dresden, zeigte einem buddhistischem Priester (Gelong) aus der Völkerschau-Gruppe die hauseigene Sammlung kalmückischer Objekte.[1] Dieser sollte die vorhandene Dokumentation begutachten und überprüfen. Dieser Beitrag versucht zu erklären, warum eine Gruppe von Kalmück:innen nach Deutschland gebracht wurde und wie es zu dieser Kooperation zwischen einem deutschen Wissenschaftler und einem buddhistischen Geistlichen in Dresden kam.

DIE KALMÜCKEN

Als Kalmücken wird eine Gruppe der in Südrussland lebenden westmongolischen Oiraten bezeichnet. Ihre Vorfahren hatten Zentralasien auf der Suche nach neuen Weidegründen für ihre Herden verlassen, um in den Westen zu ziehen. Seit den 1630er-Jahren lebten sie auf den Weiden im russischen Wolgagebiet. Die traditionelle Lebensweise der Kalmücken war nomadisierend und von Weideviehwirtschaft geprägt, wobei sie Schafe, Pferde, Rinder, Kamele und selten auch Ziegen züchteten.

Seit dem 17. Jahrhundert bekennen sich die Kalmücken zur Gelug(pa)-Schule des tibetischen Buddhismus, auch Lamaismus genannt, dem heute noch der Großteil angehört. Vor ihrer Sesshaftwerdung hatten sie Zeremonien meist in speziellen Jurten bzw. mobilen Tempeln abgehalten.

»CARL HAGENBECK'S ANTHROPOLOGISCH-ZOOLOGISCHE KALMÜCKEN-AUSSTELLUNG«

Nachdem Carl Hagenbeck (1844–1913) seit 1874 Völkerschauen als Geschäftszweig etabliert hatte, war der Hamburger Tierhändler kontinuierlich auf der Suche nach neuen Gruppen aus »exotischen« Teilen der Erde. Er wollte das europäische Publikum mit neuen Sensationen in die Spielorte und an die Kassen locken. So ergab es sich 1882, dass eine Gruppe von Männern im Auftrag Hagenbecks in die Kalmückensteppe nördlich des Kaukasus reiste, um dort Kamele zu erstehen. Dabei warben sie auch Kalmück:innen für eine Völkerschau an. In Sekundärquellen werden zwei Männer als Anwerber der Gruppe genannt: Herman Behnke und Eduard Gehring.[2] Nachdem ein entsprechender Vertrag von der »russischen Regierung, dem Fürsten der Kalmücken und Herrn Hagenbeck« unterzeichnet worden war, in dem zugesichert wurde, »die Leute innerhalb einer bestimmten Zeit nach ihrer Heimat zurückzuliefern«,[3] begaben sich die Kalmück:innen auf ihre Reise nach Mitteleuropa, wo sie zuerst in Dresden, dann in Berlin, Paris und Hamburg Station machten. Anfangs bestand die Gruppe aus 22 Personen, und zwar zehn Männern (darunter zwei Priester), acht Frauen und vier Kindern. Eine der Kalmückinnen war bei Antritt der Reise hochschwanger und gebar in Paris ihr Kind.

Die Schreibweise der Namen und auch die persönlichen Informationen der teilnehmenden Kalmück:innen variieren in den Primärquellen.[4] Hier eine Liste der Vornamen mit Alter, Geschlecht und familiärer Zugehörigkeit, die der Augenarzt Ludwig Kotelmann (1839–1908), der die Gruppe in Hamburg untersucht hatte, verfasst hat:[5]

1. Ürüpschürr, 35, ♂ Oberpriester
2. Baátscha, 28, ♂ Priester
3. Sánsche, 28, ♂
4. Baítscha I., 30, ♀ verheiratet mit Sánsche
5. Fránzosc, 5 Monate, ♀ Tochter von Sánsche & Baítscha I.
6. Dórtsche, 25, ♂
7. Otrünn, 22, ♀ verheiratet mit Dórtsche
8. Kaschárr, 4, ♂ Sohn von Dórtsche & Otrünn
9. Óttscher, 2, ♂ Sohn von Dórtsche & Otrünn
10. Dawárla, 24, ♂
11. Baítscha II., 23, ♀ verheiratet mit Dawárla
12. Lidsche, 5, ♀ Tochter von Dawárla & Baítscha II.
13. Mutschká, 3, ♂ Sohn von Dawárla & Baítscha II.
14. Usché, 24, ♂
15. Charköken, 30, ♀ verheiratet mit Usché
16. Assúd, 23, ♂
17. Bulrünn, 20, ♀ verheiratet mit Assúd
18. Nochála, 15, ♀ Schwester von Assúd
19. Búka, 20, ♂
20. Bólcha, 17, ♀ verheiratet mit Búka
21. Kúka, 18, ♂
22. Kíschda, 15, ♀

In einem Artikel der Dresdner Nachrichten wurde auch noch ein »Schurgutschn Belegtschieff« als Teil der Gruppe erwähnt.[6] Da er in keiner anderen zeitgenössischen Quelle genannt wird, ist es möglich, dass er bereits vor Kotelmanns Untersuchung die Gruppe verlassen hatte.

4
Abbildung der beiden kalmückischen Gelongs auf der Titelseite des Programmhefts »Die Kalmücken. Sitten u. Gebräuche derselben in ihrer Heimat und Beobachtungen während ihres europäischen Aufenthaltes«. Druck: Adolph Friedländer, Hamburg, 1884

Die Kalmück:innen brachten laut Annoncen 44 Nutztiere, darunter 18 Kamele, acht Pferdestuten, acht Fohlen und zehn Schafe, sowie mehrere Kibitken (Jurten) und weitere Gegenstände des täglichen Lebens mit.[7]

DIE KALMÜCK:INNEN IN DRESDEN

Dresden war der erste Aufenthaltsort der Kalmück:innen auf ihrer Tournee durch das Deutsche Reich. Sie erreichten die sächsische Hauptstadt in zwei Gruppen. Die erste bestand aus »acht Frauen, vier Kindern und 2 Priestern« und kam am 12. Juli 1883 an, wurde aber dem Publikum bis zur Ankunft der zweiten Gruppe nicht gezeigt.[8] Die acht Männer der Truppe kamen mit den Tieren, Zelten und weiteren Gerätschaften eine Woche später – je nach Quellenlage entweder am 18. oder 19. Juli – nach.[9] Laut Quellen betrug die Anreisezeit insgesamt 13 Tage.[10]

Sobald alle Kalmück:innen mitsamt ihren Nutztieren, Jurten und anderen Gegenständen in Dresden angekommen waren, begannen am 19. Juli 1883 ihre Vorstellungen auf einem für Völkerschauen vorgesehenen Areal des Zoologischen Gartens, der sogenannten Völkerwiese, wo sie bis einschließlich 27. Juli auftraten. Täglich wurde dem Publikum ein Programm geboten, und zwar »Vormittags von 10–12 und Nachmittags von 3–7 Uhr«.[11] Unter anderem wurden täglich die Kibitken (Jurten) abgebaut, mitsamt dem anderen Hausrat auf die Kamele und Pferde geladen, dann marschierte die gesamte Truppe damit einmal um das Gelände, um schließlich alles wieder an derselben Stelle aufzubauen. Besonders angetan war das Publikum offenbar von der Reitkunst der Kalmück:innen, die als Steppenbewohner:innen und Nomad:innen sehr geübt im Umgang mit Pferden waren. Darüber hinaus wurden auch religiöse Zeremonien, Musik und Tänze, das Melken der Pferdestuten und Hochzeiten aufgeführt. Für Staunen beim Publikum sorgte die Tatsache, dass sowohl Männer, Frauen wie auch Kinder Pfeife rauchten – und dies angeblich unentwegt.

Über die Gesamtzahl der Besucher:innen der Kalmück:innen während ihres neun Tage dauernden Aufenthalts im Dresdner Zoo sind keine Informationen überliefert. Einzig vom Sonntag, 22. Juli, wird von insgesamt 8 000 Besucher:innen im Zoologischen Garten berichtet. Obwohl dies, verglichen mit den Besuchszahlen an späteren Spielorten, etwa in Berlin, wo an einem einzigen Tag 93 000 Besucher:innen gezählt wurden,[12] nach einem geringen Publikumsandrang aussieht, erwähnt der Geschäftsbericht des Zoos, der Besuch des Gartens sei während der drei stattgefundenen Völkerschauen im Jahr 1883 »ein äusserst reger« gewesen.[13]

Am 20. Juli 1883 besuchte der sächsische König Johann (1801–1873) die Schau, blieb knapp zwei Stunden, unterhielt sich mit Carl Hagenbeck (1844–1913) und dem Dolmetscher der Gruppe, August Lückstadt aus Sarepta. Der König bekam eine Sondervorführung der Kalmück:innen, welche zu Ehren des Besuchs ihre »Feiertagsgewänder« angelegt hatten.

VÖLKERSCHAUEN UND DIE WISSENSCHAFT

Seit Beginn der Zurschaustellung von »exotischen« Menschen in Europa kooperierten Völkerschau-Veranstalter mit Vertretern der Wissenschaft. Die gewinnorientierten Unternehmen profitierten von dieser Zusammenarbeit einerseits aufgrund der durch die Untersuchung erzeugten Aufmerksamkeit und der damit verbundenen Zuschreibung von Authentizität. Andererseits hofften die Unternehmer, durch die Kooperation mit namhaften wissenschaftlichen Einrichtungen ihr persönliches Prestige zu erhöhen, oder – im allerbesten Fall – dort als Mitglied aufgenommen zu werden. Carl Hagenbeck war seit 1879 Ehrenmitglied der Berliner Gesellschaft für Anthropologie, Ethnologie und Urgeschichte.[14]

Wissenschaftlern aller Fachrichtungen bot sich dadurch die Möglichkeit, Untersuchungen an Vertreter:innen unterschiedlicher ethnischer Gruppen durchzuführen, ohne sich auf gefährliche, zeitaufwendige und kostenintensive Expeditionen begeben zu müssen. Die vorgenommenen anthropologischen Untersuchungen stießen immer wieder auf den Widerstand der zu Untersuchenden und wurden teils auch gegen deren Willen durchgeführt.

Auch die Kalmück:innen wurden auf ihrer Tournee in fast jeder Stadt von Wissenschaftlern untersucht. In Paris befassten sich sowohl der anthropologische Fotograf Roland Bonaparte (1858–1912) als auch der Anthropologe Joseph Deniker (1852–1918) mit ihnen. Während ihres Aufenthalts im Hamburger Zoologischen Garten untersuchte, wie bereits erwähnt, der Augenarzt Ludwig Kotelmann ihre Augen und publizierte seinen Bericht darüber 1884 in der »Zeitschrift für Ethnologie«.

DER GELONG IM MUSEUM

Am 23. und 24. Juli 1883[15] fand während des Aufenthalts der Kalmück:innen in Dresden ein besonders erwähnenswerter Wissenstransfer statt: Einer der beiden Priester aus der Völkerschau-Gruppe trat gegenüber Max Uhle, dem Dokumentaristen der königlichen ethnografischen Sammlung, als indigener Experte auf und erteilte

5
Gustav Bartsch: Die Kalmücken im Zologischen Garten in Dresden. 1. Karawane – 2. Melken der Stute – 3. Sport – 4. Besteigen des Kameels – 5. Die beiden Gelongs – 6. Aufschlagen der Kibitken. Illustration aus: Ueber Land und Meer Nr. 46 (1883), 917

Auskünfte zu Objekten. Wahrscheinlich stand ihm als Dolmetscher August Lückstadt zur Seite, der die Völkerschau auf ihrer Tournee begleitete. Das Dresdner Museum besaß zu dieser Zeit bereits eine umfangreiche Sammlung kalmückischer Objekte, welche Heinrich August Zwick (1796–1855), ein Angehöriger der Evangelischen Brüder-Unität, im Lauf seiner Missionstätigkeit im unteren Wolgagebiet von 1818 bis 1836 gesammelt hatte.[16] Diese Sammlung 107 kalmückischer Objekte befand sich seit 1839 in Dresden, 1876 war sie dem neu gegründeten königlichen ethnografischen Museum übereignet und dort 1882 inventarisiert worden. Interessanterweise finden sich im Hauptkatalog bei 23 Objekten[17] insgesamt circa 30 Vermerke aus dem Jahr 1883, die als Quelle jeweils einen Gelong angeben. Jeder dieser zusätzlichen Einträge ist entweder mit dem 23. oder dem 24. Juli datiert. Dieses Datum stimmt mit dem Aufenthalt der Kalmück:innen in Dresden überein.

6
Rollbild mit dem Mandala »Hölle mit Jamandaga«. Kalmücken, Russland (Wolgagebiet), Deckfarben auf Stoff, vor 1836

7
Altarkännchen mit Futteral. Russland (Wolgagebiet), Silber, Holz, Leder, vor 1836

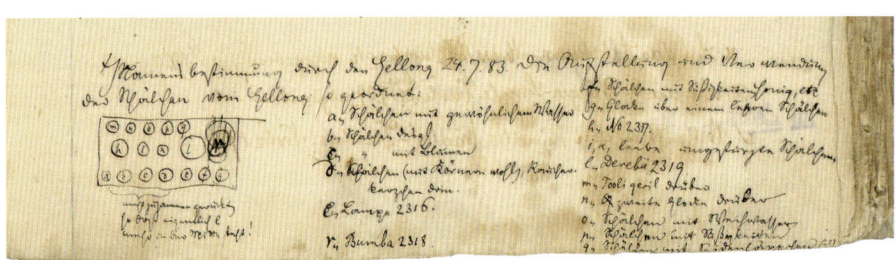

8
Nachgetragene Informationen des Gelong vom 24. Juli 1883 zu Aufstellung, Verwendung und Lokalnamen der Altar-Silberschalen und -kännchen. Ausschnitt aus dem Hauptkatalog des Königlichen Ethnographischen Museums Dresden (heute: Museum für Völkerkunde) für das Jahr 1882

Die meisten Anmerkungen sind als Korrekturen der Objektbezeichnungen und der Namen dargestellter Personen oder Heiliger zu lesen, andere als Bestätigung der vorhandenen Informationen. Vereinzelt handelt es sich dabei auch um zusätzliche Detailinformationen. Zum Beispiel wurde zur Beschreibung eines Rollbilds (siehe Abb. 6), das als Teil einer »lamaistischen Tempelhütte« inventarisiert wurde, folgende Erläuterung hinzugefügt: »Jamandaga in der Mitte, die 8 um ihn sind seine Diener, über ihm Badmu Dsindisit, rechts: Erkiri Sschindisit, unter ihm: Demek Dsch., links Serne Dsch., zwischen 1 und 2: Janschingma, zwischen 2 und 3: Guri, 3 und 4: Sargara, zwischen 4 und 1, der grüne: Pangma. Der Kreis stellt den Wohnplatz des Jamandaga als Hütte (!) vor [...]«.

Die Formulierung der Anmerkungen lässt darauf schließen, dass jeweils nur ein kalmückischer Gelong eingeladen wurde, sich die Objekte anzusehen. Die handschriftlich eingefügten Vermerke lauten etwa »Bestimmung durch den kalmük. Gellong« oder »alle Namen vom kalm. Gellong [...] bestätigt«. Es ist nicht überliefert, welcher der beiden Priester jeweils damit gemeint war – Ürüpschürr oder Baátscha. Auch fehlen jegliche Informationen über die Umstände und den exakten Ablauf dieser ungewöhnlichen Begegnung zwischen einem geistlichen Gelehrten aus der Kalmückensteppe und dem Mitarbeiter des Dresdner Museums, Max Uhle.

EIN SINGULÄRER FALL?

Eine Kooperation europäischer Wissenschaftler mit Teilnehmer:innen von Völkerschauen, wobei Letztere auf Augenhöhe zur fachlichen Expertise herangezogen wurden, ist im ausgehenden 19. Jahrhundert zwar die Ausnahme, aber dennoch kein Einzelfall. So gab es 1884 eine von Adolf Bastian (1826–1905) organisierte Untersuchung von Objekten in dem von ihm geleiteten Museum für Völkerkunde in Berlin durch zwei australische Indigene, welche zeitgleich in »Castans Panoptikum«, einem Berliner Wachsfigurenkabinett, ausgestellt wurden. Mit ihrer Hilfe konnten einige der Gegenstände identifiziert, ihre Funktion beschrieben und die Bezeichnungen in der Sprache der Indigenen vermerkt werden.[18] Eine ähnliche Interaktion ereignete sich 1898 in Wien, als Jean Thiam (1866–1927), der Goldschmied einer senegambischen Völkerschau-Gruppe, in das Naturhistorische Museum eingeladen wurde und »in der Lage [war], dem Leiter der ethnographischen Abtheilung mannigfache Aufklärungen über einzelne in der afrikanischen Sammlung befindliche Objecte zu geben [...]«.[19]

Die Beziehung von Völkerschau-Teilnehmer:innen zur Museumsdokumentation ist also zwar kein Einzelfall, aber doch außergewöhnlich. Im Zeitalter des Imperialismus und einer von Rassenkunde und Evolutionismus geprägten Wissenschaft war die partnerschaftliche Kooperation mit außereuropäischen Menschen keinesfalls Standard. Die Konsultationen, die am 23. und 24. Juli 1883 in der königlichen ethnologischen Sammlung im Dresdner Zwinger stattfanden, können daher als ein besonderes Ereignis gelten.

1 Für die wertvollen Hinweise und Zuarbeiten danke ich Petra Martin, Kustodin Südostasien am Museum für Völkerkunde Dresden. **2** THODE-ARORA, HILKE: Für fünfzig Pfennig um die Welt. Die Hagenbeckschen Völkerschauen, Frankfurt am Main 1989, 169; KLÖS, URSULA: Völkerschauen im Zoo Berlin zwischen 1878 und 1952, in: Bongo 30 (2000), 44–45, hier 33–42; AUGUSTIN, STEPHAN: Kalmyken – Mongolen in Europa, in: NIPPA, ANNEGRET (Hrsg.): Ethnographie und Herrnhuter Mission. Katalog zur ständigen Ausstellung im Völkerkundemuseum Herrnhut. Außenstelle des Staatlichen Museums für Völkerkunde Dresden, Dresden 2003, 56–71, hier 60. **3** Die Kalmücken – Sitten und Gebräuche, 1884, 7. **4** RADAUER, CLEMENS: Hagenbeck's anthropologisch-zoologisch Kalmücken Ausstellung (unveröffentliche Diplomarbeit), Universität Wien 2011, 53–57. **5** KOTELMANN, LUDWIG: Die Augen von 22 Kalmücken, in: Zeitschrift für Ethnologie. Organ der Berliner Gesellschaft für Anthropologie, Ethnologie und Urgeschichte; Redactions Commission: A. Bastian, R. Hartmann, R. Virchow, A. Voss. Sechzehnter Band, Berlin, 1884, 77–84. **6** Dresdner Nachrichten, 20.7.1883, 1. **7** Dresdner Anzeiger, 19.7.1883, 4. Berliner Volkszeitung, 19.7.1883; Dresdner Nachrichten, 19.7.1883, 8. **8** Dresdner Anzeiger, 19.7.1883, 4. **9** Dresdner Anzeiger, 19.7.1883, 4. Berliner Volkszeitung, 19.7.1883, 4. **10** Ueber Land und Meer, Nr. 46, 1883, 918. **11** Dresdner Anzeiger, 27.7.1883, 7. **12** BORMANSHINOV, ARASH: Kalmyks in Europe in the Nineteenth Century, in: Mongolian Studies 11 (1988), 13. **13** Bericht des Verwaltungsrats des Actien-Vereins für den Zoologischen Garten zu Dresden 1884, 5, Stadtarchiv Dresden, 9.2.6, 518. **14** DREESBACH, ANNE: Gezähmte Wilde. Die Zurschaustellung »exotischer« Menschen in Deutschland 1870–1940, Frankfurt am Main 2005, 285. **15** Datierung aufgrund der Vermerke im Inventarband von 1882 zu Inventarnummer 2254. **16** AUGUSTIN: Kalmyken (Anm. 2), 58. **17** Siehe Wissenschaftliches Archiv (WA) des Museums für Völkerkunde Dresden (MVD), Hauptkatalog, Einträge zu Katalognummern: 2254, 2258, 2260, 2261 (5×), 2262, 2263, 2278, 2279–2284, 2316, 2319, 2321, 2344, 2346 (2×), 2348, 2352 (2×), 2353 (2×), 2354, 2355, 2358, 2359, 2361 und 2367. **18** ROTHFELS, NIGEL: Savages and Beasts. The Birth of the Modern Zoo, Baltimore 2002, 107. **19** Antiquitäten bei den Senegambiern, in: Neue Freie Presse, 9.10.1898, 8; RADAUER, CLEMENS: Die Perlen des Jean Thiam. Überreste von Völkerschauen im Bestand des Weltmuseum Wien, in: Weltmuseum Wien Friends (Hrsg.): Archiv 68 – Archiv Weltmuseum Wien, Wien 2019, 29.

Ein MYSTERIÖSES HOLZSCHUH-PAAR

Petra Martin

Im November 1881 schenkte der Zoologische Garten Dresden dem örtlichen Ethnographischen Museum ein Kleinkind-Holzschuhpaar. Die damals übermittelte Provenienz – »Eskimo, Jacobshafen, Grönland« – ließ darauf schließen, dass das Schuhpaar auf jene Inuit-Vorführung zurückgeht, die den Reigen der sogenannten Völkerschauen im Zoologischen Garten eröffnete. Sie fand in den ersten Apriltagen des Jahres 1878 unter dem Direktorat von Albin Schoepf (1823–1881) statt, der die Attraktivität des Zoos zu heben suchte und dafür Menschenschauen des Hamburger Tierhändlers und Impresarios Carl Hagenbeck (1844–1913) vorführen ließ. Sechs Inuit – darunter eine vierköpfige Familie mit Säugling und Kleinkind – waren von Hagenbecks Anwerber Johan Adrian Jacobsen (1853–1947) in der Umgebung von Jakobshavn (heute Ilulissat) an der Diskobucht in Westgrönland rekrutiert worden.

Zwischen Februar und April 1878 wurden die christianisierten Inuit bei Auftritten in Hamburg, Paris, Berlin und Dresden den Schaulustigen als »unverfälschte Naturkinder« präsentiert. Eine begleitende ethnografische Sammlung vermittelte dem bildungsinteressierten Publikum deren »authentische Kultur«, wozu Holzschuhe sicher nicht gehörten. Diese sind in dem waldarmen Grönland weder hergestellt worden, noch waren sie unter klimatischen Gesichtspunkten von praktischem Nutzen. Die Diskrepanz fiel bereits beim Inventarisieren der Kinderschuhe auf. Zu stark erinnerten den Dokumentaristen die Schnabelschuhe, deren Rist dekorativ mit einem unterfütterten Lederstück beklebt ist, an »unsere« (europäische) Fußbekleidung.

Seit nunmehr 141 Jahren gehört das merkwürdige Schuhpaar zum Grönlandbestand des Museums. Berechtigte Zweifel an seiner Authentizität für die Inuit-Kultur verhinderten die Aufnahme in Ausstellungen und Publikationen. Doch sind im Kontext einer »Völkerschau« europäische Holzschuhe im Besitz einer Inuit-Familie wirklich so außergewöhnlich? Selbstverständlich waren Menschen, die aus anderen Klimazonen anreisten, abseits der Vorführungen mit geeigneter Kleidung auszustatten. An vielen Reise- und Auftrittsorten sind zudem Waren aller Art – darunter auch Kleidung – als Geschenke oder zur Kompensation von »Dienstleistungen« für die Wissenschaft (wie etwa Tonaufnahmen, Körpervermessung oder Gesichtsabformung) den Teilnehmer:innen übergeben worden.

Es bleibt dennoch eine hypothetische Annahme, dass 1878 ein Kleinkind aus Westgrönland in Europa ein Paar der hier seinerzeit noch weit verbreiteten Holzschuhe erhalten hat. Getragen wurden sie kaum, da Abnutzungsspuren fehlen.

Kinderschuhe, zugeschrieben: »Grönland, Jacobshafen, Eskimo« (Jakobshavn, heute: Ilulissat, Inuit). Holz, Leder, um 1878

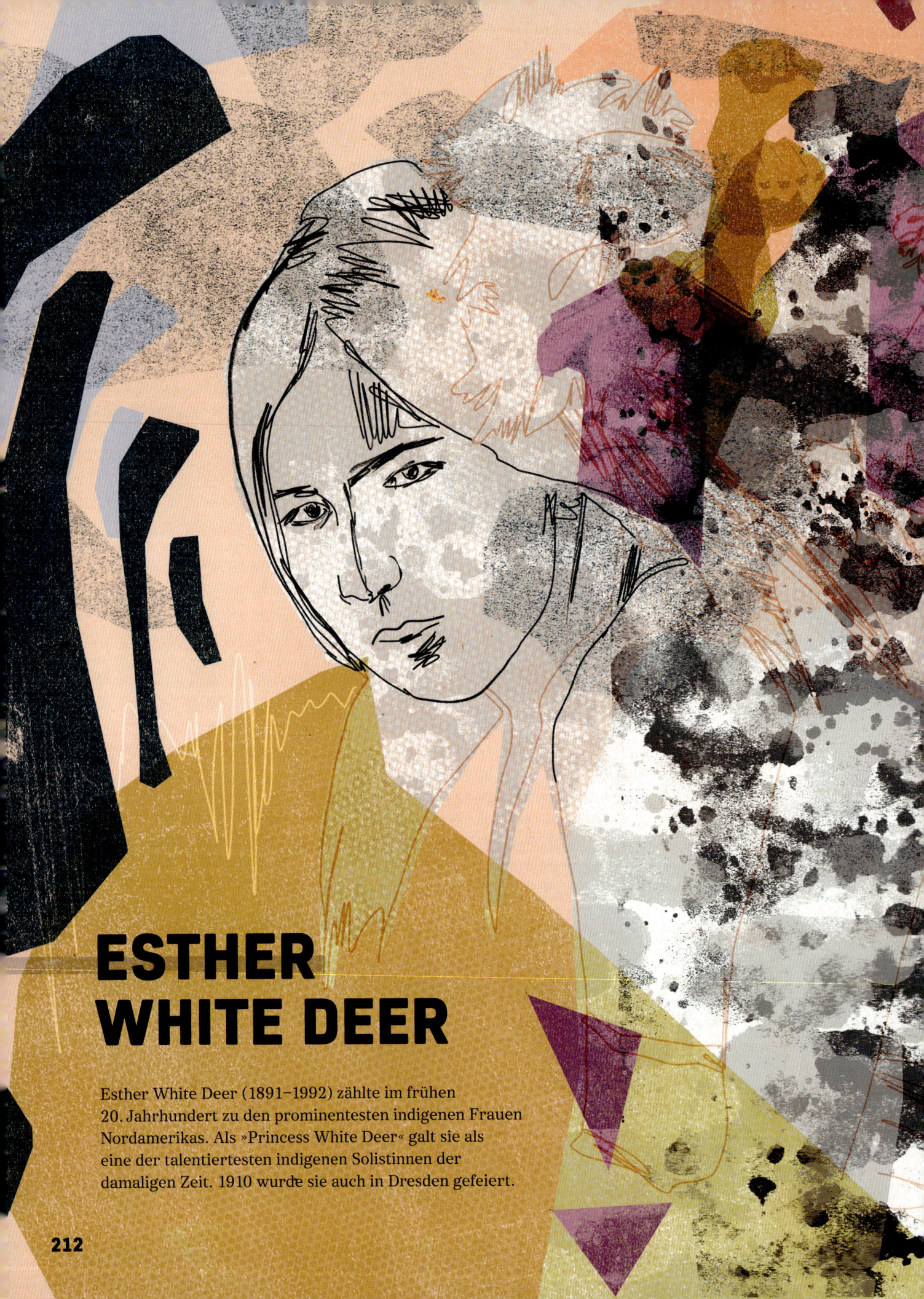

ESTHER WHITE DEER

Esther White Deer (1891–1992) zählte im frühen 20. Jahrhundert zu den prominentesten indigenen Frauen Nordamerikas. Als »Princess White Deer« galt sie als eine der talentiertesten indigenen Solistinnen der damaligen Zeit. 1910 wurde sie auch in Dresden gefeiert.

Esther White Deer kam 1891 in New York als Tochter einer Engländerin und eines Mohawk aus der Kahnawake-Reservation zur Welt. Den Künstlernamen »Princess White Deer« gab sie sich selbst aufgrund ihrer Abstammung aus einer der führenden Mohawk-Familien. Ihr Mohawk-Name lautete *Ken-tio-kwi-osta*. Esthers Großvater John Running Deer (um 1835–1924) war der letzte traditionelle Chief ihres Volkes. Er begründete die Show-Tradition der Familie, die seine Söhne mit ihren Familien fortsetzten. Im Januar 1910 trat die »Deer Family« mit der jungen Esther in der Konzerthalle des Zoologischen Gartens in Dresden mit ihrem Programm »Indians of the Past« auf. Laut der Presse beeindruckte Esther das Publikum neben ihren Darbietungen als Kunstreiterin insbesondere mit ihrem Gesang, ihren »graziösen Gesten« und ihrem »eindrucksvollen Mienenspiel«.

 Später wurde Esther White Deer in den USA als Solosängerin und Tänzerin bekannt. Zeitweise lebte sie in St. Petersburg – mit ihrem Ehemann, einem russischen Adligen, der in den Wirren der Russischen Revolution ums Leben kam. In den 1920er-Jahren erhielt sie eine eigene Radioshow und startete eine Karriere als Broadway-Star, Fotomodell und Werbeikone. Ihre Popularität nutzte sie, um sich öffentlichkeitswirksam für das Wahlrecht für Frauen, aber auch für die Belange ihres Volkes einzusetzen. So unterstützte sie die Wiederbelebung der »Iroquois Confederency« und setzte sich für die Rückgabe des »Wolf Belt« aus einem öffentlichen Museum ein. Der traditionelle Gürtel aus Wampumperlen ist ein bedeutendes kulturelles Artefakt ihres Volkes, dessen letzter Bewahrer ihr Großvater war. Robin Leipold

Robin Leipold

»INDIANER«
in RADEBEUL

Indigene Besuche aus
Nordamerika
im Karl-May-Museum

1
»Indianerangriff« bei »Buffalo Bill's Wild West« vor zahlreichen Zuschauer:innen. Unbekannte:r Fotograf:in, vermutlich vom Gastspiel in München 1890

Seit dem 18. Jahrhundert sind Präsentationen indigener Menschen aus Nordamerika in Dresden bekannt.[1] Eine neue Dimension erreichten die Wild-West-Shows von »Buffalo Bill«, Sarrasani und weiteren Show-Unternehmen, die als kommerzielles Massenspektakel das Bild von den »Indianern« in Deutschland ab Ende des 19. Jahrhunderts entscheidend prägten.

Im Dresdner Raum ist besonders die westlich an der Elbe gelegene Stadt Radebeul durch ihre Verbindung zum erfolgreichen Abenteuerschriftsteller Karl May (1842–1912) ein wichtiger Ort der deutschen »Wild-West«- und »Indianer«-Romantik. Das seit 1928 dort bestehende Karl-May-Museum auf dem Grundstück des Schriftstellers war von Beginn an auch immer wieder Ziel indigener Besuche. Besonders der Dresdner Zirkus Sarrasani nutzte Radebeul und die Karl-May-Gedenkstätten, das Museum und Mays Grab zu wirksamen Marketing-Aktionen für seine Shows. Der folgende Beitrag gibt einen Einblick in die Etablierung heute bekannter »Indianerklischees« und nimmt die Vermarktung indigener Menschen aus Nordamerika als Teilnehmerinnen und Teilnehmer von Wild-West-Shows im Rahmen ihrer Besuche im Radebeuler Museum in den Fokus.

»BUFFALO BILL« UND DIE ETABLIERUNG UNSERES INDIANERBILDS

Die Verbreitung noch immer gängiger Wild-West- und »Indianer«-Klischees ist untrennbar mit dem Namen William Frederick Cody, genannt »Buffalo Bill« (1846–1917), verbunden. Seine Wild-West-Show gilt bis heute als das größte und erfolgreichste Unternehmen dieser Art. »Buffalo Bill« wuchs als Sohn einer Siedlerfamilie im heutigen Kansas, im direkten Grenzgebiet zu den indigenen Gruppen der dortigen Region, auf. Seine Zeit als Jäger für die Kansas Pacific Railroad Company, während der er angeblich 4 862 Bisons in nur einem Jahr erlegte, schuf die Basis für seine spätere Legende und Selbstinszenierung. Die Figur »Buffalo Bill« wurde zu einer Marke, die für die Verkörperung des amerikanischen Traums und dem Mythos des »alten Westens« stand. 1883 gründete er mit Unterstützung des Theatermanagers Nate Salsbury (1846–1902) »Buffalo Bill's Wild West«. Das Programm beinhaltete neben Reit- und Schießvorführungen vor allem groß angelegte Szenen mit den engagierten indigenen Akteuren, wie Kriegstänze, Postkutschen-Überfälle oder die Nachstellung berühmter Schlachten. 1887 weitete Cody seine Tourneen auch auf Europa aus und gastierte mit seiner Show in London im Rahmen der Feierlichkeiten zum 50-jährigen Thronjubiläum von Queen Victoria (1819–1901). Drei Jahre später kam die Show erstmals auch nach Deutschland. Besonders in München und Dresden war das Interesse groß, pro Aufführung sollen bis zu 10 000 Besucherinnen und Besucher das Spektakel verfolgt haben.[2]

Ein besonderer Reiz der Show bestand auch in der Mitwirkung prominenter indigener Personen. Konnte Cody bereits 1885 den populären Lakota-Anführer Sitting Bull (um 1831–1890) engagieren, dessen Teilnahme nicht unwesentlich zur Bekanntheit von »Buffalo Bill's Wild West« beitrug, gelang es ihm später, auch bekannte Anführer der Geistertanzbewegung wie Short Bull (um 1845 – um 1915) oder Kicking Bear (1846–1904) für seine Show anzuwerben. Viele der einst gegen die USA kämpfenden Krieger indigener Nationen wie die Lakota, Arapaho oder Cheyenne sahen in einem Engagement bei einer Wild-West-Show die Chance, dem tristen Leben in den Reservationen entfliehen zu können. Im Gegensatz zu den dort herrschenden Einschränkungen und Verboten der Ausübung ihrer Kultur konnten sie in den Shows weiter ihr vermeintlich altes, traditionelles Leben präsentieren und sich dafür auch noch bezahlen lassen. »Indianer« zu spielen war eine Möglichkeit, sich selbst und seine Familie finanziell zu stärken.

Der Begriff »Show Indian« wurde so schließlich zu einer von den indigenen Akteuren selbst benutzten Bezeichnung, mit der sie ihren professionellen Status als Schauspieler betonten. Auch die Übernahme anderer indigener Identitäten und damit verbundener Merkmale, die dem bekannten Indianerbild der Besucherinnen und Besucher entsprachen, gehörten für die indigenen Schauspieler zum Teil ihres professionellen Geschäfts. Besonders die Sioux-Völker der Great Plains galten bald als Verkörperung der typischen Vorstellung von den »Indianern«, sodass sich die meisten Wild-West-Shows in der Erscheinung ihrer indigenen Schauspieler diesem Bild anpassten.[3] Gesucht waren vor allem junge agile Männer, die dem Ideal »wilder Krieger« und »kühner Reiter« entsprachen.

SARRASANIS »INDIANERHULDIGUNGEN«

In der Tradition »Buffalo Bills« baute auch der Dresdner Zirkus Sarrasani ab 1907 Wild-West-Nummern mit indigenen Darstellerinnen und Darstellern in sein Programm ein. Sarrasani perfektionierte die mit »Buffalo Bill« begonnene Vermarktung der »Indianer«. Eine der größten Marketingaktionen in der Geschichte von Sarrasanis Wild-West-Shows war die sogenannte »Indianerhuldigung in Radebeul«, die zu Ehren des Schriftstellers Karl May am 17. Januar 1928 auf dem Radebeuler Ostfriedhof sowie im Karl-May-Museum stattfand. Im Vorfeld hatte Hans Stosch-Sarrasani (1897–1941) in einem Brief an Klara May (1864–1944), die Witwe des berühmten sächsischen Schriftstellers, den Wunsch geäußert, mit seinen »Show-Indianern« eine Kranzniederlegung am Grab Karl Mays durchführen zu dürfen.[4] Noch bevor der eigentliche Termin für dieses Ereignis feststand,

2
James »Big Snake« Hawkins von der Pine Ridge Reservation während seiner Rede vor dem Grab Karl Mays auf dem Friedhof in Radebeul-Ost. Unbekannte:r Fotograf:in, 17. Januar 1928

3
Akteure des Zirkus Sarrasani vor der »Villa Bärenfett«, v.l.n.r.: Henry Wayne »Wolf Robe« Hunt (Acoma Pueblo), James »Big Snake« Hawkins (Pine Ridge Lakota), Edward Proctor Hunt (Acoma Pueblo), Klara May, unbekannt, Hans Stosch-Sarrasani, Patty Frank. Unbekannte:r Fotograf:in, 17. Januar 1928

ließ Sarrasani die Presse darüber informieren. Angekündigt wurde die Rede des Sioux-Häuptlings »Big Snake« zu Ehren des toten Schriftstellers. Bereits bei der Abfahrt in Dresden ließ Sarrasani den Aufzug der indigenen Teilnehmerinnen und Teilnehmer durch seine argentinische Armeekapelle in Cowboykleidung begleiten. Bei der Ankunft am Friedhof in Radebeul sollen Tausende Menschen vor Ort gewesen sein, dazu zahlreiche Pressevertreter und Fotografen.[5] Neben Klara May waren auch der Leiter des Karl-May-Verlags, Dr. Euchar Albrecht Schmid (1884–1951), der Verwalter des Karl-May-Museums, Patty Frank, bürgerlich: Ernst Tobis (1876–1959), sowie der amerikanische Generalkonsul aus Dresden, Arminius Titus Haeberle (1874–1943), anwesend.

Unter Trommelschlägen schritt »Big Snake« an das Grabmal und sprach auf Lakota die vermutlich von Sarrasanis Pressestab verfassten Worte zu Ehren Karl Mays: *»Du großer, toter Freund! Von allen weißen Brüdern, die sich mit der Seele, mit dem Leben des roten Mannes beschäftigt haben, der jenseits des Ozeans nun friedlich mit dem weißen Bruder im Segen der Zivilisation lebt, steht uns keiner so nahe wie Du, dessen Lebenswerk eine einzige Verherrlichung der Tugenden des roten Mannes ist. Du hast unserm sterbenden Volk im Herzen der Jugend aller Nationen ein bleibendes Mal errichtet. Wir möchten Dir Totenpfähle* [sic! R. L.] *in jedem Indianerdorf aufstellen. In jeder Hütte sollte Dein Bild hängen, denn nie hat der rote Mann einen besseren Freund gehabt als Dich* […].«[6]

Nach den Feierlichkeiten wurden alle Beteiligten und die Presse in den Garten von Karl Mays Villa »Shatterhand« geladen, wo im hinteren Bereich seit zwei Jahren die im Stil eines Blockhauses errichtete »Villa Bärenfett« stand, in der noch im selben Jahr das Karl-May-Museum eröffnet wurde. Nicht nur für den Zirkus Sarrasani, sondern auch für den Karl-May-Verlag bot dieses Ereignis eine lukrative Möglichkeit, für dessen Karl-May-Produkte sowie die bevorstehende Museumseröffnung zu werben. So wurde von der Aktion eine eigene Postkartenserie mit zwölf verschiedenen Motiven produziert und Schmid ließ zudem das Geschehen in einem Film festhalten, der noch heute existiert.

Im Gästebuch des Karl-May-Museums finden sich unter der Überschrift »17.1.1928 – In memory of the day when representatives of the Sioux Indians visited the last resting-place and home of Karl May« noch immer die originalen Unterschriften der indigenen Akteure von damals. Als erster Name ist »Big Snake« und darunter »Pine Ridge Agency – USA – South Dakota« zu lesen. Von ihm ist bisher nur bekannt, dass sein eigentlicher amerikanischer Name James »Jim« Hawkins lautete. Die wenigsten der »Sioux-Indianer« vom 17. Januar 1928 waren auch tatsächlich Angehörige der Sioux. Bei einigen der Teilnehmer lassen sich im Gästebuch noch ihre Herkunftsangaben entziffern, darunter »Chief White Eagle« von der »Seneca Indian Reservation, New York«, oder »Edward Hunt« aus »Albuquerque, New Mexico«.

Zumindest über Edward Proctor Hunt (1861–1948) ist heute durch Recherchen des amerikanischen Anthropologen Peter Nabokov (*1940) mehr bekannt. Er stammte aus Acoma Pueblo und ließ sich zusammen mit seinen beiden Söhnen Wilbert und Henry Wayne »Wolf Robe« Hunt 1927 von der »Miller Brothers 101 Ranch« unter Vertrag nehmen.[7] Die amerikanische Familie Miller besaß in Oklahoma eine der größten Farmen mit Viehzucht und Landwirtschaft in den USA und war ab 1907 selbst Ausrichter von Wild-West-Shows. Die Millers waren einer der wichtigsten Vermittler indigener Darstellerinnen und Darsteller nach Europa. 1916 erwarben sie die Konkursmasse von »Buffalo Bills« Wild-West-Unternehmen für ihre »101 Ranch«, auf der auch viele frühe Hollywood-Western mit den unter Vertrag stehenden indigenen Schauspielerinnen und Schauspielern entstanden. Die Millers kannten genau das Interesse und die Erwartungen des Publikums und sorgten dafür, dass ihre engagierten »Indianer« die erwarteten Rollen bedienen konnten. Das Bild eines »Sioux-Indianers« war dabei der Maßstab, wofür die Millers über einen riesigen Fundus an geeigneten Kleidungsstücken und Utensilien verfügten, mit denen sich die aus verschiedenen indigenen Nationen kommenden Schauspieler »korrekt« ausstatten konnten.[8] Auf den Fotografien der Radebeuler »Indianerhuldigung« sind alle männlichen indigenen Akteure mit Federhauben der Plains-Völker zu sehen, die sie schon von Weitem als »echte Indianer« kennzeichnen sollten. Edward Hunt soll es als Pueblo zunächst schwergefallen sein, dieses für die indigenen Schauspieler obligatorische Accessoire zu akzeptieren.[9] Neben der für das korrekte Indianerbild »richtigen« Ausstattung gehörte bei den Millers auch ein publikumswirksamer, klingender »Kriegsname« dazu. Der Lakota-Sioux James Hawkins bekam den Shownamen eines alten Ponca-Kriegers, der einst auf dem Land der Millers gelebt hatte – »Big Snake«.[10] Den gleichen Shownamen erhielt schließlich auch Edward Hunt, der als Zweitbesetzung für den »Sioux-Häuptling« gedacht war, da Hawkins selbst immer wieder mit Depressionen und Heimweh zu kämpfen hatte.[11] Über den weiteren Werdegang des Lakota James Hawkins ist weiter nichts bekannt. Die Mitglieder der Pueblo-Familie Hunt, für die das Engagement 1928 in Deutschland ihr erstes war, blieben auch danach im Showgeschäft tätig. Edward Hunt trat noch bis ans Ende seines Lebens als »Big Snake« auf.

Auch in den folgenden Jahren kam der Zirkus Sarrasani mit engagierten indigenen Menschen zu Besuch. Die PR-Aktionen erreichten jedoch nicht mehr die Dimensionen von 1928. Aufmerksamkeit erregte der 1929 bei Sarrasani unter Vertrag stehende angebliche Osage-Häuptling »Big Chief White Horse Eagle«.

4
Postkarte mit »Big Chief White Horse Eagle« vor der Kostümfigur »Apachenkrieger« in der Ausstellung in der »Villa Bärenfett«. Unbekannte:r Fotograf:in, 18. Juni 1929

5
Kranzniederlegung der bei Sarrasani engagierten Irokesen. Ganz rechts »Strong Fox«, der »Häuptling« der Gruppe. Unbekannte:r Fotograf:in, 17. Oktober 1937

6
Nicki »Buffalo Child« (Silkirtis Nichols) vor der »Villa Bärenfett«. Aufnahme vermutlich aus den 1960er-Jahren. Mit freundlicher Genehmigung des Karl-May-Verlags Bamberg

Dieser besuchte im Juni das Karl-May-Museum gemeinsam mit seiner weißen Frau »Queen Wa-The-Na« und trug sich als »Hon. Big Chief White Horse Eagle. Worlds famous Chief. Born 1822, age 107« ins Gästebuch ein. Seine Altersangabe war wahrscheinlich reine Erfindung und passte gut ins Konzept von Sarrasanis »Indianer«-Vermarktung. White Horse Eagle überreichte Klara May bei dem Besuch eine feierliche Urkunde und erklärte sie darin zur »Princess *Sha-Lu-Wa*«, was so viel wie »Frau des großen, guten Mannes« bedeutet haben soll. Die vermeintliche indigene Herkunft von White Horse Eagle wurde bereits damals angezweifelt. Vermutlich war er afroamerikanischer Abstimmung.[12] Nach dem Engagement bei Sarrasani verliert sich seine Spur. Weiteres über sein Leben ist nicht bekannt.

1937 erfolgte der letzte bekannte Besuch indigener Akteure des Zirkus Sarrasani im Karl-May-Museum. Dieses Mal war es eine Gruppe Seneca-Irokesen, erneut im Show-Outfit typischer »Prärieindianer«, die am 17. Oktober zu Gast waren. Ihr »Häuptling«, der Seneca Strong Fox, der bereits zehn Jahre zuvor beim Zirkus Krone in München engagiert gewesen war, hielt wieder eine feierliche Rede am Grabmal Karl Mays. Der von den indigenen Beteiligten niedergelegte Kranz war dieses Mal neben dem amerikanischen Sternenbanner mit der Hakenkreuzfahne dekoriert.[13] Unklar bleibt, ob diese spezielle Würdigung von den indigenen Beteiligten oder von Seiten des Zirkus arrangiert wurde.

INDIGENE BESUCHE SEIT DDR-ZEITEN

Zu DDR-Zeiten kam es wieder zu indigenen Besuchen aus Nordamerika. In den 1960er-Jahren besichtige der Schauspieler Silkirtis Nichols (1923–2016) die von 1956 bis 1984 in »Indianermuseum« umbenannte Radebeuler Ausstellung in der »Villa Bärenfett«. Nichols stammte von den Cherokee und Choctaw und war in den 1950er-Jahren als Angehöriger der US-Armee in die BRD gekommen. Nach seinem Militärdienst übernahm er unterschiedliche Rollen als »Indianer« bei den Karl-May-Spielen in Bad Segeberg und Elspe und präsentierte dort indigene Tänze. Nichols trat stets unter dem Namen »Buffalo Child« auf, der von dem indigenen Autor Buffalo Child Long Lance (1890–1932) entlehnt war. Als cleverer Werbeschachzug erwies sich seine Anstellung als Leiter des Karl-May-Museums in Bamberg von 1966 bis 1971, das die Familie Schmid 1964 nach Übersiedlung des Karl-May-Verlags in die BRD nach Vorbild des Radebeuler Museums gegründet hatte. Nichols arbeitete bis ins hohe Alter als »Show-Indianer« und trat bei zahlreichen öffentlichen Events und in diversen deutschen Western-Themenparks auf. Während seines Besuchs in Radebeul war er auch beim Radebeuler

7
Edward Earl Bryant bei Arbeiten an einem Totempfahl zu Ehren Karl Mays im Mai 2017 im Park des Karl-May-Museums. Foto: Robin Leipold

Indianistik-Verein »Old Manitou« zu Gast und lehrte die Mitglieder dieses ersten ostdeutschen »Indianerklubs« (gegründet 1956) verschiedene traditionelle indigene Tänze, die fortan von der Gruppe gepflegt wurden – eine gewollte und gewünschte Form »kultureller Aneignung«.

Die Gästebücher des Karl-May-Museums belegen, dass in den 1970er- und 1980er-Jahren immer wieder indigene Vertreterinnen und Vertreter im Radebeuler Museum zu Gast waren. 1983 kam der prominente Lakota Chief und Medicine Man Archie Fire Lame Deer (1935–2001) von der Rosebud Reservation, South Dakota, zu Besuch. Er war auf Einladung der Indianistik-Vereine in der DDR zu Gast und wollte diese in verschiedenen religiösen Praktiken seines Volkes unterrichten.

Durch die Karl-May-Festtage, die seit 1992 jährlich zu Himmelfahrt von der Stadt Radebeul in Zusammenarbeit mit dem Karl-May-Museum organisiert werden, kamen in den letzten Jahren regelmäßig indigene Vertreterinnen und Vertreter aus den unterschiedlichsten Regionen der USA und Kanadas nach Radebeul und ins Karl-May-Museum. Sowohl Stadt als auch Museum ist es dabei ein Anliegen, die indigenen Gäste nicht auf Show-Nummern zu reduzieren, sondern sie durch Gesprächsrunden, Vorträge, Ausstellungen oder Kunstaktionen in das Programm zu integrieren und damit den interessierten Besucherinnen und Besuchern fernab der tradierten Klischees einen Einblick in die Lebensweise und Kultur der heute lebenden indigenen Menschen zu geben. Zu wichtigen Aktionen dieser Art gehört das Projekt mit dem Tsimshian-Künstler Edward Earl Bryant (*1961), der 2017 anlässlich des 175. Geburtstags von Karl May im Park des Museums gemeinsam mit den Mitarbeiterinnen und Mitarbeitern sowie interessierten Radebeuler Bürgerinnen und Bürgern einen Totempfahl im traditionellen Stil seines Volkes fertigte, der schließlich zur Eröffnung der Karl-May-Festtage im Lößnitzgrund rituell aufgestellt wurde. Heute befindet er sich im Park des Karl-May-Museums.

1 Vgl. dazu die Übersicht von Hartmut Rietschel in diesem Band. **2** HOFFMANN, KLAUS: Circensische Völkerschauen und exotische Abenteuerliteratur in Dresden, in: Dresdner Hefte, 5 (1989), 73.
3 »Sioux« ist ein indigener Oberbegriff für die Gruppen der Lakota, Nakota und Dakota in den Plains-Regionen im mittleren Westen der USA. Diese Gruppen nennen sich selbst auch *Oceti Sakowin*, die »Sieben Ratsfeuer«. **4** Vgl. dazu das Kapitel »Die Indianerhuldigung in Radebeul«, in: GURLITT, LUDWIG/ SCHMID, EUCHAR A. (Hrsg.): Karl-May-Jahrbuch 1929, Radebeul 1929, 7–13. **5** Ebd., 10. **6** Ebd., 12.
7 NABOKOV, PETER: How the World Moves: The Odyssey of an American Indian Family, New York 2015, 288–290. **8** Ebd., 292–293. **9** Ebd., 294. **10** Ebd., 292. **11** Ebd. **12** HOFFMANN, KLAUS: Zur Geschichte des Karl-May-Museums, seiner indianischen Sammlungsobjekte und deren Präsentation, in: Karl-May-Stiftung (Hrsg.): Indianer Nordamerikas. Ausstellung im Blockhaus »Villa Bärenfett« des Karl-May-Museums, Radebeul 1992, 113. **13** RIETSCHEL, HARTMUT: Elk Ebers Irokesenhäuptling, in: Der Beobachter an der Elbe 19 (2012), 31.

»Unsere KULTUR ist LEBENDIG«

Kevin Manygoats über seine Bildungsarbeit und die »Indianer«-Bilder in Deutschland

1
Kevin Manygoats, 2022.
Foto: Volker Strähle

*Kevin Manygoats (*1969) aus Dresden ist Chemiker und in der Bildungsarbeit tätig, wo er über die Kultur und Geschichte der Diné spricht. Diné ist die Selbstbezeichnung einer nordamerikanischen Bevölkerungsgruppe, die meist Navajo genannt werden. Manygoats wuchs in der Navajo Nation Reservation auf, die in den US-Bundesstaaten Utah, Arizona und New Mexiko liegt. Seine Frau lernte er während des gemeinsamen Studiums in Arizona kennen, mit ihr zog er später nach Dresden. Manygoats arbeitete am Leibniz-Institut für Polymerforschung und am Max-Planck-Institut für molekulare Zellbiologie und Genetik. Als das Gespräch stattfand, war Kevin Manygoats gerade von einem längeren Besuch bei seiner Familie in der Reservation zurückgekehrt.*

Das Interview führte Volker Strähle

Was möchten Sie in Ihrer Bildungsarbeit vermitteln?
Kevin Manygoats: Ich erzähle, wie wir Indigene in den USA heutzutage leben. Das, was die Filmindustrie vorführt, das ist ein altes Klischeebild aus dem 19. Jahrhundert. In den Reservaten gehen viele an die Universität, nicht anders als in Deutschland, und werden Anwälte oder Mediziner. Ich möchte zeigen, dass wir noch da sind. Die USA haben ja versucht, uns auszulöschen. Jetzt wächst unsere Bevölkerung, wir lernen unsere eigene Diné-Sprache in der Schule. Unsere Kultur ist lebendig.

Was sind Ihre Erfahrungen, wenn Sie Vorträge über Kultur und Geschichte der Diné halten?
Angefangen hat es damit, dass ich in die Schulklassen von Arbeitskollegen und Freunden eingeladen wurde. Kinder erwarten erstmal Pferde, Pfeil und Bogen, wenn sie mit einem Indianer konfrontiert werden – und Regelia, sie sagen hier »Kostüme«. Das alles bringe ich nicht mit. Seit drei, vier Jahren halte ich regelmäßig Vorträge im Karl-May-Museum in Radebeul. Hier kommen neben Schulklassen auch ältere Besucher. Sie kennen die Geschichte Nordamerikas etwas, manche kennen auch die Unterschiede zwischen den Stämmen. Von mir wollen sie vor allem wissen, warum ich nach Dresden gekommen bin und ob ich gern hier lebe.

Was überrascht die Leute?
Am meisten, dass ich hier bin, weil sie kaum Indigene sehen. Ich war kürzlich in Allstedt auf einem Stadtfest, das ist eine kleine Stadt, in der meine Schwiegermutter wohnt. Da haben mich die Leute angestarrt. In Dresden erlebe ich das so extrem nicht.

Nehmen Ihnen manche übel, dass Sie sich nicht wie ein Klischee-Indianer verhalten?
Ich denke nicht. Aber es kann sein, dass es das gibt. Zum Beispiel bei den Hobbyisten, da habe ich manchmal das Gefühl. Die Mitglieder in Indianer-Clubs treffen

sich manchmal zu Workshops, die ein ganzes Wochenende oder länger dauern und veranstalten Powwows, wobei sie auch Tänze aufführen. Ab und zu sind indigene Menschen dabei, meistens aber nicht. Ich habe mir das aber nie genauer angeschaut.

Was denken Sie darüber?

Das ist kulturelle Aneignung. Ich denke, das ist nicht gut. Aber das gibt es überall: Yoga ist ja auch nach Europa importiert worden. Ich glaube, das passiert bei jeder Kultur, dass Einflüsse aufgenommen werden.

Wie sehen Sie es, wenn sich Deutsche als »Indianer« verkleiden?

Wenn das Erwachsene machen, etwa an Karneval – da stimme ich nicht zu. Sie ziehen sich eine Federhaube auf und betrinken sich womöglich. Bei Kindern finde ich es okay. Die Kinder machen es mit Herz und Seele, sage ich immer. In Deutschland sind die Indianer ja die Guten – anders als in den USA. Sie zeigen die gute Seite des Menschen, haben Ehre, schätzen andere Leute und helfen ihnen. Oder das Klischee, dass die Indianer besonders mit der Natur verbunden sind. Hoffentlich hilft das für die Zukunft. Und Kinder werden ja größer und finden heraus: Es gibt da eine Kultur, die ganz anders ist als das, was sie da gespielt haben.

2
Kevin Manygoats im Alter von 12 Jahren. Unbekannte:r Fotograf:in, 1982

3
Kevin Manygoats als Vortragender am Tag der indigenen Sprachen im Karl-May-Museum Radebeul, 2019. Foto: Kevin Sternitzke

Wann haben Sie zum ersten Mal von Völkerschauen gehört?

Ich wusste von Wild-West-Shows wie die von Buffalo Bill und dass Indianer im Zirkus aufgetreten sind. Aber dass sie auch in Völkerschauen gezeigt wurden, sogar hier im Dresdner Zoo, das habe ich erst vor einigen Jahren erfahren. Als ich dann im Zoo war, musste ich immer wieder daran denken. Erst neulich, als ich mit meinen Kindern wieder den Zoo besuchte, habe ich ihnen davon erzählt, dass es diese Völkerschauen gab, dass manche Indianer hier waren. Das beschäftigt mich.

Wie sehen Sie Karl May? Haben Sie etwas von ihm gelesen?

Vom ehemaligen Direktor des Karl-May-Museums habe ich »Winnetou I« bekommen, in einer deutschen Ausgabe. Ich bin noch dran, weil es ziemlich schwer zu lesen ist. Da lese ich, dass die Apachen in der Prärie waren, aber das stimmt nicht. Oder dass die Kiowa ihre Feinde waren. In Wirklichkeit waren sie mit den Apachen befreundet. Für mich ist das Fantasy-Literatur. Die Bücher sind in der Zeit geschrieben worden, als der Norden Amerikas kolonisiert und die Indianer bekämpft wurden. Bei Karl May gab es damals – wie allgemein in Deutschland – viel Sympathie mit den Indianern. Denn ihre Gegner, die Engländer und Franzosen, waren ja auch die Feinde der Deutschen.

Sie sprechen immer wieder von »Indianern«. Viele wollen den Begriff nicht mehr verwendet sehen, weil er rassistisch sei und Klischees transportiere. Wie sehen Sie das?

Für mich ist das Wort vergleichbar mit *indians*. Das war in meiner Jugend in den USA der normale Begriff. Seit den 90ern sagt man auch *native Americans*, neuerdings auch *indigenous* – also »Einheimische« oder »Indigene«. Ich bin da nicht festgelegt. Es gibt schlimmere Begriffe als Indianer. Zum Beispiel *Redskins* oder *Redmans*.

AUTOR:INNEN

Julia Bienholz-Radtke
*1982 in Hildesheim, Historikerin, seit 2013 wissenschaftliche Mitarbeiterin am Deutschen Hygiene-Museum Dresden, Mitarbeit in und Leitung von zahlreichen Erschließungs- und Forschungsprojekten an musealen Sammlungsbeständen, lebt in Dresden

Silvia Dolz
*1959 in Jena, Ethnologin und Afrikanistin, Kustodin der Afrika-Sammlungen der Völkerkundemuseen Dresden, Leipzig und Herrnhut im Verbund der Staatlichen Kunstsammlungen Dresden, Publikationen u. a. zur Relevanz afrikanischer Kunst für die Künstlergruppe »Brücke«, lebt in Dresden

Dr. Matthias Donath
*1975, Direktor des Zentrums für Kultur// Geschichte und Ausstellungskurator, Mitherausgeber der Sächsischen Heimatblätter, zahlreiche Veröffentlichungen zur Landes- und Kunstgeschichte Sachsens, lebt in Niederjahna bei Meißen

Sophie Döring
*1996 in Dresden, Historikerin, wissenschaftliche Mitarbeiterin am Institut für Sächsische Geschichte und Volkskunde, 2018–2020 Mitarbeit am Projekt »Dresdner Kinokultur« des ISGV, verschiedene Publikationen zur Dresdner Kinogeschichte zwischen 1898–1922, lebt in Dresden

Dr. Stefan Dornheim
*1980 in Saalfeld/Saale, Historiker, Stadtarchiv Dresden, 2006–2020 wissenschaftlicher Mitarbeiter am Institut für Geschichte der TU Dresden, Forschungen zur Erinnerungs-, Wissens- und Kulturgeschichte der Frühen Neuzeit und des 19. Jahrhunderts, lebt in Dresden

Dresden Postkolonial
postkoloniale Initiative in Dresden, besteht seit 2013, leistet rassismuskritische und postkoloniale Bildungsarbeit in Form von Stadtrundgängen, Seminaren, Ausstellungen und Vorträgen, Kontakt: dresden-postkolonial@riseup.net

Steffen Förster
*1964 in Meißen, Museologe, seit 1989 wissenschaftlicher Mitarbeiter am Stadtmuseum Meißen, Schwerpunkte: Keramik, Porzellan, Stadtgeschichte, historische Bildkunde, Fotografie, Numismatik, lebt in Meißen

Johanna Gehring
*1988 in Göttingen, Illustratorin, Kunst-, Literatur- und Medienwissenschaftlerin, Mitarbeit in diversen Publikations-, Ausstellungs- und Partizipationsprojekten, arbeitet in Text und Bild zu machtkritischen Themen, lebt in Berlin

Dr. Sabine Hanke
*1989, Historikerin, wissenschaftliche Mitarbeiterin an der Universität Duisburg-Essen, Forschungsschwerpunkte: Populärkultur, (post-)koloniale und transnationale Ansätze und Human-Animal Studies, Dissertation zu europäischen Zirkussen in der Zwischenkriegszeit, lebt in Essen

Dr. Kathryn Holihan
*1988 in Chicago, Lehrbeauftragte für German Studies am Rhodes College, Memphis, USA, Abteilung für moderne Sprachen, 2016–2020 Promotion zu den Hygiene-Ausstellungen vor 1930, lebt in Memphis

Robin Leipold
*1987 in Suhl, Volkskundler, Wissenschaftlicher Direktor des Karl-May-Museums Radebeul, seit 2014 im Museum tätig, Forschungsschwerpunkte: deutsche »Indianer«-Faszination, Wirkungsgeschichte von Karl May, Museums- und Sammlungsgeschichte, lebt in Radebeul

Dr. Christina Ludwig
*1988 in Reichenbach i.V., Kulturwissenschaftlerin, seit 2020 Direktorin des Stadtmuseums in Dresden, zuvor Leitung und Mitarbeit/Forschung in verschiedenen kulturhistorischen Museen in Thüringen, Baden-Württemberg und Sachsen, lebt in Mittelsachsen

Petra Martin
*1959 in Frankfurt/Oder, Ethnologin, Kustodin der Asien-Sammlungen am Museum für Völkerkunde Dresden (Staatliche Kunstsammlungen Dresden), Kuratorin mehrerer Ausstellungen, Publikationen u. a. zur Museums- und Sammlungsgeschichte, lebt in Liegau-Augustusbad

Dr. Sybilla Nikolow
Privatdozentin für Wissenschaftsgeschichte und Wissenschaftsforschung an der TU Braunschweig und wissenschaftliche Mitarbeiterin an der Abteilung Geschichtswissenschaft der Universität Bielefeld, Schwerpunkte: Wissenschafts-, Medizin- und Technikgeschichte sowie Museum Studies

Clemens Radauer
*1981 in Wien, Kultur- und Sozialanthropologe, freier Wissenschaftler und Sammler von Völkerschau-Materialien, Gründer und Verantwortlicher von humanzoos.net, Mitarbeit an mehreren Publikationen und Ausstellungen zum Thema »Völkerschauen«, lebt in Wien

Hartmut Rietschel
*1958 in Großröhrsdorf, Brauer im Ruhestand, sammelt, publiziert und recherchiert zu Völkerschauen, Indianern und Indianer-Gräbern in Deutschland, Mitwirkung an verschiedenen Ausstellungen, u. a. in Bonn, Frankfurt am Main, Dresden und Radebeul, lebt in Dresden

Andrea Rudolph
*1981 in Görlitz, Volkskundlerin, Kustodin für Kultur- und Alltagsgeschichte am Stadtmuseum Dresden, zuvor Forschungs-, Lehr- und Ausstellungstätigkeit in Deutschland und Norwegen, lebt in Dresden

Dr. des. Eva Seemann
*1987 in Bernau bei Berlin, Historikerin, Oberassistentin für die Geschichte der Frühen Neuzeit an der Universität Zürich, Dissertation über »Hofzwerge« in der Frühen Neuzeit (erscheint 2023), lebt in Zürich und Berlin

Katharina Steins
*1995 in Würzburg, Kunsthistorikerin, seit 2022 Volontärin am Stadtmuseum Dresden, zuvor Studium in Frankfurt am Main und Dublin mit Forschungsschwerpunkt in kunsthistorischen Gender Studies, lebt in Dresden

Dr. Thomas Steller
*1982 in Dresden, Kulturhistoriker, seit 2022 Direktor des Stadtmuseums in Dresden, zuvor Leitung und Mitarbeit in verschiedenen kulturhistorischen Museen und Forschungsprojekten, Schwerpunkte: Wissens- und Museumsgeschichte, Konsum und Nachhaltigkeit, lebt in Dresden und Berlin

Volker Strähle
*1981 in Ulm, Politikwissenschaftler, wissenschaftlicher Mitarbeiter an der Freien Universität Berlin, Mitarbeit in verschiedenen Ausstellungsprojekten, 2021–2023 verantwortlich für das Projekt »Menschenschauen in Dresden« des Stadtmuseums Dresden, lebt in Dresden

Dr. Hilke Thode-Arora
*1960 in Lübeck, Leiterin der Abteilung Ozeanien und Australien und Referentin für Provenienzforschung am Museum Fünf Kontinente München, zahlreiche Veröffentlichungen zu Völkerschauen, insbesondere zu Hagenbeck und zu den Samoa-Schauen der Brüder Marquardt, lebt bei München

Bodhari Warsame
freiberuflicher somalischer Forscher und Übersetzer, sein Interesse gilt Globalisierungsprozessen in Bezug auf die somalische Halbinsel, arbeitet an einem Buchprojekt zur Geschichte und zur Nachwirkung der somalischen Völkerschau-Gruppen 1885–1930, lebt in Göteborg/Schweden

BILDNACHWEIS

Archiv für Medizingeschichte Universität Zürich (AfMUZH): 55 Signatur BSa.15:1/72

Archiv Karl-May-Museum Radebeul: 215 | 217 (Abb. 2 und 3) | 219 (Abb. 4 und 5) | 223 (Abb. 3), Foto: Kevin Sternitzke

Archiv Rietschel: 143 | 144 | 145 | 146 | 147 | 148 | 151 (Abb. 1 und 2) | 153

Bayerische Staatsbibliothek München: 118 Signatur 4 A. civ. 17 hd-47,2 | 182 (Abb. 5) Signatur It.sing. 1009 rl-2, S. 357, urn:nbn:de:bvb:12-bsb11373100-3

Collection Radauer: 75 | 132 | 135 | 198 (Abb. 5) | 203 (Abb. 1 und 2) | 205 | 207

Deutsches Hygiene-Museum Dresden: 26 (Abb. 1) DHMD 2019/330.1 | 96 (Abb. 1) DHMD 1991/64.8 | 96 (Abb. 2) DHMD 2001/195.26 | 98 (Abb. 3) DHMD 2010/426 | 98 (Abb. 4) DHMD 2011/70 | 100 DHMD 2001/195.55 | 131 DHMD 2010/424

Dresden Postkolonial: 34 Foto: Volker Strähle, Bearbeitung: Dresden Postkolonial

Gabriele Münter- und Johannes Eichner-Stiftung, München: 18 Inv.-Nr. 3004/ © VG Bild-Kunst, Bonn 2023

Gebhardt, Christian (Bybbisch94): 185

Gehring, Johanna: Umschlag- und Titelillustration 36/37 | 58/59 | 70/71 | 90/91 | 110/111 | 136/137 | 162/163 | 212/213

Gemäldegalerie Alte Meister, Staatliche Kunstsammlungen Dresden: 41 (Abb. 1 und 2) Inv.-Nr. Mo 1167 und Inv.-Nr. Mo 1161, Foto: Hans-Peter Klut

Grünes Gewölbe, Staatliche Kunstsammlungen Dresden: 51 Inv.-Nr. VI 16 | 56 Inv.-Nr. VI 172 n, Foto: Jürgen Karpinski

Hirsi, Samatar: 134

Ibero-Amerikanisches Institut – Preußischer Kulturbesitz, Berlin: 203 (Abb. 3) Nachlass Max Uhle. Glasplattensammlung N-0035 s 118: Bolivien. La Paz, Chalapampa und andere Städte. Topographische Ansichten und Personenaufnahmen (1895–1896), Nr. 19

Karl-May-Verlag, Bamberg: 220

Kunsthistorisches Museum, Wien: 52 Gemäldegalerie (Schloss Ambras), Inv.-Nr. 8299

Kupferstich-Kabinett, Staatliche Kunstsammlungen Dresden: 43 Inv.-Nr. A 24859 | 45 (Abb. 4) Inv.-Nr. A 1995-5440, Sammlung Theodor Bienert, Foto: Herbert-Otto Boswank | 45 (Abb. 5) Inv.-Nr. Ca. 100, f. 67, Foto: Herbert-Otto Boswank

Kirchner Museum Davos: 172 (Abb. 7) Inv.-Nr. 1991/BEN1-51/00116/Z, Foto: Jakob Jaegli

Leipold, Robin: 221

MAK – Museum für angewandte Kunst, Wien: 117 Signatur Theo Matejko 20, Foto: © MAK/Georg Mayer

Manygoats, Gerdie: 223 (Abb. 2)

Museum am Rothenbaum, Hamburg: 22 Inv.-Nr. 13.146, Sammlung Jacobsen, Fotografische Sammlung/MARKK

Museum für Völkerkunde Dresden, Staatliche Kunstsammlungen Dresden: 164/165 Historische Bildsammlung (ohne Kat.-Nr.), Blick in die Dauerausstellung des Ethnographischen Museums im Dresdner Zwinger (Ausstellungsteil Polarvölker). Foto: Bruno Geisler, um 1915 | 172 (Abb. 5) Kat.-Nr. 16090 | 172 (Abb. 6) Kat.-Nr. 16138 | 174 Kat.-Nr. B 2311, Foto: Julia Ziegler/Sylvia Pereira | 194 Kat.-Nr. 5248, Foto: Sylvia Pereira | 196 Kat.-Nr. 28642 (Keule), 28643 (Trommel), 28647 und 28648 (Jagdpfeile), 28649 (Fischspeer), Foto: Sylvia Pereira | 197 Kat.-Nr. 27476, 27477, 27481, 27500, Foto: Sylvia Pereira | 198 (Abb. 4) Kat.-Nr. 25535, Foto: Sylvia Pereira | 199 Kat.-Nr. 33508 (d – h), Foto: Sylvia Pereira | 208 (Abb. 6) Kat.-Nr. 2355, Foto: Eva Winkler | 208 (Abb. 7) Kat.-Nr. 2318, Foto: Eva Winkler | 208 (Abb. 8) Hauptkatalog, Eintrag zu Kat.-Nrn. 2302-2323, Foto: Eva Winkler | 210 Kat.-Nr. 1098, Foto: Sylvia Pereira

Museum – Naturalienkabinett Waldenburg: 48 Inv.-Nr. 266 S1, Teil 2, Nr. 1

Nikolow, Sybilla: 26 (Abb. 2) | 28 (Abb. 3 und 4)

Porzellansammlung, Staatliche Kunstsammlungen Dresden: 46 Inv.-Nr. PE 321, Sammlung Gustav und Charlotte von Klemperer, Foto: Adrian Sauer

Privatbesitz: 168 (Abb. 2) Reproduktion aus: Kirchner Neu Denken. Internationale Tagung, Davos, 28. Juni – 1. Juli 2018, hrsg. von A. Haldemann, W. Henze, M. Nommsen, Davos 2018, 142

Sächsische Landesbibliothek – Staats- und Universitätsbibliothek, Dresden (SLUB Dresden): 113 (Abb. 2) digital.slub-dresden.de/id490223001-19210915 (Urheberrechtsschutz 1.0) | 115 (Abb. 3) digital.slub-dresden.de/id490223001-19210803 (Urheberrechtsschutz 1.0) | 157 digital.slub-dresden.de/id478522347 (Urheberrechtsschutz 1.0) | 158 digital.slub-dresden.de/id501434038-18641124 (Urheberrechtsschutz 1.0) | 160 digital.slub-dresden.de/id501434038-18920501 (Urheberrechtsschutz 1.0)

Sammlung Bodhari Warsame: 127

Sammlung Hilke Thode-Arora: 15 | 17 | 19 | 20

Skulpturensammlung, Staatliche Kunstsammlungen Dresden: 188 (Abb. 3) Inv.-Nr. ASN 0458, Foto: Reinhard Seurig/Hans-Jürgen Genzel

SLUB/Deutsche Fotothek: 115 (Abb. 4) df_hauptkatalog_0275247 | 122/123 df_hauptkatalog_0305032, Sioux des Zirkus Sarrasani und Besatzung an und in einem Verkehrsflugzeug Junkers G-24 der Österreichischen Luftverkehrs-AG auf dem Flugplatz Dresden-Hellerberge. Foto: Walter Hahn, 1928

Spielgemeinschaft »Gojko Mitic« Bischofswerda e.V.: 120 Foto: Peter Stürzner | 121 Foto: Peter Stürzner

Staatsbibliothek zu Berlin – Preußischer Kulturbesitz: 53 Signatur Ng 6844-3, http://resolver.staatsbibliothek-berlin.de/SBB0000DBC600000000

Stadtarchiv Dresden: 62 StAD, 17.4.1 Drucksammlung vor 1945, Kapsel A 122/II, Foto: Elvira Wobst | 64 (Abb. 2 und 3) StAD, 17.4.1 Drucksammlung vor 1945, Kapsel A 122/I, Foto: Elvira Wobst | 66 StAD, 17.4.1 Drucksammlung vor 1945, Kapsel A 122/I, Foto: Elvira Wobst | 67 StAD, 17.4.1 Drucksammlung vor 1945, Kapsel A 122/I, Foto: Elvira Wobst | 68 StAD, 17.4.1 Drucksammlung vor 1945, Kapsel A 122/II, Foto: Elvira Wobst | 126 StAD, 17.4.1, 37, 10

Stadtarchiv Meißen: 187 Nachlass Erich Hösel XXII a 8 | 189 Nachlass Erich Hösel XXII a 8 | 190 Nachlass Erich Hösel XXII a 8

Städtische Galerie Dresden – Kunstsammlung: 38/39 Inv.-Nr. 1979/k 209, Ausschnitt aus: Prospect des Churfürstl. Saechs. in dem Residentz Schlosse Dresden sich befindlichen Riesen-Saals sammt dem darauf gehaltenen Mohren-Ballete. Kupferstich, gestochen von Johann Azelt, um 1678 | 76 Inv.-Nr. 1979/k 301

Stadtmuseum Dresden: 72/73 SMD_PhG_01059, Rummel auf der Dresdner Vogelwiese. Unbekannte:r Fotograf:in, um 1910 | 77 SMD_PhP_02009 | 79 SMD_SD_1984_00213, Foto: Philipp WL Günther | 92 SMD_1983_00039, Foto: Philipp WL Günther | 103 SMD_Ph_1993_00562 | 104 (Abb. 2) Signatur D 4° 206.7 | 104 (Abb. 3) Signatur D 4° 206.1 | 105 SMD_SD_2000_00018 | 106 Signatur D 4° 206.2 | 108 SMD_SD_2000_00018 | 138 SMD_Ph_2001_02752 | 155 SMD_PhP_01644 | 159 SMD_PhP_01645 | 178 SMD_Ph_2020_00853.148 | 179 SMD_Ph_2020_00854 | 180 SMD_2020_00126 und SMD_2005_00145, Foto: Philipp WL Günther | 181 SMD_Ph_2020_00855 | 182 (Abb. 6) SMD_Ph_2020_00853.191 | 188 (Abb. 4) SMD_1981_00006, Foto: Philipp WL Günther

Stiftung Historische Museen Hamburg – Altonaer Museum: 170 (Abb. 4) Inv.-Nr. 1964-253

Strähle, Volker: 222

Suchorab, Lukasz: 30

Universitätsbibliothek Heidelberg: 128 https://doi.org/10.11588/diglit.48816#0227

Zoo-Archiv Dresden: 9 | 12/13 Publikum und Völkerschau-Teilnehmende im Dresdner Zoo, wohl während Carl Marquardts »Afrika-Ausstellung«. Unbekannte:r Fotograf:in, 1906 | 78 (Abb. 4 und 5) | 80 | 113 (Abb. 1) | 130 (Abb. 4 und 5) | 168 (Abb. 1) | 170 (Abb. 3)

Wir haben uns intensiv bemüht, alle Inhaber:innen von Abbildungsrechten ausfindig zu machen. Personen und Institutionen, die weitere Rechte an verwendeten Abbildungen beanspruchen, werden gebeten, sich nachträglich mit dem Stadtmuseum Dresden in Verbindung zu setzen.